시경
강의
2

패풍 邶風
용풍 鄘風
위풍 衛風

[큰글자책] 시경 강의 2 : 패풍·용풍·위풍

발행일 큰글자책 초판 2쇄 2023년 2월 10일 | **강의** 우응순 | **정리** 김영죽
펴낸곳 북튜브 | **펴낸이** 박순기 | **주소** 경기도 고양시 덕양구 소원로181번길 15, 504-901
전화 070-8691-2392 | **팩스** 031-8026-2584 | **이메일** booktube0901@gmail.com
ISBN 979-11-92628-10-3 04140 979-11-92628-08-0[세트]

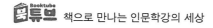

책으로 만나는 인문학강의 세상

시경 강의 2

패풍 邶風
용풍 鄘風
위풍 衛風

우응순 강의
김영죽 정리

Booktube
북튜브

머리말

불가피하게 책이 두툼해졌습니다.「패풍」(邶風),「용풍」(鄘風),「위풍」(衛風)을 묶어서 '삼풍'(三風)이라고도 하는데, 모두 춘추시대 제후국 위(衛)나라의 노래이기 때문입니다.「패풍」,「용풍」의 작품들을 '위풍'이라고 한 기록도 보일 정도랍니다. 지금 하남성 일대에 있었던 위나라는 주 성왕이 작은아버지 강숙(康叔)에게 봉해 준 곳으로 은나라 유민들이 살던 곳이기도 합니다. 이런저런 이유로「패풍」과「용풍」을 묶고,「위풍」을 별도로 해서 두 권으로, 손에 쥐기 편하게 하려던 계획을 바꾸게 되었습니다. 평소에 두툼한 책을 질색하던 제가 무려 400페이지에 가까운 책의 서문을 쓰게 되다니, 마음이 불편합니다. 어쩔 수가 없지요.

패풍의 〈백주〉부터 이어지는 5편의 작품은 위풍의 〈석인〉을 먼저 읽고 보시면 더 좋습니다. 패풍의 〈신대〉와 〈이 자승주〉는 용풍의 〈장유자〉, 〈군자해로〉, 〈순지분분〉과 같 이 읽어 주십시오. 이런 작품들의 시대적 배경은 춘추 초기 (BC 8세기) 위 무공 때부터 위 문공 시대(BC 7세기)까지 100여 년인데 장공과 장강, 선공과 선강, 그리고 선강의 아들들(혜 공, 문공)과 딸들(송환부인, 허목부인)이 등장하고 당시의 정치 상황이 나옵니다. 「위풍」을 음란하고 슬픈 망국의 노래라고 하는데, 사실 그렇습니다. 기원전 660년, 위는 적인(狄人)의 침입으로 멸망했으니까요. 그 후 제 환공의 도움으로 조가 (지금의 은허)에서 초구로 도읍을 옮깁니다. 용풍의 〈정지방 중〉과 〈재치〉는 그 과정에서 나온 작품으로 알려져 있습니 다.

배경을 말하다 보니 『춘추좌씨전』의 기록 인용이 많아 졌습니다. '왜 『시경』 강의록에 역사가 이렇게 많이 나오나?' 라고 불편해 하실 수 있습니다. 물론 시를 정치 상황의 반 영으로 보는 것은 재미없지요. 하지만 공자가 '시'를 배우 면 "감흥을 일으킬 수 있고[興], 세상 사는 모습을 볼 수 있고 [觀], 여러 사람과 어울릴 수 있고[群], 정치하는 사람들에 대 해 원망할 수도 있다[怨]"(『논어』 「양화」)라고 한 이래 '시'의 쓸 모를 '흥관군원'(興觀群怨)으로 보는 것은 오래된 독법이기도 하답니다. 특히 이 책에 실린 대부분의 작품들은 정치풍자시의 원형이라고 할 만큼 문학적으로도 뛰어납니다. 다만 풍자시의 경우 독법이 더욱 까다롭기 때문에 곳곳에서 '주자가 어떻게 보았는가'를 전제하고 시작할 수밖에 없었습니다. 제가 자꾸 불가피했다는 말을 하고 있군요.

그냥 봄날의 민들레 꽃씨처럼 가벼운 마음으로 시를 소리 내어 읽고 그 파동을 즐겨 주십시오. 순서도 필요 없습니다. 그냥 눈길 닿는 대로, 마음 가는 대로 자유롭게. 그것으로 충분합니다. 버림받은 아내의 고통, 아내와 해로할 수 없는 전쟁터 병사의 슬픔, 친정과 자식을 그리워하고 걱정하는 여인의 탄식이 여러분을 찾아갈 겁니다. 사랑하는 사람을 기다리고 선물을 주고받는 연인의 노래도 있지요. 우리 삶이란 이렇게 고통과 기쁨, 서글픔과 설렘이 마구 요동치면서 밀려오고 빠져나갈 수밖에 없는 것이니까요.

하소연을 하겠습니다. 웃으면서 들어 주십시오. 작년 연말 불어난 원고를 정리하면서 힘이 부치고 겁이 났습니다. '이러다가 정말 10권까지 가는 것 아냐', 하면서요. 어이없으신가요? 책 날개에 '고전완독 시리즈'라고 써 놓고 시작했으면서…. 솔직히 1권을 준비할 때는 '그래, 한번 해 보자, 김영죽 선생과 우공이산에 의지해서', 하는 마음이 컸던 모양입니다. 그런데 막상 2권 원고를 마주하고는 아득해졌습니다. 아이고! 내 힘으로 감당할 수 없는 큰일을 시작했다는 것을 실감하게 된 것이지요. 뒤늦게.

　　망연자실 중에 드라마 「옷소매 붉은 끝동」에서 청춘 남녀가 방문을 사이에 두고 〈북풍〉으로 마음을 나누는 장면을 보게 되었습니다. 얼마나 아름답던지! 화면 가득 빛이 쏟아져 나오더군요. 그렇지! 누구에게나 시로 대화하고 사랑을 나누는, 따뜻하고 충만한 시간이 있었지. 그 시간이 왜 과거여야 하는가, 지금도, 앞으로도 계속 이어지기를…. 힘이 나더군요. 생각과 말이 리듬을 타고 흐르고, 우리의 입에서 시들이 샘솟는 불멸의 시간이 간헐적 온천처럼 솟구치기를! 마치 랩처럼. 불가능할까요? 시를 잊고 사랑을 잃었지요. 다시 시를 사랑한다면 우리의 마음, 언어, 행동에 미세한 파동이 일고, 점점 그 진동이 커지지 않을까요?

　　3월 말, 자가 격리 중에 교정을 보았습니다. 창밖으로 봄날이 흘러가고 갑갑할 만도 한데, 흩날리는 꽃잎처럼 리듬이 생기고, 흥얼거리며 페이지를 넘겼습니다. 시가 손을 내밀며 춤을 추자고 유혹하더군요. 문학이 사라진 시대라고 하는데 시는 여전히 힘이 셉니다. 시의 유혹에 몸을 맡기고 즐거운 시간을 보내시길 바랍니다.

고마운 분들이 참으로 많습니다. 강의록 정리, 세미나 진행에서 교정까지 모든 과정을 총괄하는 나의 김영죽 선생님! 당신의 책입니다. 매일 김영죽 선생과의 인연을 생각합니다. 나에게 이런 귀인이 와 주다니! 놀랍고 감사할 뿐입니다. 이번 책의 교정에 힘써 준 정은수, 장지훈, 남승혜 학인들께도 감사를 전합니다. 점점 막강한 에너지로 불타오르는 우공이산 세미나팀을 생각하면 든든합니다. 비탈길을 걸어도 힘이 납니다. 사랑합니다. 고맙습니다. 고전완독 시리즈 출간을 감행하고 계신 북튜브 박순기 사장님! 고마움을 이루 다 표현할 수 없습니다. 완주를 위해 다리 힘을 기르겠습니다.

2022년 4월

우응순 씀

용풍(鄘風), 용 지역의 노래   205

위풍(衛風), 위 지역의 노래   291

| 일러두기 |

1 이 책은 『시경』 '국풍' 중 「패풍」, 「용풍」, 「위풍」 편에 대해 지은이가 강독한 내용을 담고 있습니다. 강의 녹취는 김영죽이 주도적으로 풀고 정리했으며, 〈인문학당 '상우'〉의 학인들을 중심으로 하는 '우공이산' 세미나팀에서 녹취원고를 함께 읽고, 공부하고, 토론했습니다.

2 이 책에 실린 『시경』의 한국어 번역은 모두 지은이의 것입니다.

3 단행본의 제목에는 겹낫표(『 』)를, 『시경』과 『논어』 등의 편명, 곡명, 영화의 제목에는 낫표(「 」)를 사용했으며 각 시의 제목에는 꺾쇠괄호(〈 〉)를 사용했습니다.

4 인명·지명 등 외국어 고유명사는 2002년 국립국어원에서 펴낸 외래어표기법을 따라 표기했습니다.

패풍
邶風

패 지역의 노래

본격적으로 「패풍」(邶風)에 들어가기 전에, 『시경』의 순서를 한번 살펴보겠습니다. 목차를 보시면 「주남」(周南), 「소남」(召南)이 끝나고 「패풍」(邶風), 「용풍」(鄘風), 「위풍」(衛風)이 나올 겁니다. '패'(邶)나 '용'(鄘)은 모두 낯선 글자이지요? 『서경』에 나오지 않고 춘추시대(BC 771~BC 403)에도 쓰지 않던 오래된 지명들입니다. 이 지명이 『시경』의 '풍'에는 그대로 남아 있는 거지요. 그래서 주자는 『시경』에서 왜 이 지명들이 사용되었는지 모르겠다고 했습니다. 어느 때인지 확실하진 않지만, 춘추시대에 이르면 패와 용 지역은 이미 위(衛)나라의 영역이 되었답니다. 그래서 「패풍」 19편, 「용풍」 10편은 모두 위나라의 노래입니다. 작품의 배경인 정치적 상황, 등장인물에 대한 기록도 『춘추좌씨전』의 위나라 관련 기사, 『사기』 「위강숙세가」에서 확인할 수 있습니다.

위나라는 노나라 옆, 서쪽에 있는 중소국으로 『논어』에도 여러 번 등장하지요. 공자가 55세(BC 497)에 노나라를 떠날 수밖에 없는 처지가 되었을 때, 처음 간 곳이 위나라입니다. 공자의 14년 주유(周遊) 생활에서 가장 오래 머물렀던 곳이기도 하지요. 자로, 자공과 같은 제자들이 위나라에서 고위직에 있었고요.

주(周)나라 무왕(武王)은 은(殷)을 멸망시킨 후에 동생 주공(周公)을 노(魯)에 봉했고, 무왕의 아들 성왕(成王)은 삼촌 강숙(康叔)을 위(衛)의 제후로 봉했는데요, 위 땅은 은의 유민들이 살던 곳이었답니다. 주공과 강숙은 모두 주나라를 세운 무왕의 동생들이니까 노와 위는 주나라와 동성(同姓)의 제후국입니다. 『논어』「자로」편을 보시면 "노나라와 위나라의 정치 상황은 형제처럼 닮았다"[魯衛之政, 兄弟也]라는 공자의 탄식이 나오지요. 천자와 동성인 '희성'(姬姓)의 두 나라에서 권력이 제후에게서 대부에게 넘어가고, 분쟁이 그치지 않는 것을 안타까워하신 겁니다. 어쩌겠어요? 시운(時運)이 그런 걸요. 그럼 이제 「주남」, 「소남」에 이어 「패풍」의 세계로 들어가 보겠습니다. 기대하셔도 좋습니다. "이럴 수가" 하는 탄식과 "어쩜" 하는 감탄이 절로 나올 작품이 기다리고 있으니까요.

1. 백주柏舟

汎彼柏舟 亦汎其流
범 피 백 주 역 범 기 류

두둥실 떠 있는 저 잣나무 배.
물결 따라 떠 있구나.

耿耿不寐 如有隱憂
경 경 불 매 여 유 은 우

고통으로 잠 못 이루니
깊은 근심이 있는 듯.

微我無酒 以敖以遊
미 아 무 주 이 오 이 유

술이 없어서
즐기며 놀지 못하는 것은 아니라네.

我心匪鑒 不可以茹
아 심 비 감 불 가 이 여

내 마음 거울이 아니니
헤아릴 수 없고,

亦有兄弟 不可以據
역 유 형 제 불 가 이 거

형제가 있어도
의지할 수 없구나.

薄言往愬 逢彼之怒
박 언 왕 소 봉 피 지 노

잠시 가서 하소연해 보지만
저들의 노여움만 만났다네.

我心匪石 不可轉也
아 심 비 석 불 가 전 야

내 마음은 돌이 아니니
굴릴 수가 없고,

我心匪席 不可卷也
아 심 비 석 불 가 권 야

내 마음은 자리가 아니니
말 수가 없다네.

威儀棣棣 不可選也
위 의 체 체 불 가 선 야

언행이 도리에 맞으니
부족함이 없건마는.

憂心悄悄 慍于群小
우 심 초 초 온 우 군 소

근심스런 마음 애달픈데,
소인배들이 성을 내네.

覯閔旣多 受侮不少
구 민 기 다 수 모 불 소

고통을 당한 것이 많거늘,
모욕을 받은 것도 적지 않구나.

靜言思之 寤辟有摽
정 언 사 지 오 벽 유 표

가만히 생각하다
벌떡 일어나 가슴을 치고 쓸어내리네.

日居月諸 胡迭而微
일 거 월 저 호 질 이 미

해여 달이여,
어찌 바뀌어서 이지러지나요?

心之憂矣 如匪澣衣
심 지 우 의 여 비 한 의

마음의 근심이여,
빨지 않은 옷을 입은 듯.

靜言思之 不能奮飛
정 언 사 지 불 능 분 비

가만히 생각하니
떨쳐내 벗어날 수가 없구나.

「패풍」에서 가장 유명한 시 〈백주〉군요. 같은 제목의 시가 바로 뒤편 「용풍」에도 있어서 「패풍」의 〈백주〉, 「용풍」의 〈백주〉, 이렇게 구분한답니다. '백주'(柏舟)는 잣나무로 만든 배입니다. 주자는 이 작품을 '남편에게 사랑받지 못한 여인'이 '백주'에 자신을 견준 것으로 보았습니다. '기부'(棄婦), '버림받은 여인'의 노래인 거죠. 그러고 나서 '다음에 나오는 시들과 비슷하니 아마도 장강(莊姜)의 시인 듯하다'라고 덧붙이고 있네요. 주자는 '아마도'라고 했지만, 이 작품은 위나라 장공(莊公)의 부인인 장강의 시로 알려져 있습니다. 장강이라는 인물을 둘러싼 이야기는 시를 풀어 가면서 차차 하기로 하고 우선 시로 들어가 보도록 하겠습니다. 5장이나 되고 매 장이 6구로 이루어진 긴 작품이군요.

① 汎彼柏舟 亦汎其流 耿耿不寐 如有隱憂
　　微我無酒 以敖以遊

'범피백주'(汎彼柏舟)에서 '뜰 범(汎)'은 '범'(泛) 자와 같은 글자입니다. 여기서 '범' 자는 배가 두둥실 '흘러가는 모양'입니다. 주자는 이 구절을 '잣나무 배가 견고한데도 타는 사람이 없어, 정박하지 못하고 강물에 떠 있을 뿐'이라고 풀고 있습니다. 안타까운 정경이지요. 지금 이 구절을 보면 '두둥실 두리둥실 배 떠나간다'로 시작하는 가곡 「사공의 노래」가 생각나는 분도 계시겠네요. 아니면 판소리 『수궁가』에서 인당수로 가는 심청이가 부르는 「범피중류」(泛彼中流) 대목이 떠오르는 분도 계시겠고요. '범피중류, 둥덩실 떠나간다 / 망망한 창해이며 탕탕한 물결이라…', 이렇게 시작되는 대목인데, 20여 년 전에 국립극장 소극장에서 성창순 명창의 소리로 「범피중류」를 들었던 것이 생각나네요. 저절로 눈물이 흐르더라고요. 이렇게 '범피', 번역하면 '두둥실'로 시작되는 모든 노래들의 원모티프가 「패풍」과 「용풍」에 나오는 '백주'입니다.

다음 구절을 볼까요. '역범기류'(亦汎其流)에서 '또한 역(亦)'은 해석하지 않습니다. '류'(流)는 '물길'이고요. 강 위에 하염없이 떠 있는 잣나무 배와 남편에게 버림받은 여인, 이 시에는 이런 비유 관계가 설정되어 있습니다. 후대에 '백주 같은 내 신세', 이런 표현도 나왔으니까요. 사랑받지 못하는 삶은 애달프지요.

'경경불매 여유은우'(耿耿不寐 如有隱憂)는 제가 참 좋아하는 구절입니다. 이 구절에서 '빛날 경(耿)' 자는 참 감각적인 표현이에요. '경'은 본래 크리스마스 트리에 달려 있는 꼬마전구처럼 '작은 불빛이 반짝거리는 것'입니다. 그런데 여기서 '경경'은 '근심하는 모양'을 표현하고 있어요. '불매', 걱정과 근심으로 잠 못 이루는 것이지요. 마음에 가득한 수심이 켜졌다 꺼졌다 하는 작은 전구처럼 좀처럼 사라지지 않는 거예요. 우리 모두 이런 경험이 있지요. 마음에 뭉쳐 있는 걱정거리를 잊고 잠을 청해 보지만 다시 반짝 전구가 켜지면서 잠이 달아나지요. 그다음 '여유은우'의 '숨을 은(隱)'은 여기서는 '통증'[痛]으로, '은우'는 '깊은 근심', '통증'입니다.

'측은지심'(惻隱之心)이라고 할 때 '은' 자는 불쌍히 여기는 것이고요.

근심이 깊으니 '술'이 등장하네요. '미아무주'(微我無酒)의 '작을 미(微)'는 여기서는 '아니다'[非]라는 부정사로 쓰였습니다. 이 부정사가 다음 구절, '이오이유'(以敖以遊)까지 걸리는 거고요. 『시경』에는 가끔 이렇게 부정사가 다음 구절까지 연결되어 있는 경우가 있답니다. 그럼 해석해 볼까요. '미아무주', 나에게 술이 없어서, '이오이유', 즐기고 놀지 못하는 것이 '아니다'[非]라는 뜻이죠. 이렇게 이중부정으로 푸시면 됩니다. '놀 오', '놀 유'가 합쳐진 '오유'(敖遊)는 '이곳저곳 돌아다니면서 노는 것'인데, 근심을 풀기 위해서 그렇게 하는 거죠. 하지만 이 여인은 술과 놀이로는 자신의 고통을 풀 수 없다고 하네요.

이렇게 고통스러운 심정을 노래한 사람은 장강이라는 여인으로 알려져 있다고 말씀드렸는데요. 장강에 관한 기록은 『춘추좌씨전』'노 은공 3년'(BC 720)에 나옵니다. 귀족 여인들은 남편의 시호 뒤에 자신의 성을 붙여서 불렀는데요, 장강은 제나라 제후의 딸 강(姜)씨로 위나라 장공과 결혼하면서 '장강'이라는 이름을 얻었지요. 아름다웠지만 아들을 낳지 못했고 남편에게 버림받았다고 합니다. 이 여인의 스토리는 위나라의 시들을 읽으면서 계속 나올 겁니다. 나올 때마다 조금씩 살펴보기로 하고요. 그런 사연과는 별도로 〈백주〉를 어느 '불행한 여인'의 노래로 보셔도 좋습니다.

② 我心匪鑒 不可以茹 亦有兄弟 不可以據
  薄言往愬 逢彼之怒

'아심비감'(我心匪鑒)의 '대나무 상자 비(匪)'는 여기서는 '~이 아니다'[非]라는 부정사입니다. '감'(鑒)은 '거울 감'이니 '내 마음은 거울이 아니다'라고 풀어 주면 되겠지요. 그다음 '불가이여'(不可以茹)에서 '먹을 여(茹)'에는 '헤아리다'[度]라는 뜻도 있답니다. '내 마음은 거울이 아니라서 다른 사람(남편)의 마음을 헤아릴 수 없다'는 겁니다. 그렇지요? 어찌 다른 사람의 마음을 온전히 헤아릴 수 있겠어요. 이 남편이 어떤 인물인지는 뒤에 나오는 〈종풍〉에서 볼 수 있는데요. 미리 말씀드리자면, 변덕이 죽 끓듯 하는 사람입니다.

　'역유형제'(亦有兄弟), 이 여자에게 형제가 있군요. 하지만 '불가이거'(不可以據), 의지처가 되지 못한다고 하네요. '의거할 거(據)'는 '의지하다'[依]라는 뜻입니다. 그다음 구절인 '박언왕소 봉피지노'(薄言往愬 逢彼之怒)에서 '박'(薄)은 '엷을 박'인데, 『시경』에서는 주로 부사로 '잠깐'이라는 뜻으로 쓰인답니다. 그다음 나오는 '언'(言)과 함께 꼭 해석하지 않아도 되는 글자고요. '소'(愬)는 '하소연하다'예요. 답답한 마음에 자신의 딱한 처지를 형제들에게 하소연하는 것이지요. 그런데 '봉피지노', 그들의 노여움만 '만났다'[逢]고 합니다. '봉'(逢)은 '만날 봉'이니 그들의 노여움만 산 셈입니다. 이럴 때 정말 서럽지요. 친정의 부모와 형제도 내 마음을 몰라주면 '이 세상천지에서 그 누가 날 알아주나' 하는 서러움이 북받쳐 오르지요.

③ 我心匪石 不可轉也 我心匪席 不可卷也
　　威儀棣棣 不可選也

<백주>에서 2, 3장의 비유는 인용 빈도가 높습니다. 유향(劉向, BC 79~BC 8)의 『열녀전』(列女傳)에도 여러 번 나오지요. 민요나 여타 시에서도 많이 쓰입니다. '내 마음은 돌이 아니니 굴릴 수가 없고, 내 마음은 자리가 아니니 둘둘 말아 둘 수가 없다'라고 하네. 어떠세요? 어디선가 들어 본 말이지요? "아휴! 내 속이야, 답답해라. 돌이 아니니 굴려 보여 줄 수도 없고…" 하는 친정어머니 말씀을 들으면서 자라서 그런지,

이 구절을 볼 때마다 돌아가신 어머님이 많이 그리워집니다.

　한 구절씩 볼까요? '아심비석, 불가전야'(我心匪石 不可轉也)에서 '불가전야'의 '전'(轉)은 '구를 전'인데, '돌은 굴릴 수 있지만 내 마음은 굴릴 수가 없다'는 뜻입니다. 답답할 뿐이죠. 그다음 '아심비석 불가권야'(我心匪席 不可卷也)에서 '자리 석(席)'은 '앉는 자리, 돗자리'입니다. '불가권야'의 '책 권(卷)'은 동사가 되면 '말다'가 됩니다. 돗자리야 둘둘 말아 둘 수 있지만 내 마음은 말 수가 없지요. 뜻대로 되지 않는 것이 마음이니까요.

　'위의체체'(威儀棣棣)에서 '위의'(威儀)는 '위엄 있는 행동거지'인데, 예의바른 것이지요. '산앵두나무 체(棣)'는 『시경』에서 자주 나오는 나무입니다. 여기서 '체체'는 형용사로 '넉넉하고 익숙한 모양'입니다. 그다음 '불가선야'(不可選也)에서 '선'(選)은 '가릴 선'이지요. '불가선야'는 가려 선택하고 버릴 것이 없다는 겁니다. 지금 이 버림받은 여인은 예의바르고 부족한 점이 없군요. 꼼꼼히 자신의 언행을 되돌아봐도 잘못이 없다고 하네요. 위안일까요? 원망일까요?

④ 憂心悄悄 慍于群小 覯閔旣多 受侮不少
　　靜言思之 寤辟有摽

분위기가 바뀌는군요. 비유가 사라지고 직설적 표현이 나오네요. '우심초초'(憂心悄悄)는 「소아」〈출거〉(出車) 2장에도 나오는 구절입니다. '우심', 즉 '근심하는 마음'은 『시경』 전체에서 23번이나 나오는 단어이고요. 노래에는 근심, 그리움이 많이 담기지요. 제가 「주남」, 「소남」 강의에서 『시경』의 구절과 단어들은 마치 레고 블록 같다고 말씀드렸는데요. 단어나 어구들이 상황에 따라 적절히 끼워지며 의미가 조립됩니다. '근심할 초(悄)'가 겹쳐진 '초초'는 형용사로 '근심하는 모양'입니다. 그다음 구절 '온우군소'(慍于群小)에서 '성낼 온(慍)'은 '노여워하는 것'[怒]인데, 여기서는 피동사로 '노여움을 받는다'로 풉니다. '군소'는 남편의 '여러 첩들'인데, 첩들이 정처를 무시하고 화를 내다니. 적처(嫡妻)의 권위가 땅에 떨어졌군요. 이유는? 남편에게 버림받은 신세, '백주'가 되었으니까요. 「주남」, 「소남」에서는 적처와 중첩들 사이가 화기애애했는데, 여기서는 그런 분위기는 사라졌군요.

　　다음을 볼까요. '구민기다'(覯閔旣多)에서 '만날 구(覯)'는 '어떤 일을 당하다', '겪다'라는 뜻입니다. '가엾게 여길 민(閔)'

은 여기서는 명사로 '아픔'이구요. 고통을 당한 것이 이미[旣] 많은[多] 것입니다. '수모불소'(受侮不少)의 '수모'는 모욕을 당한 것이지요. 이것도 적지 않군요[不少]. 첩들에게 고통 받고 수모를 당한 이 여인의 내면은 몹시 처절합니다. 1장에서 '경경불매'라고 했지요. 잠을 이룰 수 없을 만하군요.

'정언사지'(靜言思之)는 뒤에서 읽을 「위풍」 〈맹〉(氓)의 5장에도 나오는 구절입니다. 〈맹〉도 버림받은 여인의 노래라는 것은 미리 기억해 두시고요. '정언사지'에서 '고요할 정 (靜)'은 '차분히'라는 부사입니다. 차분히 자신의 처지를 생각해 보니 어떻겠어요? 자다가도 벌떡 일어나게 됩니다. 그리고 가슴을 치겠지요. 이게 바로 '오벽유표'(寤辟有摽)입니다. '오'(寤)는 '깰 오', '벽'(辟)은 '임금 벽'인데, '벽'은 음도 몇 개 되고 뜻도 많습니다. 이 글자가 나오면 우선 '벽', '피', '비' 중에서 무슨 음으로 읽어야 하나, 판단하셔야 합니다. 물론 문맥에 따라 달라지지요. 여기서는 '벽'으로 읽어야 하고요. '가슴 칠 벽(擗)' 자의 뜻입니다. 한밤중에 잠에서 깨어 원한과 서러움으로 가슴을 퍽퍽 치는 겁니다. '표'는 '치다', '떨어지다'로 쓰이는데요. 주자는 약하게 '가슴을 어루만지는 모습'이라고 했군요. 하지만 저는 '퍽퍽'이라고 세게 풀겠습니다. 가슴을 쳤다가 쓸어내리고…, 가슴이 답답하고 아파 이런

동작을 계속 반복하는 모습을 그려내고 있어요. '오벽유표'
는 대단한 표현이지요. 저는 매번 감탄하고 따라하게 됩니
다. 읽는 우리도 가슴이 시려 오지요.

⑤ 日居月諸 胡迭而微 心之憂矣 如匪澣衣
　　靜言思之 不能奮飛

'일거월저'(日居月諸)는 '해여 달이여'라고 부르는 말로, 다음
시간에 읽을 〈일월〉에도 나옵니다. 고통에 지친 여인이 이
제는 해와 달에게 호소하고 있네요. 이치로 본다면 자신이
해이고 중첩들은 달이 되어야겠지요. 하지만 지금은 처지가
바뀌고 말았지요. 여기서 '거'(居)와 '저'(諸)는 모두 어조사로,
해석하지 않고요. '호질이미'(胡迭而微)에서 '호'(胡)는 '어찌
호', '질'(迭)은 '갈마들 질'인데, 갈마든다는 것은 '바뀌는 것'
을 말합니다. '작을 미'(微)가 여기서는 '이지러진다'라는 뜻
의 동사로 쓰였는데, 흔한 용례는 아니랍니다. 정리하면 이
여덟 자는 해와 달을 부르며 뒤바뀐 처지를 탄식하는 내용
이죠.

　'심지우의'(心之憂矣), 즉 마음의 근심이 '여비한의'(如匪澣
衣), '빨지 않은 옷'[匪澣]을 입은 것과 같다고 하네요. '한'(澣)

은 옷을 빤다는 뜻이고, '옷 의'는 '옷을 입는다'는 동사로 쓰였습니다. 이 시대의 여인들은 답답한 상태를 '빨지 않은 옷을 입은 것 같다'고 표현했군요. 그렇지요. 묵은 때처럼 근심이 겹겹이 끼어 있지요. '정언사지'(靜言思之), 또 가만히 생각을 합니다. 한이 너무 깊어 떨치고 날아갈 수가 없다고 하네요. '불능분비'(不能奮飛)에서 '분'(奮)은 '떨칠 분', '비'(飛)는 '날 비'입니다. 그래서, '분비'는 '새가 날개를 떨치고 날아가는 것'을 말합니다. 지금 이 여인은 그렇게 떨치고 떠나지 못하는 겁니다. 빨지 않은 옷을 계속 입고 있는 것처럼 고통스럽지만 그런 상태에서 벗어나지 못하네요. 앞에서부터 보면 슬픔, 막막함, 분노, 원망으로 이어지면서 감정이 증폭되고 버림받은 자신의 처지를 한스러워하고 있죠.

이렇게 「패풍」의 첫번째 시 〈백주〉를 다 읽었습니다. 버림받은 여인의 모습에 가슴이 아픕니다. 이제 시작입니다. 이 여인의 서글픈 이야기는 다음 시에서도 계속 이어진답니다.

2. 녹의 綠衣

綠兮衣兮 綠衣黃裏
녹 혜 의 혜 녹 의 황 리

녹색 옷이여.
녹색 웃옷에 황색 속옷이로다.

心之憂矣 曷維其已
심 지 우 의 갈 유 기 이

마음의 근심이여,
어느 때나 그칠 것인가.

綠兮衣兮 綠衣黃裳
녹 혜 의 혜 녹 의 황 상

녹색 옷이여.
녹색 윗옷에 황색 치마로다.

心之憂矣 曷維其亡
심 지 우 의 갈 유 기 망

마음의 근심이여,
어느 때나 잊을 수 있을까.

綠兮絲兮 女所治兮
녹 혜 사 혜 녀 소 치 혜

녹색 실이여.
그대는 실을 짜고 있군요.

我思古人 俾無訧兮
아 사 고 인 비 무 우 혜

옛사람을 생각하여
잘못이 없게 하노라.

絺兮綌兮 凄其以風
치 혜 격 혜 처 기 이 풍

가는 갈포와 굵은 갈포여.
바람이 쌀쌀하도다.

我思古人 實獲我心
아 사 고 인 실 획 아 심

옛사람을 생각하니
실로 내 마음을 아시리.

〈녹의〉(綠衣), '녹색 옷'이라는 뜻이죠. 주자는 이 시 역시 장강의 처지를 노래한 시로 보았습니다. '남편 장공이 폐첩(嬖妾)에게 현혹되어 장강이 현명한데도 적처의 대우를 받지 못했기 때문에 지어진 작품'이라고 보았는데요. 〈백주〉에서는 '아마도'[豈] 장강의 시일 것이라고 한 것에 비하면 주자가 더 분명하게 이야기를 하고 있네요.

그런데 이 시는 색의 이미지에 대해 알고 있어야 의미를 파악하기가 수월하답니다. 시의 제목에 나오는 녹색은 '간색'(間色)에 속하는 색입니다. 혼합색이라는 말인데요. 음양오행설에서 오방색(五方色)을 말할 때, 동쪽은 목(木)으로 청색(靑色), 남쪽은 화(火)로 적색(赤色), 중앙은 토(土)로 황색(黃色), 서쪽은 금(金)으로 백색(白色), 북쪽은 수(水)로 흑색(黑色)이 됩니다. 그리고 이 다섯 가지 색을 '정색'(正色)이라고 합니다. 바른 색깔이란 뜻이죠. 녹색처럼 이 다섯 색에 속하지 못한 색깔은 '간색'이라고 불렀던 거고요. 이걸 염두에 두고 첫 구절부터 살펴보죠.

① 綠兮衣兮 綠衣黃裏 心之憂矣 曷維其已

첫구절 '녹혜의혜'(綠兮衣兮)는 '녹색 옷이여' 정도로 풀면 되겠고요. 그다음 구절 '녹의황리'(綠衣黃裏)는 웃옷이 녹색이고 황색이 속옷이 되었다는 말입니다. 정색과 간색이 뒤바뀐 것인데요. 첩이 존귀해지고 정처가 권위를 잃은 상황을 비유한 것입니다.

　　그다음을 볼까요? '심지우의'(心之憂矣)는 바로 앞의 시에서도 나왔었죠. 자주 만나게 되는 구절입니다. 처지가 뒤바뀌었으니 마음의 근심이 클 수밖에 없지요. '갈유기이'(曷維其已)에서 '갈'(曷)은 '어찌 갈'인데, '언제'라는 뜻으로 풀어 주면 되고요. '바 유(維)'는 해석하지 않습니다. '그칠 이(已)'는 '끝나다, 멈추다'입니다. 마음의 근심을 언제 멈출 수 있을까요? 주희 선생님은 아무래도 힘들 거라고 주석을 달고 있습니다.

② 綠兮衣兮 綠衣黃裳 心之憂矣 曷維其亡

첫 구 '녹혜의혜'와 세번째 구 '심지우의'는 1장과 같지요. 두 번째 구부터 볼까요. '녹의황상'(綠衣黃裳), 이번에는 녹색 윗옷에 황색 치마입니다. '상'(裳)은 '치마 상'이지요. 주자는 '웃옷의 안감에서 치마가 되어 아래로 내려왔으니 처지가 더 어려워졌다'라고 풀고 있습니다. '갈유기망'(曷維其亡)에서

'망'(亡)은 '잊을 망(忘)' 자와 통합니다. '언제 이 서러운 처지를 잊을 수 있을까요?', 이것 역시 어렵겠지요. 이후에 '녹의 황상'은 '정인군자'(正人君子)가 인정받지 못하고 소인배(小人輩)가 득세한 세상에 대한 비유로 자주 쓰입니다. 가치가 전도된 더러운 세상인데, 어쩌면 지금까지도 그런 세상에서 살고 있는 건지도 모르겠네요.

③ 綠兮絲兮 女所治兮 我思古人 俾無訧兮

'녹혜사혜'(綠兮絲兮), '사'(絲)는 '실 사'로, 지금 이 여자 주변은 온통 녹색 실, 옷감으로 가득합니다. 주자 주에서는 이 녹색 실을 남편이 사랑하는 젊고 어린 여자들을 비유한다고 하네요. 군주 주변에는 여인이 많지요. '녀소치혜'(女所治兮)에서 '여자 녀(女)'는 '너 여(汝)'로 '군자'(남편)를 말합니다. '다스릴 치(治)'는 '실을 가다듬어 잣는 것'인데, 갑자기 '실을 잣는다'니 무슨 뜻일까요? 남편이 녹색 실(첩)을 만든다는 것은 곧 그녀들을 편애하고 있다는 겁니다. 그러니까 지금 이 상황을 남편이 만들었다는 말을 하고 있는 거죠. 대단한 표현이지요.

　　이런 상황에서 이 여인은 어떻게 할까요? '아사고인'(我

思古人)하고 '비무우혜'(俾無訧兮)한다고 하네요. '고인'(古人)은 옛사람인데, 주자는 옛날 사람 중에 이런 처지를 당하고도 잘 대처한 사람들을 생각하는 것이라고 주를 달았네요. 어려운 처지에 빠지면 옛날 분들은 어떻게 했을까, 생각하게 되지요. '비무우혜'에서 '비'(俾)는 '하여금 비'입니다. '하여금 사(使)'와 같은 뜻이죠. '허물 우'는 '잘못'이고요. '아사고인 비무우혜'는 '옛사람의 언행을 생각하여 스스로 힘써서 잘못을 저지르지 않겠다'고 다짐하는 겁니다. 왠지 안쓰럽지만 어떤 상황에서도 힘을 내고 자신을 지키는 것은 중요하지요.

④ 絺兮綌兮 凄其以風 我思古人 實獲我心

이 장부터 비유가 바뀝니다. '치혜격혜'(絺兮綌兮)에서 '치'(絺)와 '격'(綌)은 각각 '칡베 치', '칡베 격'인데 가는 갈포, 굵은 갈포를 뜻합니다. 그런데 칡으로 짠 '치격'은 여름옷이죠. 이렇게 여름옷을 입고 있는데, 찬바람이 붑니다. 다음 구절 '처기이풍'(凄其以風)에서 '쓸쓸할 처(凄)'는 '찬바람'을 말하거든요. 이렇게 갈포 옷을 입고 찬바람을 맞고 있는 걸 보니, 버림받은 처지인 것을 알 수 있겠지요. 서럽고 추운 신세입니다. 후대에 생긴 비슷한 비유로 '추선'(秋扇), '가을 부채'가 있습니다. 버림받은 처지를, 여름에 쓰다가 찬바람이 불면 버려지는 '부채'에 비유하는 것이죠. 그다음 '아사고인'(我思古人)은 앞과 같고요. '실획아심'(實獲我心)에서 '획'(獲)은 '얻을 획'입니다. 옛사람을 생각하고, 지금의 내 마음과 같다는 것을 알게 된 것이죠. 이렇게 위로받고 마음을 추스르면서 사는 거지요.

〈녹의〉 끝 부분에 주자가 붙인 문장을 볼까요?

장강의 일은 『춘추좌씨전』에 보이지만 이 시는 고증할 바가 없다. 우선 '서설'의 내용을 따른다. 다음의 세 편도 같다.

莊姜事見春秋傳, 此詩無所考, 姑從序說. 下三篇同.
장 강 사 견 춘 추 전　차 시 무 소 고　고 종 서 설　하 삼 편 동

장강에 관한 기록은 『춘추좌씨전』에 나옵니다. '위나라 장공은 제나라 동궁 득신의 여동생과 결혼했는데, 이 여인을 장강이라 한다. 그녀는 아름다웠지만 아들이 없었다. 위나라 사람들이 그녀를 위하여 〈석인〉을 지어 불렀다'(노 은공 3년, BC 720)라는 기록이 남아 있답니다. 『춘추좌씨전』에서 언급하고 있는 「위풍」 〈석인〉은 장강과 관련된 작품이라는

것을 알 수 있지요. 하지만 〈녹의〉와 다음에 나오는 〈연연〉, 〈일월〉, 〈종풍〉에 관한 자료는 없어서 주자는 이 작품들이 장강의 작품 혹은 장강과 관련된 작품이라고 확신하지 못한 것이지요. 다만 『모시』의 각 작품 앞에 붙어 있는 '소서'(小序)를 따른다고 하고 있는데요. 그 자료까지 읽고 다음 시로 넘어가겠습니다.

〈녹의〉는 위나라 장강이 자신의 처지를 슬퍼한 것이다. 첩이 윗사람에게 주제넘은 짓을 하여 부인이 적처의 권위를 잃으니 이 시를 지은 것이다.

綠衣, 衛莊姜傷己也. 妾上僭, 夫人失位, 而作是詩也.
록 의   위 장 강 상 기 야   첩 상 참   부 인 실 위   이 작 시 시 야

3. 연연 燕燕

燕燕于飛 差池其羽
연 연 우 비 차 지 기 우

나는 제비들이여,
이쪽저쪽에서 날개가 보이는구나.

之子于歸 遠送于野
지 자 우 귀 원 송 우 야

저 여인 돌아감에
멀리 들판에서 전송하노라.

瞻望弗及 泣涕如雨
첨 망 불 급 읍 체 여 우

바라보아도 볼 수 없으니,
눈물을 비오듯 흘리네.

燕燕于飛 頡之頏之
연 연 우 비 힐 지 항 지

나는 제비들이여,
가볍게 오르내리는구나.

之子于歸 遠于將之
지 자 우 귀 원 우 장 지

저 여인 돌아감에
멀리에서 전송하노라.

瞻望弗及 佇立以泣
첨 망 불 급 저 립 이 읍

바라보아도 볼 수 없으니,
우두커니 서서 울고 있다네.

燕燕于飛 下上其音
연 연 우 비 하 상 기 음

나는 제비들이여.
오르내리는 그 소리로다.

之子于歸 遠送于南
지 자 우 귀 원 송 우 남

저 여인 돌아감에
멀리 남쪽에서 전송하노라.

瞻望弗及 實勞我心
첨 망 불 급 실 로 아 심

바라보아도 볼 수 없으니,
내 마음이 참으로 괴롭구나.

仲氏任只 其心塞淵
중 씨 임 지 기 심 색 연

중씨는 믿음직하니
그 마음이 진실되고 깊도다.

終溫且惠 淑愼其身
종 온 차 혜 숙 신 기 신

마음이 따뜻하고 넓어서
그 자신을 깨끗하게 지켰도다.

先君之思 以勖寡人
선 군 지 사 이 욱 과 인

선군을 생각하라고
나에게 권하였지.

〈연연〉이군요. '제비 연(燕)' 자가 중첩해서 쓰였네요. 여기서는 형용사나 의태어가 아니라 '제비들'이 됩니다. 주자의 설명을 먼저 보겠습니다.

장강이 아들이 없어서 진나라에서 시집 온 대규(戴嬀)의 아들 완(完)을 자기의 아들로 삼았다. 장공이 죽고 완이 즉위하자 장공에게 사랑받던 여인의 아들인 주우(州吁)가 그를 시해하였다. 이런 상황에서 대규가 친정인 진(陳)나라로 영영 돌아가게 되어 장강이 그를 전송하면서 이 시를 지은 것이다.

莊姜無子, 以陳女戴嬀之子完, 爲己子. 莊公卒完卽位,
장 강 무 자　이 진 녀 대 규 지 자 완　위 기 자　장 공 졸 완 즉 위
嬖人之子州吁弒之. 故戴嬀大歸于陳而莊姜送之,
폐 인 지 자 주 우 시 지　고 대 규 대 귀 우 진 이 장 강 송 지
作此詩也.
작 차 시 야

주자는 이 시도 장강의 작품으로 봅니다. 『춘추좌씨전』을 보면 '노 은공 4년(BC 719) 봄, 위나라 주우가 환공을 시해하고 자신이 군주가 되었다'라는 기록이 있습니다. 대규의 아들 완을 장강이 아들로 삼았고, 그가 바로 위 환공인데요. 이때 주우에게 시해당한 것이지요.

'폐인'(嬖人)은 '총애 받는 사람'입니다. '사랑할 폐'인데 부정적인 뜻이 있지요. 폐행(嬖幸), 폐신(嬖臣)처럼 군주가 총애하는 여인이나 신하로 국정을 어지럽히는 사람들을 지목할 때 쓰는 말입니다. 여기서 '폐인'은 '주우'의 어머니군요. 장공 생전에 주우는 아버지의 사랑을 받았고, 전쟁놀이를 좋아했다고 하네요. 장강은 주우를 싫어했고요. 이런 주우가 장강의 양아들인 위 환공을 시해한 것인데요. 당시에 이 사건은 국제적 분쟁으로 확산됩니다. 명분을 잃은 주우가 백성들과 주변국의 지지를 얻으려고 계속 무리수를 두었기 때문이지요. 하지만 백성의 신뢰를 얻지 못한 주우는 그 해 가을 죽고 장공의 또 다른 아들이 제후가 되지요. 위 선공(宣公)인데요. 이 사람도 대형 사고를 일으킨답니다. 곧 그에 관한 작품들이 나오니 기대하셔도 좋습니다.

이 시는 바로 이러한 역사적 사건의 한 장면에서 나온 작품으로, 완의 생모인 대규가 친정으로 돌아갈 때, 장강이 그녀를 전송하며 부른 노래라고 합니다. 떠나는 사람도 보내는 사람도 그 마음이 오죽했을까 싶네요. 한 아들을 잃은 두 어머니의 슬픔이 매 구절마다 배어 있습니다.

① 燕燕于飛 差池其羽 之子于歸 遠送于野
　　瞻望弗及 泣涕如雨

'연연우비'(燕燕于飛)는 '나는[飛] 제비들[燕燕]이여'라고 번역하면 되겠지요. 그다음 '치지기우'(差池其羽)에서 '어긋날 차(差)'는 '치'로 읽습니다. '치지'는 '가지런하지 않은 모습'으로 제비가 이쪽저쪽으로 날아다녀 그 깃이 가지런하지 않은 겁니다. 제비가 이렇게 활발하게 날아다니는 걸 보니 봄이 온 겁니다. 집 짓고 새끼 낳아 키우느라 제비들이 분주하군요. 이 화창한 봄날에 아들을 잃은 두 여인이 영영 이별을 합니다. 비통하지요. 이렇게 이 시에는 봄날의 따스함과 작중화자의 상황이 대비되어 비극적인 정조가 더 두드러집니다.

　　그다음을 볼까요? '지자우귀'(之子于歸)의 '지자'는 '그 여자'라는 뜻입니다. 여기서 '그 여자'는 친정으로 돌아가는 완의 생모, 대규이지요. '돌아갈 귀'는 '시집가다'이지만, 여기서는 '대귀'(大歸), 즉 영영 친정으로 돌아가는 겁니다. '원송

우야'(遠送于野), 멀리 들판까지 와서 전송하는군요. 평생 자매처럼 서로 의지하며 아들을 키웠던 사람과 생이별을 합니다. 가는 사람, 남는 사람, 두 마음이 어떻겠어요? '첨망불급'(瞻望弗及)의 '첨망'은 '바라보다'인데 '볼 첨'(瞻)은 고개를 들어 먼 곳까지 바라보는 겁니다. '불급'은 더이상 보이지 않을 때까지 보고 있는 거고요. 그렇게 보이지 않게 되자, '읍체여우'(泣涕如雨) 하는군요. '울 읍', '눈물 체'로 '읍체'(泣涕)는 눈물을 계속 흘리는 것입니다. '여우'(如雨), 비가 내리듯이.

② 燕燕于飛 頡之頏之 之子于歸 遠于將之
　　瞻望弗及 佇立以泣

'연연우비'(燕燕于飛)는 1장과 같군요. 여기서는 제비들이 '힐지항지'(頡之頏之) 하는군요. '힐'(頡)은 '아래에서 위로 날아오르는 것'이고, '항'(頏)은 '위에서 아래로 내려오는 것'입니다. '힐항'은 제비처럼 작은 새들이 위아래로 오르내리는 모습입니다. 위아래로 상승, 하강하는 속도감을 표현하는 말인데, 드론처럼 작은 물체에는 쓸 수 있어도 비행기에 쓰면 곤란합니다.

　　'지자우귀'(之子于歸)는 다시 나왔네요. '원우장지'(遠于將

之)의 '장차 장(將)'은 용례가 많은데, 여기서는 '전송하다'라는 뜻입니다. 첫째 구, 셋째 구, 다섯째 구가 동일하게 반복되고 있네요. '저립이읍'(佇立以泣)에서 '저'(佇)는 '우두커니 저'로 '저립'은 '우두커니 오래 서 있는 것'이지요. '읍'(泣)은 운다는 뜻이니, 울면서 오랫동안 서 있군요. 쉽게 발길을 돌릴 수 없겠지요.

③ 燕燕于飛 下上其音 之子于歸 遠送于南
　　瞻望弗及 實勞我心

역시 홀수 번째 구가 반복되고 있으니, 짝수 구만 살펴보면 되겠네요. 두번째 구인 '하상기음'(下上其音)은 제비의 지저귀는 소리가 위아래에서 들리는 겁니다. 앞에서 '힐항', 즉 오르내린다고 했으니, 소리도 '하상', 즉 위아래에서 들리겠지요. '원송우남'(遠送于南), 이번에는 멀리 남쪽까지 와서 전송합니다. 대규의 친정인 진(陳)나라는 위나라 남쪽에 있답니다. '실로아심'(實勞我心)에서 '열매 실(實)' 자는 부사로 '참으로'라는 뜻입니다. '일할 로(勞)'는 마음이 힘들고 아픈 걸 표현한 거고요.

④ 仲氏任只 其心塞淵 終溫且惠 淑愼其身
　　先君之思 以勗寡人

'중씨임지'(仲氏任只)의 '중씨'가 바로 떠나가는 여인, 대규입니다. 주자는 '중씨'는 대규의 자(字)라고 봤습니다. '맡길 임(任)'은 '아끼고 서로 믿는 것'으로 두 여인은 한 아들을 사랑하고 같이 키웠지요. '단지 지(只)'는 어조사이고요. 다음 구절 '기심색연'(其心塞淵)에서 '막힐 색(塞)'이 여기서는 '진실하다'라는 뜻으로 쓰였고, '연못 연(淵)'은 '깊다'는 뜻으로 쓰였습니다. 그녀의 마음이 진실하고 깊었군요.

'종온차혜'(終溫且惠)의 '마칠 종(終)'은 '마침내', '끝내'로 보셔도 좋지만, 다른 해석도 있습니다. 『시경』에는 '종(終) A 차(且) B' 형식의 구문이 종종 나오는데, 이럴 때 '종'은 '이미 기(旣)' 자와 통해요. '이미 A하고도 B하다'가 되지요. '따뜻할 온(溫)'은 '서로 뜻이 맞는 것'이고, '은혜 혜(惠)'는 '도리를 따르는 것'입니다. 중씨는 따뜻하고 도리를 아는 사람입니다. '숙신기신'(淑愼其身)에서 '맑을 숙(淑)'은 '착하다, 잘하다'이고 '신'(愼)은 '삼가다'라는 뜻이죠. 그래서 '숙신'은 몸가짐, 처신을 잘한 것을 말합니다. 대규의 아들 완이 장공을 이어서 제후가 된 것은 장강이 아들로 들여 적자(嫡子)가 되었기 때문이지만, 생모 대규도 현명한 여성이었다는 것을 알 수 있네요.

'선군지사'(先君之思)의 '선군'은 고인이 된 장강의 남편 위 장공을 말합니다. 그 후계자인 완, 즉 위 환공은 즉위 16년 되던 해에 시해당합니다. 『춘추좌씨전』에서 장공이 '폐인'과 그녀의 아들 주우를 편애했고, 주우의 호전적 성격을 알면서도 바로잡지 않았다고 했지요(노 은공 3년, BC 720). 주우가 환공을 시해하는 데까지 이른 것은 선군 장공의 잘못이 크다는 것이지요. 당연히 남편 장공에 대한 원망이 클 수밖에 없었겠지요.

그런데 대규는 '그래도 남편 장공을 원망하지 말고 살자!' 이렇게 말한다는 거지요. '선군지사'의 '사'(思)는 선군에 대한 '생각', 뒤에 남은 아내의 '도리' 정도로 푸는 것이 좋습니다. '그리움'은 아닙니다. '이욱과인'(以勖寡人)의 '힘쓸 욱(勖)'은 여기서는 '권면하다'인데요, 위로하고 달래는 것입니다. 대규가 아들의 죽음 앞에서 죽은 남편을 원망하지 말자고 달래는 것이지요. 하긴 이미 벌어진 일, 원망만 하면서 살 수는 없으니까요.

그럼 위 환공을 시해한 주우는 어떻게 되었을까요? 궁금하신 분들도 계실 것 같네요. 간략히 사족을 붙이자면, 주우는 일단 제후의 자리에 오르긴 했습니다. 하지만 백성들의 마음을 얻지 못하고 주변 제후국에게 인정받지도 못합니다. 무력만으로 안 되는 일도 있지요. 상황이 어려워지자 주우의 참모 석후(石厚)가 아버지 석작(石碏)에게 조언을 구합니다. 석작은 원로대신으로 국내외에 신망이 두터웠거든요. 석작은 천자에게 인정받으면 된다고 하면서 진(陳)나라의 제후가 주선할 수 있을 것이라 합니다. 그래서 주우와 석후는 도움을 구하러 진나라로 갑니다.

그런데 석작이 두 사람이 진나라에 도착하기 전에 미리 편지를 보냅니다. "위나라는 작은 나라이고 나는 늙어서 이 일을 처리할 수 없습니다. 이 두 사람은 우리 군주를 시해한 자들이니 이들을 처리해 주십시오"(『춘추좌씨전』노 은공 4년)라고요. 그래서 진나라에서는 주우와 석후, 두 사람을 죽입니다. 놀랍지요. 아들을 죽여 달라니. '대의멸친'(大義滅親)! 국가의 큰일을 위해서는 자식, 형제도 버릴 수 있다는 거지요. 이것이 춘추시대의 대의명분이랍니다. 이렇게 주우가 죽은 후 위 장공의 또 다른 아들이 제후가 되는데, 바로 위 선공이고 그의 아내가 선강(宣姜)이라는 인물인데요. 앞으로 선공과 선강에 관한 작품도 많이 나옵니다. 기대해 주세요.

4. 일월日月

日居月諸 照臨下土
일 거 월 저 조 림 하 토

해여 달이여,
이 지상을 밝게 비추도다.

乃如之人兮 逝不古處
내 여 지 인 혜 서 불 고 처

이와 같은 사람이여,
남편의 도리를 하지 않는구나.

胡能有定 寧不我顧
호 능 유 정 녕 불 아 고

일정함이 있겠는가마는,
어찌 나를 돌아보지 않는가.

日居月諸 下土是冒
일 거 월 저 하 토 시 모

해여 달이여,
이 지상을 덮고 있도다.

乃如之人兮 逝不相好
내 여 지 인 혜 서 불 상 호

이와 같은 사람이여,
사랑하지 않는구나.

胡能有定 寧不我報
호 능 유 정 녕 불 아 보

일정함이 있겠는가마는,
어찌 내 마음을 몰라주는가.

日居月諸 出自東方
일 거 월 저 출 자 동 방

해여 달이여,
동쪽에서 뜨는구나.

乃如之人兮 德音無良
내 여 지 인 혜 덕 음 무 량

이와 같은 사람이여,
말을 지키지 않는구나.

胡能有定 俾也可忘
호 능 유 정 비 야 가 망

일정함이 있겠는가마는,
나를 잊어도 될 사람으로 여기는가.

日居月諸 東方自出
일 거 월 저 동 방 자 출

父兮母兮 畜我不卒
부 혜 모 혜 휵 아 부 졸

胡能有定 報我不述
호 능 유 정 보 아 불 술

해여 달이여,
동쪽에서 뜨는구나.

아버지 어머니여, / 나를 키워 주셨
는데, 잘 살지 못했네요.

일정함이 있겠는가마는,
나를 대함이 도리에 맞지 않는구나.

<일월>을 읽을까요? 남편에게 버림받은 여인 [棄婦]의 노래입니다. 4장에 각 장이 6구로 되어 있는데 장마다 '일거월저'(日居月諸)로 시작되는군요. '일거월저'는 '해여 달이여'라는 뜻으로, 해와 달을 부르면서 답답한 마음을 하소연하는 겁니다. 그런데 '일거월저' 하니까 떠오르는 것이 있지요? 네, 그렇습니다. 「패풍」<백주>의 5장도 '일거월저'로 시작되지요. 이렇게 같은 구절이 여러 시에 들어갑니다.

이다음 시가 <종풍>(終風)인데, <일월>과 <종풍>은 한 세트로 묶어 읽으시면 좋습니다. 두 시 모두 장강이 남편 위 장공의 난폭함, 변덕, 무절제를 호소하고 있거든요. 시간 순으로 보면 앞의 <연연>보다 먼저 있었던 일이지요.

① 日居月諸 照臨下土 乃如之人兮 逝不古處
　 胡能有定 寧不我顧

'일거월저'(日居月諸)의 '여러 제(諸)'는 여기서는 '저'로 읽고요. '거'와 '저'는 모두 해석하지 않는 어조사입니다. 주자는 이 장면을 '해[日]와 달[月]을 부르며 호소하는 것'이라고 합니다. <백주>, <녹의>에서처럼 답답한 상황을 토로하는 것이지요. 해와 달은 '조림하토'(照臨下土)하지요. '비출 조(照)'와 '내려다볼 림(臨)'은 지상을 환하게 비추는 겁니다. '하토'(下土)는 '지상'입니다. 해와 달은 지상을 환하게 비추고 있지요. 그런데 내 남편은 어떻다는 거죠? 다음 구절을 봐 주세요.

　 '내여지인혜'(乃如之人兮)에서 '이에 내(乃)'는 발어사로 해석하지 않습니다. '여지인'은 '이와 같은 사람'이 되는데, '지인'은 장강의 남편 장공입니다. 그다음 '서불고처'(逝不古處)에서 '갈 서(逝)'는 발어사고요. '고처'에 대해서 주자는 '미상'(未詳), 즉 '알 수 없다'고 하네요. 주자가 '알 수 없다'고 하면 '어쩌다 이런 일이!' 하면서 놀라게 된답니다.^^ 그래도 '부부간에 옛 도리로 처신하는 것'이라는 혹자의 의견을 소개하고 있기는 하네요. 부부 사이에 마땅한 도리가 있는데, 남편이 아내를 그렇게 대하지 않았다는 걸 '불고처'라고 표현한다는 겁니다. 부부 사이에 도리, 예의가 지켜지지 않을 때, 정말 괴롭지요.

'호능유정 녕불아고'(胡能有定 寧不我顧)에서 '오랑캐 호(胡)'와 '편안할 녕(寧)'은 모두 '어찌 하(何)'의 뜻입니다. 이렇게 쓰이는 경우가 많지요. '호능유정'(胡能有定)은 '일정함이 있겠는가마는'이라고 풀었는데요. 여기서 '일정함'[定]은 무엇일까요? 부부의 도리를 알고 아내에게 바르게 행동하는 것이지요. 그런데 '어찌'[胡]가 들어가면서, '어찌 그런 것이 있겠어요?'라는 뜻이 됩니다. 없다는 거죠. 하지만 남편에 대한 기대를 접지 못합니다. 그래서 '녕불아고'(寧不我顧), '어찌 나를 돌아보지 않으시나요'라고 호소합니다. '돌아볼 고(顧)'는 '회고'(回顧), '고려'(顧慮) 등, 자주 쓰이는 글자입니다. 여기서는 '돌보다', '내 마음을 알아주다', '찾아오다'의 뜻인데요. 남편이 도리를 다해 주기를 바라는 마음이지요. 주자의 주석을 볼까요? '장강이 장공에게 버림을 받았는데도 그에게 기대하는 뜻이 있었다'라고 보는군요. 딱하군요. 지금 우리 입장에서는 진부한 말이지요. 하지만 우선 주자의 해석으로 『시경』을 완독해야지요. 그래야 '시경 월드'로 진입할 수 있답니다.

② 日居月諸 下土是冒 乃如之人兮 逝不相好
　　胡能有定 寧不我報

‘하토시모’(下土是冒)의 ‘모’(冒)는 ‘무릅쓰다’라는 뜻이에요. ‘모험’(冒險), ‘모독’(冒瀆)이라 할 때 쓰지요. 여기서는 ‘덮다’의 뜻으로 쓰였습니다. 이런 글자는 일상에서 자주 사용하는 실용한자지요. 수업시간에 노트를 준비해서 한두 번씩 바로바로 써 보는 것이 어떨까요? 저의 경우 거의 매일 한문강독을 진행하고 있지만 막상 칠판에 어떤 글자를 쓰려고 하면 획순이 꼬이는 경우가 종종 있거든요. 일상에서 한자를 쓸 일이 거의 없으니까요.

　　그다음 ‘내여지인혜’(乃如之人兮)는 앞과 같고요. ‘서불상호’(逝不相好)는 그대로 해석하면, ‘서로 좋아하지 않는다’이지만, 이럴 경우 ‘서로 상’의 의미는 약합니다. 남편이 나를 좋아하지 않고 있으니까요. 아내는 남편의 사랑을 기대하지만 남편의 마음은 떠났지요.

　　‘호능유정’(胡能有定)도 앞과 같지요. ‘녕불아보’(寧不我報)의 ‘보’(報)는 ‘보답하다’인데 ‘아니 불(不)’이 붙어서 ‘몰라준다’로 의역할 수 있습니다. ‘녕불아보’는 ‘어찌 내 마음을 몰라주나요’, 이렇게 풀 수 있는 거죠.

③ 日居月諸 出自東方 乃如之人兮 德音無良
　　胡能有定 俾也可忘

'출자동방'(出自東方)은 '동쪽에서 뜬다'라는 말이죠. 해는 아침마다 동쪽에서 뜨지요. 달도 보름이면 동쪽에서 뜹니다. 일정하지요. '덕음무량'(德音無良). '덕음'(德音)이 나왔군요. 『시경』 전체에서 '덕음'이 나오는 구절이 12군데인데, 나올 때마다 신경을 써서 풀어야 합니다. 간략히 정리하고 갈까요? 이치에 맞는 말을 '덕음'이라 합니다. 이 경우 '덕음'은 '좋은 말'[善言]이지요. 좋은 평판도 '덕음'입니다. '명망'(名望)이 있는 것이지요. 높은 분의 말씀도 '덕음'이라 합니다. 군주나 사랑하는 사람의 말이겠지요. 이 외에 안부를 물어볼 때도 쓰는데요. '덕음'이 궁금하다고 하면, 편지를 보내달라는 뜻이지요. 주자는 여기서 '덕음'을 '상대방의 말을 높인 것'이라고 했어요. 남편의 말을 '덕음'이란 본 것입니다. '무량'은 '그가 하는 말이 추한 것'인데요. 남편의 언행이 험하다는 뜻입니다. 그래서 이곳의 '덕음'은 '좋다'라는 뜻 없이, 그냥 '말'이라 풀겠습니다.

　　'비야가망'(俾也可忘)에서 '비'(俾)는 '하여금'이란 뜻이에요. '비야가망'은 '나를 잊어도 되는 사람으로 취급하느냐'라는 뜻입니다. 지금 남편이 '없는 사람'으로 대하는 것이지요.

④ 日居月諸 東方自出 父兮母兮 畜我不卒
　胡能有定 報我不述

앞의 두 구 '일거월저 동방자출'(日居月諸 東方自出)은 3장과
글자 순서만 조금 바뀌었죠. 같은 내용입니다. 그다음 '부혜
모혜'(父兮母兮)가 나오네요. 사람이 어렵고 다급한 상황이
되면 누구를 찾나요? 아버지, 어머니죠. 여기서도 부모님을
부르는 겁니다. '휵아부졸'(畜我不卒)의 '휵'(畜) 자를 볼까요?
원래는 '짐승 축'이고 '쌓을 축'이지요. '가축'(家畜), '축산'(畜
産) 등등에 쓰이고, 동사 '쌓다'로 쓰일 때는 '모을 축(蓄)'과 통
용됩니다. 그런데 이 글자가 '기르다'[養]라는 뜻으로 쓰일 때
는 '휵'으로 읽습니다. 자주 나오는 용례니 알아 두시면 편합
니다. '마칠 졸(卒)'은 '좋게 마무리 하는 것'이지요. 부모님이
나를 정성껏 키워 주셨는데, 좋은 모습을 보여 드리지 못한
다는 뜻입니다. 장강은 제나라 장공의 딸로 위나라로 시집
올 때의 화려하고 아름다운 모습이 뒤에서 읽을 「위풍」〈석
인〉(碩人)에 나오는데요. 이렇게 부모를 떠나 제후의 아내가
되었지만 버림받은 신세가 된 것을 말하는 거지요.

그다음 '보아불술'(報我不述)에서 '지을 술(述)' 자를 보세요. 『논어』「술이」편이 '술이부작'(述而不作)으로 시작되지요. '술'은 '기술하다, 기록하다'라는 의미로 '술이부작'은 공자께서 옛 문헌을 정리하셨을 뿐, 창작[作]은 하지 않으셨다는 뜻입니다. 그런데 여기서의 '술'은 '도리를 따르다'입니다. '나를 대할 때'[報我] 부부의 도리를 갖추지 않는 거지요. 자, 이렇게 〈일거월저〉를 다 읽었는데요. 남편이 아내를 박대하는 모습을 그리고 있습니다. 장공은 어떤 사람일까요? 다음 시 〈종풍〉에 나옵니다.

5. 종풍終風

終風且暴 顧我則笑
종 풍 차 포 고 아 즉 소

하루 종일 바람 사나운데,
나를 돌아보더니 웃네.

謔浪笑敖 中心是悼
학 랑 소 오 중 심 시 도

제멋대로 농담하다 웃고 오만하니,
내 마음 슬퍼라.

終風且霾 惠然肯來
종 풍 차 매 혜 연 긍 래

하루 종일 바람 불고 흙비 몰아치는
데, / 순순하게 기꺼이 오기도 했지.

莫往莫來 悠悠我思
막 왕 막 래 유 유 아 사

이제 오지도 않고 가지도 않으니,
아득한 나의 그리움이여!

終風且曀 不日有曀
종 풍 차 에 불 일 유 에

하루 종일 바람 불고 음산한데,
하루가 안 되어 다시 스산해라.

寤言不寐 願言則嚏
오 언 불 매 원 언 즉 체

깨어 다시 잠 못 이루니,
생각하면 재채기가 나네.

曀曀其陰 虺虺其雷
에 에 기 음 훼 훼 기 뢰

어둡고도 음침해라,
우르르 쾅쾅 번개 소리.

寤言不寐 願言則懷
오 언 불 매 원 언 즉 회

깨어 다시 잠 못 이루니,
생각하면 마음에서 떠나지 않아라.

① 終風且暴 顧我則笑 謔浪笑敖 中心是悼

시의 제목인 '종풍'(終風)은 하루 종일 부는 바람입니다. 물론 〈연연〉의 4절에 나오는 '종온차혜'(終溫且惠)에서 말씀드린 것처럼 '종(終) A 차(且) B'를 '이미[旣] A하고 B하다'로 보셔도 좋습니다. 그러면 '종풍차포'(終風且暴)는 '이미 바람 부는데, 그 바람이 더욱 거칠어진 것'입니다. 여기서 '또 차(且)'는 시간의 경과를 뜻하기도 합니다. 하루 종일 바람이 불다가, 더욱 사나워진 것을 '포'(暴)라고 표현한 것이죠. 바람에 비유해 남편의 성격을 말하고 있는 것입니다. 주자는 '장공의 사람됨이 제멋대로이고 거칠었는데, 장강이 바로 말하지 못하고 종풍차포로 비유했다'고 보았습니다. 그런데, 이 남편이 그 난리를 치다가도, '고아즉소'(顧我則笑), 즉 언제 그랬냐는 듯이 나를 돌아보고 농담하면서 웃네요. 사이코죠. 주위 사람을 아주 힘들게 하는 제멋대로인 사람인 겁니다.

'학랑소오'(謔浪笑敖)는 '희롱할 학(謔)', '방탕할 랑(浪)', '웃을 소(笑)', '놀 오(敖)'네요. 희언(戲言)을 일삼고[謔] 방탕[浪]한 사람입니다. 또 뭐가 좋은지 웃기도 합니다[笑]. 그러고는 마지막으로 거만하게 구는 거예요[敖]. 한마디로 못된 사람이군요. 정말 이런 사람이 옆에 있으면 얼마나 고통스러울까

요. 이런 남편을 보면서 아내의 마음은 어떠했을까요? '중심
시도'(中心是悼)는 '내 마음 깊은 곳[中心]에서부터 슬프다'는
말이에요. '슬퍼할 도(悼)'는 상심하는 겁니다. 앞의 〈일월〉에
서 부부의 도리를 따르지 않는다고 했는데, 그 정도가 심하
군요. 여기서의 '이 시(是)' 자는 해석하지 않으셔도 되고요.

② 終風且霾 惠然肯來 莫往莫來 悠悠我思

'종풍차매'(終風且霾)의 '매'(霾)를 보실까요? 이 글자는 '흙비
가 내릴 매' 자인데요. 제가 81년도에 『시경』을 배웠거든요?
그때 '흙비'라는 표현이 신기했어요. 물론 실록에 하늘이 캄
캄해지더니 흙비가 내렸다는 글은 있었지만, 당시만 해도
황사가 심하지 않았던 때였으니까요. 지금은 황사, 미세먼
지 속에서 태연히 살고 흙비로 얼룩진 자동차도 그러려니
보게 되네요. '종풍차매'는 하루 종일 바람이 몰아치더니 이
제 또 흙비가 내린다는 겁니다. '혜연긍래'(惠然肯來)의 '은혜
혜(惠)'는 여기서는 '그럴 연(然)' 자가 붙어 '순순히'라는 부사
가 됩니다. 그리고 '긍'(肯) 같은 글자를 잘 살려야 해석이 재
미있어집니다. '긍'은 원래 '뼈에 붙은 살 긍'으로 갈빗살을
말하는데요. 대부분 '즐기어 할 긍'으로 쓰이지요. 정리해 보

면, '혜연금래'는 어쩌다가 순순히 제 발로 아내를 찾아오기도 하는 거예요.

'막왕막래'(莫往莫來)는 오지도 않고 가지도 않는다는 거예요. '유유아사'(悠悠我思)에서 '유유'는 '멀 유(悠)' 자가 겹쳐서 생각이 끝없이 이어지는 것을 표현한 것입니다. '유유아사'는 '아득한 나의 그리움' 정도로 옮길 수 있겠죠. '언제 오려나' 하며, 하염없이 기다리는 겁니다. 마음에서 남편을 딱 끊어 내면 좋겠지만 그럴 수가 없죠.

③ 終風且曀 不日有曀 寤言不寐 願言則嚏

'종풍차에'(終風且曀)에서 '음산할 에(曀)'는 하늘이 어두워지면서 바람이 부는 것입니다. '불일유에'(不日有曀), 하루가 지나지 않았는데 다시 음산해지는군요. '있을 유(有)'는 '또 우(又)'의 뜻입니다. 이 역시 남편의 종잡을 수 없는 성격을 비유한 것이지요. 광폭함이 좀 나아지나 기대했지만 다시 이전으로 돌아가 반복하는 겁니다. 이런 사람이 남편이니 매일이 고통이겠죠.

그다음 '오언불매'(寤言不寐)에서 '언'(言)은 해석하지 않습니다. 낮에 이렇게 고통을 당했으니 제대로 잠을 잘 수 없지요. '깰 오(寤)', '잠들 매(寐)'는 같이 쓰이는 경우가 많습니다. '오매불망'(寤寐不忘), 이런 식으로요. '오언불매'는 잠에서 깨어나 다시 잠들지 못하는 모습입니다. '원언즉체'(願言則嚔)의 '원할 원(願)'은 '생각할 사(思)'의 뜻으로 쓰였습니다. 이런저런 생각만 많아지고 잠들지 못하는 건데, 여기서 갑자기 '재채기 체(嚔)' 자가 나왔네요. 우선 글자가 복잡합니다. 이런 글자 나오면 한두 번 써보고 지나가는 것이 좋겠지요. 그런데『시경』에서 이런 표현이 나오면 '이건 뭔가' 하고 당황하게 됩니다. 고통으로 잠 못 이루는 상황에서 재채기는 좀 이상하지요. 여기서는 슬픔과 원통함으로 콧물, 눈물이 마구 흐르는 것을 표현한 겁니다.

④ 曀曀其陰 虺虺其靁 寤言不寐 願言則懷

<종풍>의 마지막 장인데요, 일단 시작을 '에에'(曀曀)로 하네요. '에'가 겹쳐지면서 '하늘이 음산한 모양'이 됩니다. '훼훼기뢰'(虺虺其靁)의 '살모사 훼(虺)'는 '훼훼'가 되면 '천둥이 치기 전에 우르르 울리는 소리'이니 예열 단계인 거죠. 이 역시 비유인데요. 남편의 이상한 행동이 더욱 깊어지고 멈추지 않는 겁니다. '오언불매 원언즉회'(寤言不寐 願言則懷)에서 마

지막 글자 '뉘우칠 회(懷)'는 여기서는 '생각하다'[思]입니다. 잠들지 못하고 생각할수록[願] 생각이 더 쌓이는 거지요. 상심과 절망으로 밤에도 마음의 고통이 멈추지 않는 겁니다.

이렇게 「패풍」에 수록된 시 다섯 편(〈백주〉, 〈녹의〉, 〈연연〉, 〈일월〉, 〈종풍〉)을 살펴봤는데요. 이 작품들은 버림받은 아내의 노래로 보시면 좋습니다. 다만 『모시』에서 이 시들을 위 장공과 장강의 스토리로 해석했고, 주자도 그 해석을 일부 받아들였기 때문에 강의 중에 『춘추좌씨전』의 해당 부분을 소개해 드린 겁니다. 시간적 순서로 보면 〈연연〉이 가장 뒤가 되겠지요. 물론 〈일월〉, 〈종풍〉을 작중화자가 지난 날을 회상하는 작품으로 보셔도 좋습니다.

「모서」에서 두 작품, 〈일월〉, 〈종풍〉을 어떻게 보았나 살펴보고 넘어가겠습니다.

〈일월〉은 위나라 장강이 자신의 처지를 상심한 것이다. 주우의 난을 만나서 자신이 선군인 장공에게 인정받지 못하여 이런 곤궁한 처지에 이르게 된 것을 상심한 시이다.

日月衛壯姜傷己也. 遭州吁之難, 傷己不見答於先君,
일 월 위 장 강 상 기 야   조 주 우 지 난   상 기 불 견 답 어 선 군
以至困窮之詩也.
이 지 곤 궁 지 시 야

〈종풍〉은 위나라 장강이 자신의 처지를 상심한 것이다. 주우의 폭거를 당하여 모욕을 당했으나 바로잡지 못했기 때문이다.

終風衛莊姜, 傷己也. 遭州吁之暴, 見侮慢而不能正也.
종 풍 위 장 강   상 기 야   조 주 우 지 폭   견 모 만 이 불 능 정 야

『모시』에서는 〈일월〉과 〈종풍〉을 자신의 아들을 시해한 주우와의 관계 속에서 풀었군요. 그렇다면 종잡을 수 없는 성격의 인물은 주우가 됩니다. 이렇게 배경을 달리하면 시의 해석도 달라진답니다. 이제 버림받은 여인의 노래들을 마치고, 전쟁에 나간 병사의 노래로 넘어가 보겠습니다.

6. 격고擊鼓

擊鼓其鏜 踊躍用兵
격 고 기 당 용 약 용 병

둥둥둥 북소리에
무기를 들고 이리저리 뛴다네.

土國城漕 我獨南行
토 국 성 조 아 독 남 행

도성에서 흙일하고 조 땅에서 성을 쌓
는데 / 나만 홀로 남쪽으로 가는구나.

從孫子仲 平陳與宋
종 손 자 중 평 진 여 송

손자중을 따라
진과 송과 함께했지.

不我以歸 憂心有忡
불 아 이 귀 우 심 유 충

나를 데리고 돌아가지 않으니
근심하는 마음 깊고도 깊어라.

爰居爰處 爰喪其馬
원 거 원 처 원 상 기 마

여기서 머무르고 저기서 쉬니
어쩌다가 말을 잃었도다.

于以求之 于林之下
우 이 구 지 우 림 지 하

찾기를
숲에서 한다네.

死生契闊 與子成說
사 생 계 활 여 자 성 설

죽거나 살거나 같이 있을 때나 헤어
져 있을 때나 / 그대와 함께하기로
약속했었지.

執子之手 與子偕老
집 자 지 수 여 자 해 로

그대의 손을 잡고서
해로하자 했지.

于嗟闊兮 不我活兮
우 차 활 혜 불 아 활 혜

于嗟洵兮 不我信兮
우 차 순 혜 불 아 신 혜

아! 멀리 와 있구나,
나 살아 가지 못하리.
아! 우리의 약속이여,
지키지 못하겠구나.

　　　이번 시의 제목 '격고'는 '북[鼓]을 치네[擊]'라는
뜻입니다. 이 시의 마지막 두 장은 아주 유명해요. 외워서 활
용하시면 좋은데, 『시경』엔 외울 시들이 너무 많아서 고민이
지요. 시를 살펴볼까요? 우선, 처음으로 병사의 노래가 나왔
습니다. 『시경』에서 남성 화자가 등장하는 병사의 노래는 중
요한 주제 중의 하나이지요. 나라일 때문에 어쩔 수 없이 전
쟁터에 있지만 가족에 대한 그리움은 집에서 기다리는 여인
들 못지않게 강렬합니다. 우리는 이미 「주남」, 「소남」에서 남
편을 전쟁터에 보내고 나물 뜯는 여인의 노래를 보았지요.
이 여인들은 나물을 뜯다가 걱정과 그리움에 산으로 올라가
남편이 있는 곳을 바라보곤 했습니다. 술 한잔에 고통을 삭
이기도 하면서요.

　　　〈격고〉는 그렇게 고향에 아내를 두고 온 병사의 노래입
니다. '둘이 해로하자고 약속했는데, 돌아가기 힘들 것 같
다'는 탄식이 담겨 있습니다. 읽는 사람들의 마음도 한없

이 애달프지요. 이런 시들을 보면, 『시경』, 그 중에서도 특히 '풍'(風)은 귀족층의 노래가 아닌 민간가요라는 걸 확실히 알 수 있지요. 자, 그럼 시의 원문을 한번 읽어 보고 해석해 볼까요?

① 擊鼓其鏜 踊躍用兵 土國城漕 我獨南行

'격고기당'(擊鼓其鏜)의 '당'(鏜)은 '북소리 당' 자입니다. '격고'가 '북을 치다'이니, '북을 둥둥둥 울린다'라고 풀 수 있겠네요. '용약용병'(踊躍用兵)의 '용'(踊)과 '약'(躍)은 모두 '뛰다'로 여기서는 앉고 일어나고 치고 찌르는 모양을 이렇게 표현한 겁니다. 지금 이 남자는 북소리에 맞춰 훈련을 받고 있습니다. '병'(兵)은 무기, 즉 칼이나 창이에요. '군사 병', 이 글자는 나올 때마다 '전쟁', '군대', '병사', '단검' 등등으로 해석이 달라지지요. 그때그때 문맥에 맞게 선택하면 됩니다.

　다음 구절은 '토국성조 아독남행'(土國城漕 我獨南行)입니다. 먼저 이 구절의 뜻을 말해 보면 이렇습니다. 다른 사람들은 집 가까이에서 일을 해요, 그런데 '나'만 홀로 먼 남쪽으로 '해외 파병'을 가게 된 겁니다. '아독남행'이란 바로 나라 밖으로 파병 간 것을 말합니다. 어쩌다가 작중화자는 거기에 포함되었군요. 앞의 '토국성조'에서 '토'(土)와 '성'(城)은 동사입니다. '토'는 '흙일을 하는 것'[土功]이고, '나라 국(國)'은 '도성'[國中]으로 국내에 머무는 것입니다. '성'(城)은 '성을 쌓다'라고 풉니다. '배로 실어 나를 조(漕)'는 여기서는 위나라의 지명입니다. 다른 사람은 도성 안에서 흙 공사를 하고 조 땅에다 성을 쌓아요. 이건 모두 위나라 국내에서 하는 일입니다. 그런데 '아독남행', 나만 홀로 남쪽으로 왔네요. 더 위험하고 고생도 심하겠지요.

그런데 이 사람이 나간 전쟁은 어떤 전쟁일까요. 앞에서 장강의 아들 환공(완)을 시해한 주우에 대해 언급했는데요. 주우가 내외에서 모두 궁지에 몰리게 되었답니다. 백성들의 신망도 얻지 못했고, 주변 제후국들의 시선도 싸늘했지요. 이럴 경우 어리석은 군주는 외국의 환심을 사려고 해외로 눈길을 돌려 파병을 합니다. 그래서 지금 〈격고〉의 화자는 그런 군대에 차출되어 남쪽으로 파병된 것입니다. 그 후에 주우는 어떻게 되었을까요? 이렇게 파병까지 하면서 군주 노릇을 해보려 했지만 결국 실패하지요.

② 從孫子仲 平陳與宋 不我以歸 憂心有忡

'종손자중'(從孫子仲)의 손자중(孫子仲)은 당시 위나라의 장군 이름입니다. 이 노래에는 구체적으로 사람 이름이 등장했네요. 작중화자는 손자중을 따라서 '평진여송'(平陳與宋), 즉 위나라가 진(陳)과 송(宋), 두 나라와 동맹국이 되어 싸우는 전쟁터에 끌려간 겁니다. 여기서 '평'(平)은 '화합할 화(和)'로 동맹군이 된 것이지요. 『춘추좌씨전』의 관련기록을 보면 이때 위나라 군대는 송, 진, 채(蔡)의 군대와 연합하여 정(鄭)나라를 공격했다고 합니다. 당시 국제정세는 각자의 이익에 따라 이합집산을 되풀이하고 있었거든요.

'불아이귀'(不我以歸)의 '써 이(以)'는 '같이', '함께'로 장군이 나를 '데리고' 귀국하지 않는다는 겁니다. 사실 이때 위를 비롯한 연합국은 정나라의 도성을 포위했지만 5일 만에 해산하고 돌아갑니다(BC 719 여름). 정나라 장공이 대단한 능력자였고, 연합국은 명분도 없었으니까요. 흐지부지되고 만 것이지요. 그리고 주우는 그 해 9월에 죽습니다. 이런 상황에서 위의 군대는 해외에 버려진 것입니다. '우심유충'(憂心有忡)의 '우심'은 근심하는 마음이지요. '충'(忡) 자 역시 '근심할 충'입니다. 근심하는 마음이 깊고도 깊군요.

③ 爰居爰處 爰喪其馬 于以求之 于林之下

고단한 군대의 일상이 눈에 선하네요. 지금 이 병사는 전쟁 터를 떠돌다가 말[馬]까지 잃어버렸군요. 이 구절은 후대에 원정을 떠난 병사들의 처지를 노래한 작품에서 많이 인용 됩니다. 하나씩 살펴보죠. '원거원처'(爰居爰處)의 '원'은 '~에 서'[於]라는 뜻이에요. '거'(居)와 '처'(處)가 모두 '머무르다'이 니, '여기서 머물고 저기서 쉬면서' 정도로 보시면 좋겠네요. 아! 그러다가 '원상기마'(爰喪其馬), 말을 잃어버렸군요. 딱합 니다.

'우이구지'(于以求之)의 '우이'는 '그래서', '이에' 정도로 보시면 됩니다. 상황의 연속을 말해 주지요. '구지'는 말을 찾는 것이지요. '우림지하'(于林之下), 그렇게 찾아 헤매다가 숲 아래에서 말을 찾았군요. '어조사 우(于)'는 '어조사 어(於)' 와 용법이 같은데요, 여기서 '~에서'는 장소를 말합니다. 지 금 이 사람은 지쳤습니다. 대오와 떨어졌고, 부대에서도 이 탈했군요. 투지를 잃은 것이죠. 1장에서는 북소리에 맞춰서 무기를 들고 이리 뛰고 저리 뛰었어요. 활력이 넘쳤지요. 그 러다가 홀로 남쪽으로 배치됩니다. 손자중 장군을 따라 종 군했지만 귀국하지 못하고 떠도는 신세가 되었네요. 언제 귀국할지 모르는 막막하고 지친 상태에서, 집에 있는 아내를 그리워합니다.

④ 死生契闊 與子成說 執子之手 與子偕老

이 장에서는 작중화자의 시선이 전쟁터에서 고향의 아내로 이동합니다. 아내에게 보내는 편지로 보시면 됩니다. 간절하고 애절하지요. 바로 결혼 당일의 맹서를 떠올립니다. '사생결활'(死生契闊)은 '사생결활'로 읽느냐, '사생계활'로 읽느냐에 따라 해석이 약간 달라집니다. 주자는 '사생결활'로 보아서 '죽든 살든 멀리 떨어져 있든'으로 풀었습니다. 이 경우 '결활'은 멀리 떨어져 있다는 뜻의 단어로 보는 겁니다. '맺을 계'를 '소원할 결'로 읽는 것이지요. '트일 활(闊)'에는 '멀다'란 뜻이 있습니다. 이 해석도 좋습니다. 하지만 저는 다른 해석을 권하고 싶습니다. '사생계활'로 보는 겁니다. 이 경우에는 '계'와 '활'을 각각 푸는데요. '맺을 계'는 '같이할 합(合)'자와 뜻이 통합니다. '활'은 그대로 '멀리 떨어져 있다'는 뜻이고요. 그러면 '사생계활'은 '죽거나 살거나 같이 있을 때나 헤어져 있을 때나'가 됩니다. 어떤 해석을 취하셔도 다 좋습니다. 결혼선언문 같은 문장이니까요. '여자성설'(與子成說)

에서 '자'(子)는 '그대'를 말합니다. 아내이지요. '설'은 약속의 말이니, '그대와 더불어 맹서를 했었지'라는 뜻입니다. 물론 항상 같이하며 잊지 말자는 맹서였지요.

'집자지수'(執子之手)는 '그대의 손을 잡고', '여자해로'(與子偕老)는 '그대와 더불어 같이 늙어 가겠노라'라는 뜻이죠. 다시 한번 손을 잡고 해로를 약속하고 있군요. 이런 말을 할 땐 주로 손을 '꼬~옥' 잡고 하지요. 연이어 '그대'[子]가 세 번이나 나와서 더 애절하군요. 이렇게 간절하게 백년해로(百年偕老)를 약속했건만, 지금은 홀로 떨어져 먼 전쟁터를 떠돌고 있습니다.

⑤ 于嗟闊兮 不我活兮 于嗟洵兮 不我信兮

다시 현실로 돌아옵니다. 고향에서 기다리는 아내와의 약속을 생각하니 감정이 폭발합니다. 매 구절마다 어조사 '혜'(兮) 자로 끝을 맺고 있는데, 이런 감정의 폭발을 표현하고 있는 거라고 보시면 됩니다. '우차활혜'(于嗟闊兮)의 '우차'(于嗟)는 한 단어로 '아!'라는 탄사입니다. 탄식이 나올 만하지요. '활'(闊)은 멀리 떨어져 있는 것이지요. '아 멀리 와 있구나'로 풀면 됩니다. 다음 구절 '불아활혜'(不我活兮)의 '활'(活)은 '살다'라는 뜻인데, 앞의 '활'(闊) 자와 음을 맞추었어요. '나, 살아서 돌아갈 수 없겠구나!'입니다. 막막한 거지요. '우차순혜'(于嗟洵兮)에서 '진실로 순(洵)'은 '약속 신(信)'입니다. 항상 같이하고 해로하자고 약속한 거지요. '불아신혜'(不我信兮)의 '신'(信)은 용례가 많은 글자지요. '믿다'란 뜻 이외에도 '참으로', '소식', '편지' 등등으로 쓰입니다. 그런데 여기서는 '펴다'라는 뜻으로 쓰였어요. '펼 신(伸)' 자와 같지요. '펴다'는 '지킨다'는 뜻이니, 지금 이 병사는 아내와의 약속을 지킬 자신이 없는 것입니다. 먼 이곳에서 죽을 수밖에 없겠구나, 하는 절망이 엄습한 것이지요. 젊은 분들은 '현타'라는 단어를 쓰던데, 아픈 현실을 자각하는 것으로 〈격고〉가 마무리되는군요. 탄식과 절망이 가득한 이런 작품을 이렇게 흐린 날 읽으면 마음이 더욱 착잡하지요. 슬픈 시입니다.

7. 개풍凱風

凱風自南 吹彼棘心
개 풍 자 남 취 피 극 심

개풍이 남쪽으로부터,
저 어린 가시나무에 불어오네.

棘心夭夭 母氏劬勞
극 심 요 요 모 씨 구 로

가시나무 여리고 여려,
어머님 너무나 고생하셨도다.

凱風自南 吹彼棘薪
개 풍 자 남 취 피 극 신

개풍이 남쪽으로부터,
저 땔나무에 불어오네.

母氏聖善 我無令人
모 씨 성 선 아 무 령 인

어머니 훌륭하시거늘
우리 중에는 좋은 자식이 없네.

爰有寒泉 在浚之下
원 유 한 천 재 준 지 하

차가운 샘물이,
준읍 아래에서 나오는구나.

有子七人 母氏勞苦
유 자 칠 인 모 씨 로 고

자식이 일곱이나 있는데,
어머님 너무나 고생하시도다.

睍睆黃鳥 載好其音
현 환 황 조 재 호 기 음

아름다운 꾀꼬리,
그 소리가 듣기 좋구나.

有子七人 莫慰母心
유 자 칠 인 막 위 모 심

자식이 일곱이나 있는데,
어머니 마음 위로하지 못하네.

'개풍'(凱風)은 '남풍'이지요. '즐길 개(凱)'가 '따뜻하다, 온화하다'라는 뜻으로 쓰였습니다. 물론 '개선문'(凱旋門)처럼 '이기다'라는 뜻도 있지요. '개풍'은 만물을 자라게 하고 길러 주는 바람입니다. 이 시는 『맹자』 「고자 하」(告子下) 편에 나와서 더욱 유명합니다. 맹자가 제자 공손추와 고자(高子)라는 사람이 〈소반〉(小弁)을 '소인의 시'로 평가한 것에 대해 토론하는 과정에서 이 시 〈개풍〉이 등장합니다. 〈소반〉은 「소아」를 읽을 때 나옵니다. 간략히 말씀드리자면, 서주의 마지막 왕인 유왕(幽王)의 아들 태자 의구(宜臼)가 폐출(廢黜)된 후 아버지를 원망한 작품으로 알려져 있지요. 이런 경우 자식이 아버지를 원망한 것이 옳으냐를 문제 삼은 겁니다. 고자는 아들이 아버지를 원망했기 때문에 소인이라고 하고, 맹자는 아버지가 큰 잘못을 저질렀을 때 원망하는 것이 '인'(仁)이고 '효'(孝)라고 합니다. 부모님을 사랑한다면 부모가 큰 잘못을 저지를 때 안타까워하고 원망할 수밖에 없다는 거지요. 그러자 공손추가 이렇게 묻습니다.

〈개풍〉에서는 왜 원망하지 않습니까?

曰: 凱風, 何以不怨?
왈 개 풍 하 이 불 원

맹자는 이렇게 대답하지요.

〈개풍〉은 부모의 잘못이 작은 경우이고, 〈소반〉은 부모의
잘못이 큰 경우이다. 부모의 잘못이 큰데도 원망하지 않는
다면 이는 부모와 자식 사이가 더욱 소원해지는 것이고, 부
모의 잘못이 작은데도 원망한다면 이는 자식이 작은 일에
자극을 받아 화를 내는 것이다. 더욱 소원해지는 것도 불
효요, 부모님께 화를 내는 것도 불효다.

曰: 凱風, 親之過小者也. 小弁, 親之過大者也.
왈　개풍　친 이 과 소 자 야　소 변　친 지 과 대 자 야
親之過大而不怨, 是愈疏也. 親之過小而怨,
친 지 과 대 이 불 원　시 유 소 야　친 지 과 소 이 원
是不可磯也. 愈疏, 不孝也. 不可磯, 亦不孝也.
시 불 가 기 야　유 소　불 효 야　불 가 기　역 불 효 야

아직 〈개풍〉을 읽기 전이지만 이 시와 관련해서 워낙 유
명한 언급이라 미리 말씀드리는 겁니다. 지금 당황하신 분
들도 계실 겁니다. 읽어 보면 아들이 어머님의 은혜에 감사
하는 시 같은데, 무슨 원망이 나오나 하시면서요. 그렇습니
다. 저도 그냥 감사의 시로 봅니다. 하지만 『맹자』부터 이어
져 온 해석의 역사도 무시할 수는 없답니다. 그래서 「모서」
를 읽고 시작하겠습니다. 주자도 이 입장을 받아들였고요.

〈개풍〉은 효자를 칭찬한 시이다. 위나라에 음란한 풍속이 유행하여 비록 아들이 일곱인 어머니라도 그 집안에서 편안하게 있지 못했다. 그러므로 일곱 아들이 효도를 다하여 어머니의 마음을 위로하여 어머니의 뜻을 안정시킨 것을 칭찬한 것이다.

凱風, 美孝子也. 衛之淫風流行,
개 풍　미 효 자 야　위 지 음 풍 류 행
雖有七子之母, 猶不能安其室. 故美七子能盡其孝道,
수 유 칠 자 지 모　유 불 능 안 기 실　고 미 칠 자 능 진 기 효 도
以慰其母心而成其志爾.
이 위 기 모 심 이 성 기 지 이

「모서」의 시 해석을 보니, 무슨 소리인지 더 이상하다고요? 그러실 겁니다. 「모서」에서는 맹자가 〈개풍〉에서 부모의 잘못이라고 한 것이 바로 어머니가 당시의 음란한 풍속에 휩쓸린 것이라고 본 겁니다. 이럴 때 아들들이 화를 내거나 원망하면 불효라는 것이 맹자의 입장이고요. 그래서 주자는 『맹자』와 「모서」의 입장을 받아들여 자식들이 어머니가 잘못된 길로 가려는 것을 보고, 어머니를 원망한 것이 아니라 자책(自責)하는 것으로 보았어요. 자신들이 부족해서 어머님께서 저러신다고. 저의 견해를 물으신다면? 그냥 어머님의 무한한 은혜에 감사드리는 노래로 보면 좋겠어요. 하지만 어쩌겠어요? 맹자의 언급이 있고, 그에 준해서 오랫

동안 해석해 왔으니. 일단 이 오래된 해석을 중심으로 시를 보겠습니다. 어머니의 잘못을 자신의 부족함으로 돌리는 아름다운 효자의 시로요.

하긴 부모님이 홀로 되어 외로워하실 때 자식들이 화를 내거나 외면을 하면 관계가 멀어지지요. 자식 키워 놔 봤자 다 소용없다고 서운할 수밖에 없으니까요. 전래 동화에 밤 외출이 잦으신 홀로 되신 어머니 이야기가 나오지요. 어머니가 밤에 차가운 개울을 건너실까 염려되어 자식들이 몰래 돌다리를 놔 준다는 이야기도 있지요. 이런 옛이야기를 배경으로 하는 시라고 할 수 있겠습니다.

① 凱風自南 吹彼棘心 棘心夭夭 母氏劬勞

'개풍자남'(凱風自南)은 '개풍'이 남쪽에서 불어온다는 뜻이죠. 개풍은 따뜻한 남풍으로, 여러 자식을 키워 낸 어머니를 비유한 것입니다. '취피극심'(吹彼棘心)에서 '불 취'(吹)는 바람이 불어온다는 말이고요. '극심'(棘心) 해석이 좀 어렵죠. '극'은 '가시나무 극'인데, 주자는 무리지어 자라는 작은 나무로 가시가 많고 성장속도가 느리다고 했습니다. '심'은 그 나무들이 어려서 아직 제대로 성장하지 못한 상태를 말합니다.

결국 여기서 '개풍'은 어머니, '극심'은 어린 아들들을 말하지요.

'극심요요'(棘心夭夭)에서 '요요'(夭夭)는 어리고 예쁜 모습입니다. 이런 자식들을 어머니가 애써 키워 낸 겁니다. 그래서 '모씨구로'(母氏劬勞)의 '구로'(劬勞)가 이 작품의 키워드입니다. '힘쓸 구(劬)', '힘쓸 로(勞)'로, '구로'는 자식들을 키우느라 어머님이 너무나도 고생하셨다는 뜻이에요. 지금도 육아는 고생스럽죠. 주변에서 많이 돕는다고 해도 어머니의 고생은 이루 다 말할 수가 없지요. 그런데 이 시에서는 아들이 무려 일곱이었다네요. 아휴~

② 凱風自南 吹彼棘薪 母氏聖善 我無令人

'개풍자남'(凱風自南)은 앞과 같고요. '취피극신'(吹彼棘薪)의 '신'(薪)은 땔나무예요. 가시나무가 땔나무가 될 정도로 자랐다는 이야기죠. 실제로 가시나무가 땔나무로 많이 쓰이지요. 하지만 땔나무 정도에 그치고 좋은 목재가 되지 못했군요. 장성한 아들들이 인재는 되지 못했나 봅니다.

'모씨성선'(母氏聖善)은 '어머니는 훌륭하시다' 정도로 보면 되겠지요. 그다음 '아무령인'(我無令人)의 '령'(令) 자를 볼까요. 보통 '하여금 령'으로 쓰이지만 여기서는 '착하다, 아름답다'라는 뜻으로 쓰였습니다. 다른 사람의 딸과 아들을 부르는 말인 '영애'(令愛), '영식'(令息) 등의 용례가 있지요. '훌륭한 딸', '훌륭한 아들'이라는 말인데, 이 경우 '애'(愛)는 딸, '식'(息)은 아들입니다. '영부인'(令夫人)에도 '영'이 쓰이는데, 우리나라에서 대통령 부인의 호칭으로 쓰여서 그렇지, 이 역시 다른 사람의 부인 누구에게나 쓸 수 있는 말이죠. '영애'나 '영식' 같은 말들은 요즘은 잘 안 쓰죠? 박정희 대통령 시절에는 9시 뉴스에도 많이 나왔어요. 제 한 세대 앞의 어른들은 이런 말들을 일상에서 쓰셨고요. 저의 아버님도 오랜만에 만난 친구분들께 "영식은 장가를 갔느냐, 영애는 여의었느냐"고 물으셔서 옆의 저를 어리둥절하게 하셨답니다. 감히 여쭙지도 못하고 속으로 '아니, 저 분 아들, 딸이 영식, 영애면 박대통령 아들, 딸하고 이름이 같은가 보다' 했지요.^^

'령'(令) 자를 설명하다가 이야기가 다른 곳으로 빠졌네요. 시로 돌아와서, 어머님은 저렇게 훌륭하신데 우리 중에는 '좋은 자식'이 없대요. 어머님이 마음을 못 잡은 것이 다 자기들 탓이라고 깊게 자책하는 거죠. 조금의 원망도 없지요. 바로 이 점을 맹자가 칭찬한 것입니다.

③ 爰有寒泉 在浚之下 有子七人 母氏勞苦

세번째 장에서 시상이 전환됩니다. '원유한천'(爰有寒泉)의 첫 글자 '이에 원(爰)'은 해석하지 않습니다. '한천'(寒泉)은 차가운 샘물이잖아요? 맑고 맛있는 물이지요. '재준지하'(在浚之下), 물이 준이란 곳 아래에 있답니다. '깊을 준'은 여기서는 지명입니다. 이 말은 무슨 뜻일까요? 시를 읽다 보면 의미가 애매한 구절들이 나오지요. 주자는 준읍 아래에 있는 한천이 준읍을 충분히 적셔 준다고 봅니다. 어머님의 노고로 일곱 아들이 부족함 없이 성장할 수 있었다는 뜻이지요.

'유자칠인'(有子七人), 아들이 일곱인데, '모씨로고'(母氏勞苦), 어머님을 고생시키고 있다네요. 주자는 이것을 아들이 어머니의 잘못을 조심스럽게 말하고 있는 부분이라고 봤습니다. 통렬하게 자책하면서 어머님의 마음을 움직이려 한 것이라고요. 이렇게 보면 여기서 '로고'는 어머님이 음풍에 휩쓸린 것을 말합니다. 자식을 키울 때의 노고가 아니라. 물론 주자의 해석은 유가의 도덕윤리에서 한 치도 벗어나지 않지요. 하지만 시를 읽는 섬세한 분석 능력은 감탄을 자아내게 합니다. 치밀합니다. 맹자와 공손추가 이 부분에 주목해서 '원망이 없다'고 본 것이라 추정한 것이죠. 여기서 주자는 한 단계 더 나아가 '기간'(幾諫)을 말합니다. 주자는 이 시의 아들들이 원망하지는 않았지만 '기간'은 했다고 이야기하고 있습니다.

어머니가 음란한 풍조가 유행하여 스스로를 지키지 못했다. 여러 아들들이 자책하여 어머님을 제대로 섬기지 못하여 어머니로 하여금 고생하게 한다고 말한 것이다. 완곡한 말로 은미하게 간하여 부모의 잘못을 드러내지 않았으니 효라고 할 만하다.

母以淫風流行, 不能自守, 而諸子自責, 但以不能事母,
모 이 음 풍 류 행   불 능 자 수   이 제 자 자 책   단 이 불 능 사 모
使母勞苦爲詞. 婉詞幾諫, 不顯其親之惡, 可謂孝矣.
사 모 고 로 위 사   완 사 기 간   불 현 기 친 지 악   가 위 효 의

〈개풍〉을 효자의 시로 보는 것은 맹자와 같지만 원망하지 않는 것만으로는 미진하다고 본 것이지요. '기간'이라는 말은 『논어』「이인」(里仁)에 나옵니다.

공자께서 말씀하셨다. "부모가 잘못이 있으면 조심스럽게 말씀드려야 한다. 부모가 자신의 뜻을 따르지 않더라도 더욱 공경하고 어기지 않는다. 힘들더라도 원망하지 않는다."

子曰 : "事父母幾諫. 見志不從, 又敬不違, 勞而不怨".
자 왈　사 부 모 기 간　견 지 불 종　우 경 불 위　로 이 불 원

　그렇습니다. 부모님의 잘못에 대해 원망할 수는 없지만 '기간'(幾諫)은 해야 합니다. '기'는 '조용히, 공손하게'란 뜻이고, '간'은 웃어른께 무엇을 잘못하고 계시다고 말씀드리는 것이지요. 군주의 잘못을 간하는 직책을 '간관'(諫官)이라 하잖아요? 친구 사이에 쓰는 단어가 아닙니다. 친구 사이는 '충고'(忠告)라 합니다. 여기서 '기간'은 상황과 부모님 안색을 봐 가면서 조심스럽게 부모님의 잘못에 대해 말씀드리는 것입니다. 어려운 일이지요. 대부분 화를 내고 따르지 않으시니까요. 하지만 멈출 수 없습니다. 다시, 계속 안색을 살펴가며 말씀드려야 하지요. 부모님이 주위 사람들에게 비난받는 것을 나몰라라 하는 것이야말로 불효이니까요. 어쩌다 보니 인용문이 많아졌네요.

④ 睍睆黃鳥 載好其音 有子七人 莫慰母心

'현'(睍)과 '환'(睆)은 둘 다 '아름답다'는 뜻인데, '황조'의 소리가 맑고 아름답다는 뜻이에요. 번역하면 '아름다운 황조여', '아름다운 꾀꼬리여' 이렇게 됩니다. 우리에게는 '편편

황조'(翩翩黃鳥)로 시작하는 고구려 유리왕의 〈황조가〉가 익숙한데,『시경』에도 〈황조〉라는 제목의 시가 두 편이 있답니다.「진풍」(秦風)에 〈황조〉가 있고「소아」에도 〈황조〉가 있는데, 우리 진도로는 한참 후에 나오겠네요. '황조'를 곤줄박이(곤줄매기)로 번역하시는 분들도 계신데, 저는 그냥 꾀꼬리로 하겠습니다. '재호기음'(載好其音)에서 '실을 재(載)'는 해석하지 마시고요. '기음'은 새소리니까, 그 '새소리가 아름다워라'가 됩니다. 이건 무슨 뜻일까요? 이 역시 자책입니다. 꾀꼬리도 아름다운 소리로 사람들에게 기쁨을 주는데, 우리는 왜 어머님의 마음을 위로하고 기쁘게 해 드리지 못했나라는. 꾀꼬리만도 못하다니, 자책이 깊군요.

자식이 일곱이나 있는데, '막위모심'(莫慰母心), 어머니의 마음을 위로하지 못했다고 하네요. '위'(慰)는 '위로할 위'인데, 자식들이 어머님을 위로하고 기쁘게 하지 못해 이런 일이 벌어진 것이란 자책이자 기간이지요. 이것이 〈개풍〉을 효자의 노래로 보는 근거입니다. 자책과 기간으로 부모님의 마음을 돌리게 해야 한다는 것이고요. 원망하고 화내는 것은 불효지요. 물론 이것이 맹자가 말했던 것처럼 작은 잘못으로 볼 수 있나라고 생각하시는 분도 있으실 겁니다. 상대적이지요. 〈소반〉에서 유왕이 달기에 빠져서 아들을 내쫓은 것은 서주의 멸망을 초래했으니까요. 맹자는 태자 의구가 원망하고 울면서 아버지에게 하소연한 것을 마땅히 해야 할 일로 본 것입니다. 여전히 공감할 수 없다는 표정을 짓고 계신 분들이 많군요. 물론 그럴 수 있지요. 오늘 제가 소개한 것은 최소한 2,500여 년 전의 해석이니까요. 21세기를 사는 우리의 부모와 자식 관계, 효에 대한 생각은 기원전 4세기 맹자, 그리고 12세기 주자와는 격차가 클 수밖에 없지요.

8. 웅치 雄雉

雄雉于飛 泄泄其羽
웅 치 우 비 예 예 기 우

수꿩이 날아오르니,
그 날갯짓 소리 푸드덕.

我之懷矣 自詒伊阻
아 지 회 의 자 이 이 조

나의 그리움이여,
그분은 멀리 가 계시네.

雄雉于飛 下上其音
웅 치 우 비 하 상 기 음

수꿩이 날아오르니,
그 소리 위 아래로.

展矣君子 實勞我心
전 의 군 자 실 로 아 심

참으로 군자여,
내 마음을 힘들게 하시네요.

瞻彼日月 悠悠我思
첨 피 일 월 유 유 아 사

저 해와 달을 바라보니,
아득한 나의 그리움이여.

道之云遠 曷云能來
도 지 운 원 갈 운 능 래

길이 멀고 머니,
언제 돌아오실는지.

百爾君子 不知德行
백 이 군 자 부 지 덕 행

여러 군자들이여,
어찌 덕행을 알지 못하시겠어요?

不忮不求 何用不臧
불 기 불 구 하 용 부 장

해치지도 않고 욕심도 내지 않는다면,
어찌 좋은 일이 생기지 않겠어요.

〈웅치〉(雄雉), '수꿩'이란 제목의 시군요. 이 작품은 〈격고〉와 짝을 이룹니다. 〈격고〉는 전쟁터에서 아내를 그리워하는 병사의 시이고, 〈웅치〉는 전쟁터의 남편을 그리워하며 무사귀환을 비는 아내의 노래입니다. 이렇게 『시경』의 작품들 중 상당수가 전쟁을 배경으로 하지요. 춘추시대에도 내전, 정벌, 부역 등으로 어디, 어느 제후의 나라에서 살든 그 누구도 가족과 함께하는 평범한 행복을 누리기 어려웠습니다. 하긴 인류의 역사가 전쟁의 흑역사이기도 하죠. 지금도 그렇고요.

① 雄雉于飛 泄泄其羽 我之懷矣 自詒伊阻

한 구절씩 살펴보겠습니다. 우선 '웅치우비'(雄雉于飛), 수꿩[雄雉]이 등장했어요. 수꿩이 날아간다고 하네요. '예예기우'(泄泄其羽)에서 '예'(泄)는 '누설할 설' 자이지만 여기서는 '예'로 읽습니다. '예예'는 '느리게 나는 모습'인데요, '날개 치는 소리'라는 주석도 있습니다. 이 경우 '날갯짓 소리 푸드덕'이 됩니다. 주자는 '수꿩'이 벼슬이 있고 꼬리가 길며, 아름다운 깃털이 있고 싸움을 잘한다고 하면서, 이 시가 '흥'(興)의 기법으로 쓰였다고 했어요. 날개를 푸드덕거리며 날아가는 아름다운 수꿩을 보고, 그 소리를 들으면서, 먼 곳에 가 있는 남편을 생각한 거지요. 어떤 대상을 보면서 연상을 하고 시상(詩想)을 일으키는 것을 『시경』에서는 '흥'이라고 하는데, '흥'은 어떤 대상에 빗대어 표현하는 '비'(比)와의 구별이 모호할 때가 많답니다. 역시 시는 읽는 사람의 감각에 따라 편차가 생길 수밖에 없지요.

그다음 구절 볼까요. '아지회의'(我之懷矣)는 '나의 그리운 사람이여'라는 뜻입니다. '품을 회(懷)'는 '그리워하다'라고 풀 수 있거든요. '자이이조'(自詒伊阻)의 '이'(詒)는 '주다'로 '남길 유(遺)'의 뜻인데, 여기서는 어떤 상황을 만들었다는 겁니다. '스스로 자(自)'와 '그 이(伊)'는 해석하지 않겠습니다. '조'(阻)는 '막혀 있다', '헤어져 있다'는 뜻이지요. 그럼, 이 구절은 무슨 뜻인가요? 남편이 멀리 전쟁터에 가 있는 겁니다. 주자의 주를 보시면 '종역'(從役)이라는 단어가 보이는데요. '부릴 역(役)'에 전쟁이란 뜻이 있답니다. 지금은 '참전'(參戰)이라고 하지요.

② 雄雉于飛 下上其音 展矣君子 實勞我心

〈연연〉에서 본 '하상기음'(下上其音)이 나왔군요. 『시경』을 읽다 보면 이렇게 반복되어 나오는 구절을 종종 만납니다. 반갑지요. 『시경』을 완독할 때 맛보는 은근한 즐거움이랍니다. 꿩이 나는데 그 울음소리가 위로 솟고 아래로 내려오기도 하는 거지요. 이것은 무엇일까요? 꿩이 자유롭다는 것이죠. 이런 모습을 '자득'(自得)이라고 하는데, 수꿩이 자신의 스타일대로 살고 있는 겁니다. 하지만 남편은 어떤가요? 군역에 매여 있으니, 자득한 삶이라 할 수 없겠지요. '전의군자'(展矣君子)에서 '전'(展)은 보통 '전개하다', '펼치다'라는 뜻으로 쓰는데요, 여기서는 '참으로'[誠]라는 부사입니다. '진정으로 군자여' 이렇게 하시면 됩니다. '군자'는 남편이지요. '실로아심'(實勞我心)에서 '실'(實)도 '전'(展)과 용례가 같습니다. '참으로', '실로', 모두 부사입니다. 여기서는 '참으로 내 마음을 힘들게 한다'로 풀겠습니다. '참으로 내 마음이 힘들다'라고 해도 됩니다. 원치 않은 상황에 처한 것이기 때문에 '힘들게 한다'로 했습니다.

③ 瞻彼日月 悠悠我思 道之云遠 曷云能來

『시경』에서 평범한 남녀들은 하늘과 달을 쳐다보는 경우가 많지요. 그리움에, 외로움에, 막막함에… '첨피일월'(瞻彼日

月), 익숙한 표현입니다. '저 해와 달을 올려다본다'는 뜻이지요. '유유아사'(悠悠我思)는 〈종풍〉 3장에서 한번 나왔습니다. 그리움에 생각을 멈출 수 없는 것이지요. 낮에 해를 보고 남편 생각, 밤에 달을 보고도 남편 생각, 그러다가 남편이 떠난 지가 오래되었다는 것을 알게 되지요.

'도지운원 갈운능래'(道之云遠 曷云能來). 이 두 구절에 모두 나오는 '말할 운(云)'은 어조사입니다. '도지운원', 남편은 아득히 먼 곳에 가 있군요. '갈운능래'에서 '어찌 갈(曷)'은 '어느 때'[何時]로, 언제 돌아오실 수 있냐는 탄식입니다.

④ 百爾君子 不知德行 不忮不求 何用不臧

'백이군자'(百爾君子)의 '백'(百)은 '모두 범(凡)'과 같은 뜻으로 '백이군자'는 '모든 군자'가 됩니다. '이'(爾)는 해석하지 않으셔도 되는 글자고요. '부지덕행'(不知德行)을 주자는 '어찌 덕행을 알지 못하리오'라고 풀었어요. 남편을 비롯한 모든 군자들이 전쟁터에서 덕행을 베풀기를 바라는 건데, 그게 전쟁터에서 가능할까요? 맞붙어 싸울 때에는 어렵겠지요. 하지만 오고가는 길에서는 가능하지 않을까, 이렇게 기대하는 것이죠. 약탈, 방화가 난무하는 시대였지만요.

'불기불구'(不忮不求)는 사자성어입니다.『논어』「자한」에도 인용되어 있지요. '기'(忮)는 '해치다'로 전쟁터에서 쓸데없이 남을 해치지는 말라는 말이 되죠. '구할 구'(求)는 여기서는 '욕심내다'입니다. '불기불구', 남을 해치지 말고 탐욕도 부리지 말라. '덕행'을 행하라는 것이지요. 그렇게 한다면 무슨 일을 하든지 좋은 결과를 맺게 될 거라고. <격고>가 아내에게 보내는 병사의 편지라면, <웅치>에는 아내의 진심이 담겨 있군요. '착할 장(臧)'은 '선'(善)으로, 좋은 일이지요. 그래서 '하용부장'(何用不臧)은 '어찌 좋은 일이 생기지 않겠어요'라는 뜻이 됩니다. '좋은 일'이란 살아서 집으로 돌아오는 것이겠지요. 주자는 '먼 곳에 가 있으면서 환란을 범할까[犯患] 걱정하고 잘 대처하여[善處] 온전하기를 바란 것'이라고 했어요. 그런데 이 주석에서 말하는 '범환'(犯患), '선처'(善處)가 무슨 뜻일까, 하는 의문이 생기지요. 그래서 혹시 백제 민요 <정읍사>(井邑詞)의 여인처럼 달을 보며 남편의 무사귀환을 빌다가 마음에 일어난, 혹시 다른 여인을 만나지 않을까 하는 불안과 의심을 표현한 것이 아닐까, 하는 해석도 있지요. 글쎄요. 무난하게 '범환'을 전쟁터에서 무리한 행동을 하는 것으로, '선처'를 어려운 상황에서도 현명하게 대처하는 것으로 보면 되겠지요.

『논어』「자한」편에 이 구절이 어떻게 인용되었는지를 보고 갈게요.

공자께서 말씀하셨다.

"낡은 솜옷을 입고, 여우나 담비 가죽옷을 입은 사람과 함께 서 있어도 부끄러워하지 않는 사람은 유(자로)일 것이다. '남을 해치지 않고 남의 것을 탐내지 않는다면 어찌 훌륭하지 않겠는가?'라고 했다."

자로는 이 구절을 내내 외우고 다녔다.

공자께서 말씀하셨다.

"이 정도의 도가 어찌 훌륭하다고 할 수 있겠느냐?"

子曰 : "衣敝縕袍, 與衣狐貉者立, 而不恥者,
자 왈　　　의 폐 온 포　여 의 호 맥 자 립　이 불 치 자
其由也與? '不忮不求, 何用不臧?'"
기 유 야 여　　불 기 불 구　하 용 불 장
子路終身誦之.
자 로 종 신 송 지
子曰 : "是道也, 何足以臧?"
자 왈　　　시 도 야　하 족 이 장

『논어』에서 자로(중유)가 나오면 항상 웃게 됩니다. 공자와 자로는 스승과 제자였지만 나이 차이는 아홉 살이었지요. 제자이자 동고동락한 친구이기도 했습니다. 자로가 공문십철(孔門十哲)로 정사(政事)에 유능했지만 공자의 기대에

는 약간 못 미친 것도 사실이고요. 공자의 칭찬을 듣고 이 시 구절을 종일 외우고 다녔다니, 왠지 정이 가는 캐릭터이지요. 그래서 『논어』의 등장인물 중에서도 팬이 많은 인물입니다. 저도 역시 팬이고요. 이 장면을 보면 모든 선생님들은 칭찬에 엄격하시고, 공자님도 예외는 아니었다는 것도 알 수 있지요.

9. 포유고엽 匏有苦葉

匏有苦葉 濟有深涉
포 유 고 엽 제 유 심 섭

박 잎이 쓴데,
나루터에 깊은 곳이 있네.

深則厲 淺則揭
심 즉 려 천 즉 게

깊으면 옷 벗어 가지고 건너고,
얕으면 옷 걷고 건너리.

有瀰濟盈 有鷕雉鳴
유 미 제 영 유 요 치 명

찰랑찰랑 나루터에 물 가득한데,
요요히 우는 암꿩 있어라.

濟盈不濡軌 雉鳴求其牡
제 영 불 유 궤 치 명 구 기 모

물 가득한데도 수레바퀴 자국 젖지
않고, / 암꿩은 수짐승을 구하며 우네.

雝雝鳴雁 旭日始旦
옹 옹 명 안 욱 일 시 단

편안하게 우는 기러기여,
해가 떠올라 아침이 되었네.

士如歸妻 迨氷未泮
사 여 귀 처 태 빙 미 반

남자가 아내를 얻으려면
얼음이 녹기 전에 준비해야 하리.

招招舟子 人涉卬否
초 초 주 자 인 섭 앙 부

손짓하는 뱃사공이여, / 사람들은 건
너도 나는 건너지 않으리.

人涉卬否 卬須我友
인 섭 앙 부 앙 수 아 우

사람들은 건너도 나는 건너지 않는
것은 / 내 친구를 기다리기 때문이
네.

〈포유고엽〉(匏有苦葉)은 '박에 쓴 잎이 있다'라고 시작하지만 첫 구절 외에는 박에 관한 언급은 없습니다. 나루터가 나오더니 암꿩, 기러기, 뱃사공이 등장하는데, 무슨 상황인지, 파악하기가 어렵지요. 각 장을 보면 3글자로 된 구도 있고, 5글자로 된 구절도 나오네요. 내용도 매 장마다 달라서 서로 연관성을 찾기 힘들지요. 그래서일까요? 이 시에는 다양한 해석이 있는데, 하나는 남녀의 부적절한 만남을 지적한 풍자시로 보는 것이고, 다른 하나는 남녀의 결합을 축복하는 결혼축하시로 보는 겁니다. 너무 다르지요. 주자는 이 시를 '음란함을 풍자한 작품'이라고 합니다. 풍자시라는 거지요. 주자의 주석으로 읽어 가면서 다른 입장도 말씀드려 보겠습니다.

① *匏有苦葉 濟有深涉 深則厲 淺則揭*

'포유고엽'(匏有苦葉), 여기서 '포'(匏)는 '박'이에요. 박은 말려서 박고지 등으로 식용하기도 하지만 쓴 것은 먹을 수가 없지요. 그런데 박의 용도 중에 물을 건널 때 허리에 쭉 매달고 가는 경우가 있어요. 요즘으로 치면 허리에 튜브를 두르고 물에 들어가는 것처럼요. 그런데 박 잎이 남아 있다면 아직 튜브로 쓸 만큼 충분히 여물지 않은 것이지요. 이렇게 '덜 익은 박'이라는 표현으로 '아직 남녀가 만날 때가 아니다'라고 표현하고 있는 건데요. 이를 물을 건너는 것으로 비유합니다. '제유심섭'(濟有深涉)에서 '물 건널 제(濟)'는 '물을 건너는 곳'입니다. 걸어서 물을 건너는 것을 '섭'이라 하고요. '제유심섭'은 걸어서 건너기에는 물이 깊다는 겁니다. 당연히 물 깊이를 헤아려 건너야겠지요. 남자와 여자가 만날 때에 예의를 헤아려야 하듯이.

그런데 여기서의 '쓸 고(苦)'를 '마를 고(枯)'로 본다면 어떨까요? 박의 잎이 말랐으니, 박을 튜브로 쓸 수 있지요. 남녀가 결혼할 때가 된 것입니다. 이 경우 '제유심섭'의 '제'는 강 이름이 됩니다. '제수에는 깊은 나루터가 있네', 이렇게 됩니다. 전혀 다른 내용이 되는군요.

'심즉려'(深則厲), 물이 깊으면 옷을 벗어서 머리에 이고 건너가야겠지요. 여기서 '려'(厲)는 '연마하다, 사납다'가 아닙니다. '옷을 벗어 가지고 건너가는 것'이지요. '천즉게'(淺則揭)에서 '들 게'(揭)는 '옷을 걷어 올리고 물을 건너가는 것'을 말합니다. 물의 깊이에 따라 우리의 처신이 달라지듯 예의는 각자 헤아려 지켜야 하는 것이지요. <포유고엽>에서 1장은 남녀가 만날 때의 원칙을 밝힌 겁니다. 『시경』을 읽다 보면 종종 주자의 엄숙한 교화론적 시각을 확인할 수 있습니다. 하지만 21세기의 우리는 '남녀가 만나겠다는데, 뭐 굳이 만남의 원칙까지 말할 필요가…. 가뜩이나 연애조차 하지 않는 시대인데'라고 할 수도 있겠죠.

이 부분은 『논어』 「헌문」에도 나오지요. 『춘추좌씨전』, 『논어』, 『맹자』 등 모든 고대 경전에는 『시경』 속 작품을 한두 구절씩 인용하여 뜻을 밝히는 경우가 많지요. 이런 인용법을 '단장취의'(斷章取義)라고 하는데요. 단장취의의 '의'(義)는 '의리'가 아니라 '의미, 뜻'이라는 말입니다. 지금의 인용법과 다른데요. 지금은 인용문의 맥락이 자신의 논지와 밀접하게 맞아야 하지요. 하지만 옛글에서 '단장취의'는 원시 전체의 맥락을 가져오는 것이 아닙니다. 일부분을 가져다가 현재의 상황설명을 극대화하는 기법이지요. 말하는 사람과 듣는 사람이 진의를 바로 파악한다는 전제하에 그렇게 하는 건데요. 교양인의 대화법이라고 할 수 있겠죠. 그럼 『논어』 「헌문」의 사례를 볼까요?

공자께서 위나라에서 경쇠를 두드리며 연주했다.
삼태기를 메고 공자의 집 문 앞을 지나던 사람이 말했다.
"마음이 남아 있구나, 경쇠를 두드리는 소리가!"

조금 있다가 말했다.

"비루하구나, 경쇠 소리가! 자기를 알아주지 않으면 그만
둘 뿐이다. 물이 깊으면 옷을 벗어 가지고 건너고 얕으면
옷을 걷고 건너는 것이다."

공자께서 말씀하셨다.

"과감하구나! 어려울 것이 없겠구나."

子擊磬於衛.
자 격 경 어 위

有荷蕢而過孔氏之門者, 曰 : "有心哉, 擊磬乎!"
유 하 괴 이 과 공 씨 지 문 자　왈　　유 심 재　격 경 호

旣而曰 : "鄙哉! 硜硜乎! 莫己知也, 斯己而已矣.
기 이 왈　　비 재　갱 갱 호　막 기 지 야　사 이 이 이 의

深則厲, 淺則揭"
심 즉 려　천 즉 게

子曰 : "果哉! 末之難矣."
자 왈　　과 재　말 지 난 의

장면이 눈에 선하군요. 경쇠를 연주하는 공자님! 위나
라에 있을 때 일이니 적어도 천하주유를 시작한 55세(BC
497) 이후의 일이겠지요. 삼태기를 맨 은자(隱者)가 그 경쇠
소리를 듣고 공자의 마음을 알아챕니다. 고수지요. 여기서
물이 깊을 때와 얕을 때는 시대 상황을 말합니다. 시운(時運)
에 맞춰 살아야 할 뿐, 이 세상을 당신 뜻대로 바꿀 수는 없
다고 따끔하게 한마디 훈수를 던지셨네요. 전국시대 말엽에
굴원을 만난 어부처럼. '시중'(時中)의 가치관을 '시중'의 일

인자 공자님께 들이대는 일침! <포유고엽>의 맥락과는 별도로 '심즉려, 천즉게'는 『논어』에 인용되면서 '심려천게'(深厲淺揭)라는 성어가 되었어요.

② 有瀰濟盈 有鷕雉鳴 濟盈不濡軌 雉鳴求其牡

이제부터 암꿩, 기러기, 뱃사공이 나와서 원칙을 어기면서 물을 건너는 상황은 이어집니다. 왜 굳이 이런 말씀을 드리냐 하면, 이 시에 어떤 상황이 설정되어 있다고 보기 때문이지요. 여러분 중에 그냥 어쩌다가 이런저런 장과 구들이 결합해서 한 편의 시가 된 것이다, 이렇게 생각하신다면, 저는 그런 입장도 좋다고 생각합니다. 하지만 <포유고엽>에서 어떤 스토리를 만들어 볼 수도 있다는 거죠.

　'유미제영'(有瀰濟盈)에서 '미'(瀰)는 물이 찰랑찰랑한 것이고, '영'(盈)은 가득 찼다는 말이니, 앞에서 말했던 두 버전 중 첫번째 버전에서는 '찰랑찰랑 나루터에 물이 가득 차 있네'가 되고, '제'(濟)를 물의 이름으로 보았던 두번째 버전으로 하면, '찰랑찰랑한 제수에 물이 많거늘'이 됩니다. '유요치명'(有鷕雉鳴)의 '요'(鷕)는 참, 특이하게 생긴 글자네요. '꿩 울음소리 요'로 암꿩의 울음을 묘사한 글자예요. 암꿩이 상대를 구할 때 이렇게 운다고 하네요. 그렇다고 치더라도 해석을 어떻게 해야 할까요? 의성어, 의태어를 만나면 매번 고민입니다. 할 수 없지요. '요요히'.

다섯 글자로 된 두 구절을 볼까요? 앞의 구를 받아서 '제영불유궤'(濟盈不濡軌)의 '제영'은 나루터 혹은 제수에 물이 많은 거고요. '불유궤'의 '궤'(軌)는 '궤도'(軌道)라고 할 때의 '궤' 자입니다. 바퀴도 '궤', 바퀴 사이의 축도 '궤', 바퀴 자국도 '궤'예요. 물론 길, 도로라는 뜻도 있지요. 상황에 따라서 골라서 풀어야 합니다. 여기서는 수레를 타고 강을 건너야 하는데 나루터에 물이 찰랑찰랑하군요. 그런데도 바퀴 혹은 바퀴 자국이 젖지 않는다는 거예요. 무슨 말일까요? 다음 구절까지 봐야 짐작이 됩니다.

'치명구기모'(雉鳴求其牡)는 암꿩이 짝을 찾는 거예요. 주자는 '수컷 모(牡)' 자에 주목했어요. 주자의 주를 보면 '궤'를 '거철'(車轍), 즉 바퀴 자국이라고 하고, '날아다니는 것은 자웅(雌雄)이라 하고, 달리는 것은 빈모(牝牡)라 한다'는 구절도 보이네요. 왜 구태여 이런 주석을 붙였을까요? 한마디로 날짐승은 날짐승끼리 길짐승은 길짐승끼리 만나야 하는데, 지금은 그렇지 않다는 것이지요. 조류인 암꿩[雉]이 포유류에 속하는 수짐승[牡]을 찾아 울고 있으니까요. 그렇다면 '물이 가득한 나루터를 건너는데 수레바퀴 자국이 젖지 않는' 것도 이치에 맞지 않는 일이 됩니다. 이 부분에서 주자가 『시경』에 있는 풍기문란 작품들을 보는 기본 입장이 잘 드러나는데요. 약간 길지만 주자의 주석을 읽고 가겠습니다. 앞으로 이런 식의 작품해석이 계속 나오니까요.

나루터에 물이 가득 차면 반드시 바퀴 자국이 젖기 마련이고, 암꿩이 울 때는 마땅히 수꿩을 구하는 것이 당연한 이치이다. 지금 나루터에 물이 가득한데도 바퀴 자국이 젖지 않고, 암꿩이 울면서 도리어 수짐승을 구하니, 이로써 음란한 사람이 예의를 헤아리지 않고 배우자가 아닌 사람을 예의를 범하여 서로 구하는 상황을 비유한 것이다.

夫濟盈必濡其轍, 雉鳴當求其雄, 此常理也.
부 제 영 필 유 기 철   치 명 당 구 기 웅   차 상 리 야
今濟盈而曰不濡軌, 雉鳴而反求其牡, 以比淫亂之人,
금 제 영 이 왈 불 유 궤   치 명 이 반 구 기 모   이 비 음 란 지 인
不度禮義, 非其配耦, 而犯禮以相求也.
불 탁 례 의   비 기 배 우   이 범 례 이 상 구 야

남녀의 만남도 예의에 맞게, 때와 절차가 중요하다는 말씀입니다. 여기서 벗어난 것은 모두 '음분'(淫奔), '음란'(淫亂)이 됩니다. 엄하시군요.

③ 雝雝鳴雁 旭日始旦 士如歸妻 迨氷未泮

'옹옹명안'(雝雝鳴雁)에서 '안'(雁)은 기러기를 뜻하지요. 철새인 기러기가 나오네요. '옹'(雝)은 본래 '화평하다, 편안하다'라는 뜻인데, 여기서는 기러기 울음소리를 나타내는 의성어지요. 그다음 '욱일시단'(旭日始旦)에서 '욱'은 '아침 해'고 '단'은 '아침, 해 돋을 무렵'입니다. 일본 제국주의 시대의 깃발인 '욱일승천기'(旭日昇天旗)와 관련된 뉴스가 종종 나와서 '욱' 자가 익숙하지요. 여기서 '욱일시단'은 '해가 떠올라 아침이 되었다'는 뜻인데, 기러기가 이때에 우는 모양입니다.

'사여귀처'(士如歸妻)는, '남자[士]가 만약[如] 아내[妻]를 얻으려면[歸]'으로 풀어 주면 됩니다. '귀'는 대부분 여자가 '시집가다'이지만 여기서는 '장가들 취(娶)'의 뜻이지요. 아내를 얻으려면 어떻게 해야 할까요? 당연히 혼례의 절차를 따라야겠지요. '태빙미반'(迨氷未泮)은 '얼음이 녹기 전에[未泮] 준비해야 한다[迨]'라고 해요. '태'는 '미치다, 이르다'이고 '반'은 '녹을 반' 자예요. 남자가 결혼을 하려면 얼음이 녹기 전부터 차근차근 절차를 진행해야 한다는 것입니다. 2장의 암꿩처럼 제짝이 아닌 상대를 구하면 안 된다는 것이지요.

주자는 여기서 왜 기러기가 등장했는가도 본인 스타일

로 품니다. 지금도 그렇지만 결혼은 양가의 대사이지요. 개인적 결합이자 두 집안의 사회적 결합이기도 하니까요. 혼인의 절차 중에 '납채'(納采)는 신랑 집안에서 신부 집에 혼인을 청하는 편지를 보내는 것입니다. 이때 기러기를 가지고 가서 상 위에 올려놓고 절을 하지요. '전안지례'(奠雁之禮)라고 하는데, 지금도 전통 혼례식에 참석하시면 나무로 만든 기러기인 목안(木雁)을 보실 수 있지요. 아! 한때 결혼 선물로 나무 기러기 인형을 많이 했지요. 나도 받은 기억이 있다고 고개를 끄덕이시는 분들, 대부분 60대 이상이실 겁니다. 그러니까 여기서 기러기가 나오고 얼음이 풀리기 전에 움직이라는 것은 봄에 결혼식을 올리기 위한 사전 절차를 진행하라는 것이지요. 주자의 주석을 소개하고 마무리하겠습니다.

옛사람이 혼인을 할 때 상대를 구하기를 갑자기 하지 않고, 예의에 맞게 절제하는 것이 이와 같음을 말한 것이다. 음란한 사람을 통렬히 풍자한 것이다.

言古人之於婚姻, 其求之不暴而節之以禮如此,
언 고 인 지 어 혼 인   기 구 지 불 폭 이 절 지 이 례 여 차
以深刺淫亂之人也.
이 심 자 음 란 지 인 야

이렇게 보면 2장의 암꿩은 통렬한 풍자의 대상이 되고 3장의 기러기는 예의를 갖춘 결혼식의 상징이 되지요. 꿩도 기러기도 '나를 왜?'라고 하겠지만, 어쩌겠어요. 『시경』에 나오는 동식물은 모두 인간 중심의 시선으로 본 것이지요. 시를 포함해서 동서양 문학의 출발은 자연과 주변의 모든 것을 인간의 시선으로 보는 데서 시작합니다. '시적 공감'(詩的共感)이 대상이 된 사물에 대한 고정관념이 되고요. '기러기' 하면 '부부', '꿩'은 '바람둥이', 이렇게요.

④ 招招舟子 人涉卬否 人涉卬否 卬須我友

'초초주자'(招招舟子)의 '초'는 '초대장'(招待狀) 할 때의 '초'인데요, 손짓을 해서 부르는 것이 '초'예요. '주자'(舟子)는 뱃사공이죠. 뱃사공이 사람을 불러요, 빨리 타라고. '인섭앙부'(人涉卬否)의 '앙'(卬)은 '나'예요. 다른 사람[人]은 건너지만 나는 건너지 않겠다는 이야기네요. 다른 사람들은 예의를 생각하지 않고 강을 건너가 연애를 하려는 암꿩 같은 사람들이겠죠. 이쯤 되면 암꿩에게 살짝 미안해지네요.

'인섭앙부'(人涉卬否)가 한 번 더 나오네요. '앙수아우'(卬須我友)의 '수'(須)를 봐주세요. '수'가 '기다리다'라는 뜻의 동사로 쓰였는데요. 보통은 '모름지기'라는 부사로 쓰이지요. '나는 나의 친구[我友]를 기다리겠다'고 하는데, 이 경우 '친구'는 바로 아내나 남편이 되겠지요. 다른 사람들과 달리 나는 나의 배필을 기다려 인연을 맺겠노라, 〈포유고엽〉의 마지막 장이 이렇게 마무리되는군요. 남녀의 결합 과정에 예의가 필요하다고. 부부를 '동혈지우'(同穴之友)라고 하는데, 이 역시 『시경』에서 나온 단어입니다. 곧 등장할 예정이니 기대해 주시고요.

자, 이렇게 주자의 해석을 중심으로 〈포유고엽〉을 살펴보았습니다. 작품 내용이나 상황이 매끄럽게 연결되지 않는 작품들을 읽다 보면 이런저런 생각이 들게 됩니다. 그런데 『시경』의 시들을 '민요'로 보면 스토리라인이 일관되게 만들어지지 않는 것이 당연하지요. 시를 맥락을 잡아서 해석하려는 시도는 '후대의 시각'이라고 할 수 있습니다. 학자, 비평가의 시 읽기입니다. 비평가는 시를 보면 어떻게든 연결해서 의미를 설명하지요. 그런데 민요가 불리는 상황을 생각해 보면 뜬금없는 경우가 많아요. 누구는 넘실대는 나루터를, 다른 누구는 울고 있는 암꿩을, 또 누군가는 저 멀리 날아가는 기러기를 보면서 그 순간의 감흥을 노래한 것일 수 있지요. 이것이 민요를 보는 일반적 입장이고요. 당시의 갑남을녀, 평민들의 생활과 그들의 감정도 이런 민요를 통해 알 수 있지요. 그럼에도 우리는 어떻게든 맥락을 잡고 스토리를 만들어서 해석해 보고 싶은 욕구가 생깁니다. 정답은 없습니다!

조선시대 중엽 이후 주자의 『시전』(詩傳)은 국정교과서였습니다. 과거 시험에서 주자의 해석이 정답입니다. 여기서 벗어나면 채점조차 안 했고, 문제가 커져서 과거 시험 볼 자격을 박탈당한 경우도 있었습니다. '사문난적'(斯文亂賊)이라는 무시무시한 낙인이 찍히는 겁니다. 하지만 지금의 우리는 시 해석을 융통성 있게 하면 되겠지요. 당연히 주자의 해석에서 자유롭게 벗어나도 됩니다. 하지만 그렇다고 해서 주자의 해석을 아예 무시해서는 곤란합니다. 『시경』의 역사 속에서 막강한 지식권력을 누렸던 주자의 해석을 알고 있어야 거기에서 자유로워질 수도 있겠지요.

10. 곡풍谷風

習習谷風 以陰以雨
습 습 곡 풍　이 음 이 우

따뜻한 봄바람 불더니
어두워지고 비가 오네.

黽勉同心 不宜有怒
민 면 동 심　불 의 유 노

힘써 마음을 같이 해야지
저를 구박해서는 안 됩니다.

采葑采菲 無以下體
채 봉 채 비　무 이 하 체

순무를 캐고 무를 캐는 것은
밑둥 때문만은 아니랍니다.

德音莫違 及爾同死
덕 음 막 위　급 이 동 사

내 언행에 잘못이 없다면
죽을 때까지 함께해야지요.

行道遲遲 中心有違
행 도 지 지　중 심 유 위

떠나는 발걸음 떨어지지 않네.
가고 싶지 않은 마음이여.

不遠伊邇 薄送我畿
불 원 이 이　박 송 아 기

그대는 멀리 나오지 않고
나를 집안에서 보내는구나.

誰謂荼苦 其甘如薺
수 위 도 고　기 감 여 제

누가 씀바귀를 쓰다고 했나요?
달기가 냉이와 같네요.

宴爾新昏 如兄如弟
연 이 신 혼　여 형 여 제

그대는 새 아내와 즐기기를
형제처럼 다정하게 하네요.

涇以渭濁 湜湜其沚
경 이 위 탁   식 식 기 지

경수가 위수 때문에 탁해 보이나
그 물가는 맑답니다.

宴爾新昏 不我屑以
연 이 신 혼   불 아 설 이

그대는 새 아내와 즐기느라
나를 좋아하지 않는군요.

毋逝我梁 毋發我笱
무 서 아 량   무 발 아 구

나의 어장에 가까이 가지 말라,
나의 통발을 들어 올리지 말라.

我躬不閱 遑恤我後
아 궁 불 열   황 휼 아 후

나 하나도 돌보지 못하는데,
떠난 뒤를 걱정해서 무엇하리.

就其深矣 方之舟之
취 기 심 의   방 지 주 지

깊은 곳에 갈 때는
뗏목을 탔고 배도 탔었노라.

就其淺矣 泳之游之
취 기 천 의   영 지 유 지

얕은 곳을 갈 때는
자맥질도 하고 수영도 했었지.

何有何亡 黽勉求之
하 유 하 무   민 면 구 지

무엇은 있고 무엇은 없었으리오?
노력해서 구했답니다.

凡民有喪 匍匐救之
범 민 유 상   포 복 구 지

동네에 초상이 나면
서둘러 가서 도왔지요.

不我能慉 反以我爲讎
불 아 능 휵   반 이 아 위 수

나를 인정하지 않고
오히려 원수로 여기는군요.

既阻我德 賈用不售
기 조 아 덕   고 용 불 수

나의 노고를 몰라주니
장사꾼이 물건 팔지 못하는 꼴이구나.

昔育恐育鞠 及爾顚覆
석 육 공 육 국   급 이 전 복

지난 날 먹고 살기 힘들 때 / 그대와
가정을 지탱하지 못할까 두려웠지.

既生既育 比予于毒
기 생 기 육   비 여 우 독

이제 먹고 살 만해지니
나를 독초에 견주네요.

我有旨蓄 亦以御冬
아 유 지 축 역 이 어 동

내가 먹을 것을 쌓아 놓은 것은
겨울을 나기 위해서랍니다.

宴爾新昏 以我御窮
연 이 신 혼 이 아 어 궁

그대는 새 아내와 즐기고 있으니
나를 이용해 가난을 막아냈구려.

有洸有潰 旣詒我肄
유 광 유 궤 기 이 아 이

험상궂게 불같이 화를 내어
나에게 끝없는 고통을 주었지요.

不念昔者 伊余來墍
불 념 석 자 이 여 래 게

지난 날 내가 당신 집에 시집올 때는
생각하지 않으시는군요.

드디어 〈곡풍〉이 나왔군요. 저는 『시경』의 모든 작품을 사랑하지만 특히 〈곡풍〉은 읽을 때마다 감정이입의 강도가 엄청 강렬해집니다. 『시경』의 주제 중 하나인 '버림받은 여인'[棄婦]의 일생을 대표하는 작품이기도 합니다. 사실 〈곡풍〉이라는 작품은 그 자체가 한 여인의 인생 드라마예요. 총 6개의 장인데 한 장이 8구로 구성되어 길이도 길지요.

'곡풍'이란 말은 요즘도 쓰는데, '계곡에서 불어오는 바람'으로 '동풍'(東風)이라고도 하지요. 계곡에서 불어오는 따뜻한 바람은 만물을 키우지요. 그래서 '곡풍이 분다, 동풍이 분다'라고 하면 부부가 마음을 합해 아이를 키우고 살림을 일구는 모습이지요. 그러나 이 시에서는 '부부 관계'가 완전히 깨진 후, 버림받은 여인의 탄식이 가득합니다. 이 시의 스토리를 간단히 설명하고 작품 해석을 해보겠습니다.

여기 한 여자가 있어요. 현재 나이는 30대 후반 정도일 거예요. 정말 지지리 가난한 집에 시집와서는 이 일 저 일 닥치는 대로 하여 일가를 이루고 재산도 모았지요. 한마디로 '치산'(治産)에 성공한 것이지요. 그런데 남편이 새 여자를 들인 거예요. 이 작품에는 '신혼'(新昏: 新婚)이라는 단어가 3번이나 나옵니다. '신혼'이 바로 '남편이 새로 결혼한 여자'라는 뜻이에요. 조강지처는 늙고 쓸모없어졌단 이유로 쫓겨나고 있는 상황입니다. 떠나려는데, 걸음이 떨어지지 않겠지요? 여자는 비통한데 정작 남편은 새 아내에게 빠져서 작별인사도 제대로 하지 않는군요.

이 여자는 떠나는 순간까지도 본인이 여태껏 일궈 놓은 것들을 떠올립니다. 장독대며, 온갖 세간살이들이요. 이 여자가 해녀처럼 수영도 잘했거든요. 강에 통발 같은 어구(漁具)를 넣어 놓고 잠수해서 고기도 잡았어요. 그래서 떠나가면서 남편의 새 여자에게 경고합니다. '내가 만들어 놓은 것들 건드리지 마!'라고요. 그러다가 문득 정신을 차리지요. '내가 지금 그런 거 생각하게 생겼나? 쫓겨나는 신세가 되었는데, 통발 건드리지 말라고 해봤자 무슨 소용 있나?' 이러면서요. 남편의 구박도 심했지요. 불같이 화를 내고 괴롭혔어요. 남편 등쌀에 집을 떠나는 순간까지도 이 여자는 의연한 모습을 잃지 않습니다. 이 시에 나오는 여인의 이야기는 정말 요샛말로 '레알'입니다. 환상이 없어요. 버림받은 여인의 일생을 여인의 목소리로 그대로 담아냈습니다.

여러분이 『시경』을 어떻게 생각하고 계셨는지 모르겠지만, 대부분 이런 내용이에요. 낭만보다는 척박한 현실이 담겨 있어요. 우리 인생엔 '도지요요'(桃之夭夭), '종고락지'(鍾鼓樂之)와 같은 '화양연화'(花樣年華)의 빛나는 시간은 너무도 짧지요. 집을 떠난 후에 이 여인은 어떻게 살았을까요? 돌아갈 친정이 있었을까요? 혹시 다시 누군가와 결혼을 했을까요? 이 시를 읽으면서 버림받은 한 여인의 굴곡진 삶을 생각하게 됩니다. 다시 삶의 터전을 잡고 살림을 일구지 않았을까요? 저는 이 여인이 그대로 주저앉지 않았을 것이라 굳게 믿고, 응원합니다. 저의 이런 마음에는 어려운 집안의 맏며느리가 되어 일생을 노심초사 하시면서 살림을 일구셨던 어머니 심금례(沈金禮, 1930~1995) 여사에 대한 무한한 존경과 그리움이 담겨 있답니다. 조금이라도 더 사셨으면 좋았을 텐데…. 나이 들어 가면서 부모님에 대한 그리움은 더 커지기만 합니다. 그럼, 차근차근 시를 볼까요?

① 習習谷風 以陰以雨 黽勉同心 不宜有怒
　　采葑采菲 無以下體 德音莫違 及爾同死

시의 시작인 '습습곡풍 이음이우'(習習谷風 以陰以雨)는 버림받은 여인이 슬픔과 원망을 풀어내는 〈곡풍〉의 서론에 해당됩니다. 주자는 이렇게 말합니다.

　　부인이 남편에게 버림받았다. 그래서 이 시를 지어 그 슬
　　프고 원망하는 마음을 펼친 것이다.

　　婦人爲夫所棄. 故作此詩, 以敍其悲怨情.
　　부 인 위 부 소 기　　고 작 차 시　　이 서 기 비 원 정

'습습곡풍'에서 '습습'은 따뜻한 기운이 퍼지고 화창한 것인데, 해석은 어렵네요. '곡풍'이 불면 음양의 기운이 어울려 비가 내리지요. 주자는 이런 표현이 '부부가 화합한 이후에 집안의 법도가 이루어지는 것'을 비유한 것이라 봤는데요. 그러면 '이음이우'의 '음'은 음양의 기운이 결합하여 비가 내리기 직전의 기상 상태이지요. 그다음 '민면동심'(黽勉同心)의 '민'(黽) 자를 보세요. 찾아보면 '맹꽁이 맹' 자로 나오는데요. 여기서는 '힘쓸 민'이 됩니다. '민면'은 '힘쓰고 노력하는 것'이지요. 결혼생활은 부부가 노력해서 '동심', 즉 마음

을 같이해야 하는데, 이 여인의 현실은 그렇지 못하지요. 그 다음 '불의유노'(不宜有怒)는 노여워하는 건 '옳지 않다'는 건데요. "당신이 나에게 그렇게 화를 내는 건 옳지 않아요"라고 말하고 있는 겁니다. 지금 이 여인은 남편의 구박과 폭력으로 집을 떠날 수밖에 없는 '기부'(棄婦), 즉 버림받은 아내입니다. 이 여인은 이렇게 말하는 겁니다. 당신이야말로 부부의 도리를 어기고 나를 구박했으니 결혼 파탄의 귀책사유는 당신에게 있다고요.

참고로 여기서 나온 '민'(黽) 자 같이 획순이 복잡하여 어떻게 써야 하나, 감이 잡히지 않는 글자가 나오면 획순을 검색해서 써 보시는 것도 좋습니다. 획순대로 쓰지 않으면 글자가 찌그러지고 모양이 안 나지요. 획순! 중요합니다. '민' 자는 '맹꽁이 맹' 자체 부수로 총 13획입니다.

黽 黽 黽 黽 黽 黽 黽 黽
黽 黽 黽 黽 黽

'채봉채비'(采葑采菲), '캘 채'이고, '봉'(葑)과 '비'(菲)는 모두 우리가 많이 먹는 무 종류인데요. 어떻게 다를까요? 사전을 보면 '봉'은 '순무'이고, '비'는 채소 이름으로 나옵니다. 뭘까요? 저는 '봉'은 강화도에 가면 먹을 수 있는 순무로 '비'는 알타리무 같은 작은 무로 보겠습니다.

〈곡풍〉은 생활 밀착형 여인의 노래이기 때문에 상황 설명이나 단어들도 생활 밀착형입니다. 그럼 '무이하체'(無以下體)는 무슨 뜻일까요? '하체'는 무의 뿌리[根]지요. 무는 주로 뿌리 부분을 먹지만 잎도 먹습니다. 지금도 무시래기를 먹잖아요. 여인은 무를 캐면서 뿌리가 나쁘다고 먹을 만한 줄기까지 버려서는 안 된다고 호소하는 겁니다. '무이하체', 이런저런 무를 캐는 것은 '뿌리만을 먹기 위해서는 아니다'라는 것이죠. 부부가 한번 인연을 맺었으면 일생을 같이 살아야지, 나이 들었다고 조강지처를 버리면 안 된다는 것인데, 시의 끝부분에 가면 '나를 이용해 어려운 시절을 막았다'는 질타가 쏟아집니다. 남편의 배신에 대한 분노가 강렬하지요.

'덕음막위'(德音莫違)에서 '덕음'(德音)은 즉 훌륭한 언행으로 평판이 좋은 것이지요. '막'(莫)은 '없다'라는 뜻이고, '위'(違)는 '어길 위'로, '막위'는 언행이 도리에 어긋남이 없는 것입니다. '급이동사'(及爾同死)는 '그대와 죽을 때까지 해로하려 했다'는 말입니다. '급'은 '~와 같이', '~와 함께'로 남편

[爾]과 죽을 때까지 같이하려 했다니, 완전히 조강지처 마인드죠? 하지만 현실은? 나이 들어 버림받고 말았네요.

② 行道遲遲 中心有違 不遠伊邇 薄送我畿
　　誰謂茶苦 其甘如薺 宴爾新昏 如兄如弟

이제 버림받은 이 여인이 문을 향해 걸어가는 장면이 이어집니다. 천천히 마지못해 한 걸음 한 걸음을 걷죠. 저는 이후 3장부터 6장까지 전체를 이 여인이 문으로 걸어가는 그 짧은 시간에 자신의 일생을 되뇌며 마음에서 일어난 회한의 감정을 말한 것이라고 봅니다. 이 여인의 몸과 마음은 아직 집 안에 있는 것이지요.

'행도지지'(行道遲遲)에서 '행도'(行道)는 집을 떠나 길을 나서는 겁니다. '지지'는 천천히 가는 모습입니다. '지지부진'(遲遲不進)이란 단어가 생각나네요. 집을 떠나는데 발걸음이 떨어지지 않는군요. 그렇겠지요. 그 마음이 오죽하겠어요? '행도지지'는 마지못해 고향을 떠난다든가, 피난을 가는 상황을 묘사할 때도 쓰는 표현입니다. '중심유위'(中心有違)는 여자가 자신이 왜 제대로 걸을 수 없는지를 말하는 겁니다. 내 마음이 원하지 않기 때문이지요. '위'(違)는 '어긋나다'

입니다. 발은 앞으로 나가지만 마음은 차마 그럴 수 없는 것입니다. 발걸음과 마음의 방향이 서로 어긋나고 있군요. 이 시에서 주자는 아주 섬세한 시 독법을 보여 줍니다. 어설픈 교화론에서 벗어나 이 여인의 처지에 깊이 공감하고 가슴 아파 하지요. 사실 주자는 생전에 뛰어난 시재(詩才)를 발휘해서 천여 수가 넘는 작품을 남긴 최고 수준의 시인이기도 하거든요. 이런 분들이 계시지요, 최고 수준의 대학자면서 문학적 능력도 뛰어나신…. 우리나라의 퇴계 이황이나, 다산 정약용 선생 같은 분들이 그런데요. 이분들이 남기신 시의 품격도 뛰어나지요.

이렇게 절절한 마음으로 집을 나서고 있는데, 조강지처를 바라보는 남편의 행동은 어떨까요? '불원이이'(不遠伊邇)의 '불원'은 '멀리까지 나오지 않는다'는 것이고, '이이'의 '이'(邇)는 '가까이'라는 뜻입니다. 조강지처를 내치면서 남편은 문안에서 대강 전송하는군요. 그냥 앉아서 '이제야 가나 보다', '가든지 말든지', 그러고 있는 거죠. 다음 구절을 보실까요? '박송아기'(薄送我畿), 나를 문안에서 전송하는군요. 여기서 '엷을 박'(薄)은 해석하지 않습니다. '기'(畿)는 '경기도'(京畿道)라고 할 때 쓰는 글자지만 여기서는 방 안 혹은 집 안입니다. 그러니까 오랜 시간 같이 산 아내가 떠나는데, 대문 밖까지 나오기는커녕 제대로 배웅조차 하지 않는 것이지요. 보따리 하나 들고 무거운 걸음을 옮기는데 남편은 내다보지도 않으니 비참하지요.

이때의 고통을 이렇게 표현하는군요. '누가 씀바귀가 쓰다고 하는가. 내 처지에 비한다면 달기가 냉이와 같다'고. 고통이 미각으로 생생하게 전해지는군요. 우리가 '인생 쓴 맛'이란 표현을 쓰는데, 바로 씀바귀의 쓴 맛이지요. 하지만 이여인은 그 지독히 쓴 맛도 지금의 자신의 처지에 비하면 냉이처럼 달다고 하네요. '수위도고'(誰謂荼苦)에서 '도'(荼)가 씀바귀예요. '수'(誰)는 '누구 수', '위'(謂)는 '말하다', '고'(苦)는 '쓰다'는 뜻이겠지요. '기감여제'(其甘如薺)의 '제'(薺)는 냉이입니다. 역시 생활 밀착형 여인의 시답게 일상의 나물들이 등장하고 있네요. 씀바귀와 냉이. 이 두 구절은 유명하고 인용도많이 됩니다. 당연히 인생의 고통을 말할 때 인용되겠지요. 씀바귀보다 쓴 시간을 보냈다는 식으로요.

그럼 몰인정한 남편은 무얼 하고 있을까요? '연이신혼'(宴爾新昏)의 '연'(宴)은 본래 '잔치한다'라는 뜻인데, 여기서는 '즐기다'입니다. '너 이(爾)'는 남편이지요. 그리고 '신혼'(新昏)은 남편이 얻은 '새 여자'입니다. '어두울 혼(昏)'은 '결혼할 혼(婚)'과 통용되거든요. 조강지처가 떠나기도 전에 젊은 여인을 아내로 삼았군요. '여형여제'(如兄如弟)는 '형제와 같다'는 말이지요. 그러니까 남편이 새 아내와 행복하게 즐기는데, 그 관계가 형제처럼 친밀하다는 겁니다. 부부 사이가 아주 좋은 것을 '형제와 같다'고 표현해요. 사이좋은 형제 사이는 눈빛만 봐도 마음이 통하지요. 부부 사이가 그렇다는 말입니다. 그런데 남편의 그런 모습을 보고 있는 이 여인의 마음은 어떨까요? 주자는 그래도 이 여인에게 '남편에 대해 기대하는 마음'이 남아 있다고 보았는데, 글쎄요, 저는 동의하기 어렵군요. 저런 남자에게 무슨 기대가 있겠어요? 오히려 '아니 저 여자를 언제 봤다고 저렇게 즐거울까? 평생 같이 산 나를 이렇게 홀대하고…', 이런 생각을 하면서 배신감이 더 강해지지 않을까요? 여러분은 어떠신가요?

③ 涇以渭濁 湜湜其沚 宴爾新昏 不我屑以
　　毋逝我梁 毋發我笱 我躬不閱 遑恤我後

'경이위탁'(涇以渭濁)에서 '경'(涇)과 '위'(渭)는 강 이름으로 황하의 지류입니다. '경수'는 탁하고, '위수'는 맑은데, 이 두 강물이 황하로 흘러드는 와중에 만나게 됩니다. 그러면 탁한 경수가 더 탁해 보이겠지요. 비교가 되니까요. '경이위탁'은

'경수가 위수 때문에 더 탁해 보인다'입니다. 이게 무슨 의미일까요? 결혼한 지 수십 년 된 아내는 당연히 늙었지요. 문제는 남편입니다. 자기 아내만 보고 있을 땐 나이 든 줄 몰랐어요. 그냥 '경수'였던 거예요, 나날이 자연스럽게 나이 들어가는…. 그런데 젊은 새 여인을 보는 순간 아내가 팍 늙어 보인 거지요. 그래서 버림받은 아내는 이렇게 말하는 겁니다. 맑은 위수 때문에 경수가 탁하다는 것을 알게 되었다고요. 그렇지요. 아무리 안티에이징(anti-aging)을 한다고 해도 젊은 사람 옆에 서면 그냥 나이 든 사람이잖아요? 이 표현도 많이 씁니다. 늙은 여자와 젊은 여자를 비유할 때도 쓰고, 군주와 신하 관계에서도 써요. 예를 들면 군주가 오래된 신하를 버리고 새로 발탁한 신하로 마음이 옮겨 가죠. 이 경우 오래된 신하가 충신인데 군주가 몰라보는 경우가 많지요. 그럴 때 이 표현을 씁니다. 늙은 신하가 "아! 경이위탁이라고 하더니!", 이렇게 탄식을 하지요. 지금 우리가 읽고 있는 『시경』은 정말 두고두고 평생 활용할 수 있는 고전 인용의 무진장(無盡藏), 보고(寶庫)랍니다. 무엇보다 방대한 고전 이해의 바탕이 되지요.

그다음 '식식기지'(湜湜其沚)는 '탁한 물이라도 물가는 맑다'입니다. 이 구절을 읽으면 저도 모르게 마음이 갑갑해집니다. 경수가 위수 때문에 탁해 보이지만 그 물가는 여전히 맑다는 거지요. 여기서 '식'(湜)은 '물이 맑은 모양'이고 '지'(沚)는 '물가'입니다. 아무리 탁한 물도 물가는 맑지요. 지금 이 여인은 용모만 보지 말고 나의 마음을 봐 달라고 호소하는 겁니다. 나의 마음, 나와 같이한 세월을 생각해 달라는 건데, 소용없지요. 이미 '신혼'에게 마음을 뺏겼는데.

'연이신혼'(宴爾新昏)이 다시 나왔군요. 이 구절이 반복되는 것을 보면 두 사람이 떠나는 여인 앞에서 희희낙락하고 있는 것 같아요. 그걸 눈앞에서 보는 여인의 마음은 어떨까요? '불아설이'(不我屑以)의 '설'(屑)은 '달가워하다'란 뜻이에요. '써 이(以)'는 '함께하다'입니다. '너는 새 아내와 즐기느라 나와 같이 사는 것을 달가워하지 않는구나', 그래서 내가 이렇게 쫓겨나게 되었지, 하는 탄식이지요.

그런데 문으로 걸어가는 마지막 순간, 그 절박하고 비참한 상황에서 갑자기 집안일들을 생각하는군요. 저는 20대 초반 이 부분을 읽으면서 엄청 열 받았어요. 왜 비참하게 쫓겨나면서도 이런 쓸데없는 생각을 하나 싶었죠. 챙길 만큼 챙겨 가든지, 싹 잊어야지, 하면서요. 하지만 나이 들어 보니까 자신이 일생 동안 일군 가산, 집안일이 바로 그녀의 삶이고 정체성이란 생각이 드네요. 평생 가산을 일군 이 여인은 마지막에도 이럴 수밖에 없겠지요. '무서아량'(毋逝我梁)의 '무'(毋)는 '~하지 말라'라는 금지사이고, '서'(逝)는 '가다'라는 동사입니다. '량'(梁)은 '어량'(魚梁)으로 '돌을 쌓아 물을 막고 고기를 잡게 만든 것'이지요. 원래 '량' 자는 '다리'(bridge), 즉 '교량'(橋梁)을 말합니다. 좀 더 정확하게 말하면, '량'은 징검다리였어요. 처음엔 징검다리로 건너다가 여기에 통나무 하나를 얹어 놓으면 외나무다리가 돼요. 또 거기에 교각을 달아 놓으면 우리가 흔히 말하는 '다리', 바로 '교량'이 됩니다. 징검다리부터 어량까지 모두 '량'입니다.

'무발아구'(毋發我笱)의 '구'는 대나무 통발입니다. '어량'의 가운데 빈 공간에 설치하여 물고기를 잡는, 대나무로 만드는 기구이지요. '발'(發)은 동사로 '들어 올리다'의 뜻이에요. 통발을 들어 올린다는 것이죠. 여자는 떠나가면서 새 아내에게 이렇게 말하는 거예요. "내가 만든 어장에 가지 마라! 내가 담가 두었던 통발을 들어 올리지 마라!" 여기서 '나의 어장'[我梁], '나의 통발'[我笱]이란 표현에 주목해 주세요. 떠나는 순간까지 이 여인은 '내가 만든 나의 것'에 연연합니다. 그것을 저 여인이 모두 차지하다니, 고통과 원한이 깊습니다.

그러다가 갑자기 정신이 번쩍 듭니다. 지금 처지를 자

각한 것이지요. '현타'의 순간입니다. 쫓겨나는 처지에 '나의 어장', '나의 통발'이 다 무슨 소용인가요? '아궁불열'(我躬不閱), '아궁'(我躬)은 내 몸, 나 자신이고요. '불열'은 돌볼 수 없다는 것입니다. '열'은 본래 '열람하다'라는 뜻인데 여기서는 '용납하다'입니다. 아픈 현실을 받아들이는 것입니다. '황휼아후'(遑恤我後), '황'(遑)은 '겨를'이고, '휼'(恤)은 '염려하다', '걱정하다'입니다. '어느 겨를에 내 뒤를 걱정하겠는가?', 그럴 여유가 없지요. 맨몸으로 떠나는 처지인데.

〈곡풍〉은 버림받은 여인의 심리적 움직임이 중요합니다. 지금 이 여인은 아직 대문 밖까지 나가지 않은 상태예요. 4장부터는 집에서 걸어 나가면서 머리와 마음속에서 빠르게 지나가는 지난 세월, 일생 슬라이드(slide)입니다.

④ 就其深矣 方之舟之 就其淺矣 泳之游之
　　何有何亡 黽勉求之 凡民有喪 匍匐救之

이제부터는 이 여인의 고단했던 일생이 펼쳐집니다. 마치 파노라마처럼. 앞에서 어량과 통발이 나왔는데요. 여기서는 자신이 평생 분주히 움직였던 강가로 갑니다. 그곳에서 자신이 얼마나 열심히 일했는가를 말합니다. 아무것도 없는 집에 와서 살림을 일구려면 그 고생이야 말로 다할 수 없지요. 저도 친정 어머니께 이런 이야기를 듣고 자랐는데요, 6·25 피난살이까지 더해지면 거의 장편드라마입니다. '전설의 고향' 같기도 하고요. 어떻게 그렇게 사셨나 싶습니다. '취기심의'(就其深矣), 즉 깊은 곳에 갈 때는[就] '방지주지'(方之舟之)했다고 하네요. 뗏목[方]을 타기도 하고, 배[舟]를 타기도 했다는 이야기입니다. '방'(方)은 '방위'부터 '바야흐로'까지 정말로 뜻이 다양한데, 여기서는 나무 널빤지로 만든 뗏목을 말합니다.

그다음 얕은 곳[淺]에 갈 때는[就其淺矣], 자맥질[泳]도 하고 수영[游]도 했답니다. '헤엄칠 영'은 '잠수해서 가는 것'이고 '헤엄칠 유'는 '물에 떠서 수영하는 것'입니다. 물이 깊거나 얕거나 가리지 않았군요. 닥치는 대로 뗏목도 타고 배도 타고 자맥질에 수영도 하면서 일을 한 거죠. 이렇게 고생 고생해서 기초 자산을 만드는 데 성공하면, 자식들이 그 혜택을 누리지요. 딸도 학교 다닐 수 있고요.

다음 구절에서도 어려웠던 시절 이야기가 계속 펼쳐집니다. '하유하무'(何有何亡)에서 '망할 망(亡)'은 '무'로 읽습니다. '무엇[何]은 있고[有] 무엇[何]은 없었겠는가[亡]?'라는 뜻이죠. 그런데 이게 무슨 말이죠? 살림살이라고 할 만한 것이 없었다는 겁니다. 그래서 '민면구지'(黽勉求之), '열심히 노력해서 마련했다네요'. '힘쓸 민(黽)', '힘쓸 면(勉)'입니다. 저의 앞 세대 어머니들이 많이 하시는 이야기죠. "내가 시집와 보니 아무것도 없더라! 그래서 그때부터 내가 팔을 걷어붙이고 밤낮으로…" 이런 스토리인 거죠. '민면'은 1장에서는 '민면동심'으로 나왔지요? 저는 이 여인의 일생 키워드가 '민면'이었다고 봅니다. 부지런히 애쓰는 삶.

'범민유상'(凡民有喪)의 '범민'(凡民)은 사람들, 즉 동네 이웃사람들을 말합니다. '상'은 초상이 나는 거고요. 누구에게나 초상은 일생의 '큰일'입니다. 여러 사람의 도움이 절실하지요. 동네사람들이 초상을 치를 일이 있으면 이 여자는 '포복구지'(匍匐救之)했다고 합니다. '포복'(匍匐)은 원래 기어가는 거지요. 군대에서 '포복 훈련' 한다고 하죠. 기어갈 '포'(匍), 기어갈 '복'(匐) 자인데, 여기서는 급하게 서둘러 가서 돕는 걸 말합니다. 그러니까 이 여자가 집안일만 열심히 챙긴 게 아니라 마을 일도 열심히 한 거죠. 이 구절이 들어간게 저는 아주 중요하다고 봅니다. 자신이 동네 평판도 괜찮다는 것을 말하는 거니까요. 하지만 남편의 변심에는 이 모든 것이 소용없지요.

⑤ 不我能慉 反以我爲讎 旣阻我德 賈用不售
　　昔育恐育鞠 及爾顚覆 旣生旣育 比予于毒

3, 4장에서 자신이 일군 살림살이를 말하다가 여기에 이르
면 원망이 커집니다. 감정이 증폭되지요. 그럴 수밖에 없겠
지요? '불아능휵'(不我能慉), 여기서 '휵'(慉)은 '기르다'입니다.
이 구절을 직역하면 '나를 능히 길러 주지 않는다'인데, 의미
는 '오랫동안 고생했건만 나의 노고를 인정하지 않는다', '나
와 해로하지 않는다'는 것이죠. 나를 대우하기는커녕, 도리
어 나를 뭐로 생각해요? 그다음 '반이아위수'(反以我爲讎), 도
리어 나를 원수로 생각한다고 합니다. 여기서 '반'(反)은 '도
리어', '반대로'라는 뜻의 부사이고, '수'(讎)는 '원수'이지요.
조강지처를 원수로 여기다니, 허망하네요. 5장에서도 계속
'나 아(我)' 자가 반복해서 나오지요. 지금 이 여인의 마음에
는 '떠나가는 나', '고생한 나', '버림받은 나', 온통 '나'로 가득
합니다.

　'기조아덕'(旣阻我德)의 '조'(阻)는 '가로막다', '물리친다'입
니다. '이미[旣] 나의 덕[我德]을 가로막았다'라고 했는데, 여
기서 '나의 덕'이란 아무것도 없는 집으로 와서 최선을 다해
살림을 일군 노고이지요. 하지만 남편은 나의 좋은 점을 이

미 다 물리치고 인정하지 않지요. 원수로 여기고 미워하고 있으니까요. 그다음 '고용불수'(賈用不售)는 '장사꾼이 물건을 팔지 못한다'는 겁니다. 여기서 '고'(賈)는 '값'을 뜻할 때는 '가'로 읽고, '장사꾼, 장사하다'로 풀 때는 '고'로 읽습니다. '행상좌고'(行商坐賈)라는 단어가 있지요. 이곳저곳 다니면서 물건을 파는 사람을 '상'(商)이라 하고, 자리를 잡고 장사하는 사람을 '고'(賈)라 했답니다. '수'(售)는 '팔다'라는 뜻이고요. 이렇게 자신의 처지를 장사꾼에 빗대어 이야기합니다. 장사꾼이 준비한 물건을 못 팔면 헛고생이 되고 말지요. 일생의 노고를 부정당한 자신의 처지가 그렇다는 겁니다.

'석육공육국'(昔育恐育鞠)은 다섯 글자군요. 어떤 주석가들은 '석육공국'(昔育恐鞠)으로 뒤에 나오는 '육'(育) 자는 필요 없이 들어간 글자로 봅니다. 그러나 그대로 놔두셔도 됩니다. 우리도 그대로 놓고 해석하기로 하죠. 앞의 '석육'(昔育)은 '지난 날 두 사람이 살림을 시작할 때'라는 뜻입니다. '두려울 공(恐)'은 '육국'(育鞠)에서 다음 구절 '급이전복'(及爾顚覆)까지 걸리는 동사예요. 우선 '공 국(鞠)' 자를 볼까요? '키우다', '국문하다' 등등 뜻이 많지요. 여기서는 '곤궁할 궁'(窮)과 통합니다. 그래서 '육국'은 '생활이 곤궁한 것'을 말하고요. '급이전복'에서 '전복'은 '넘어질 전', '넘어질 복'입니다.

정리해 보면 너무 가난해서 '남편과 결혼생활을 지탱하지 못할까 두려웠던 겁니다'.

이런 표현은 조선시대 여성들의 묘지문(墓誌文)에서 볼 수 있답니다. 예를 들어 볼게요. 어떤 여인이 명색이 양반집이라고 시집을 왔어요. 그런데 너무 가난해서 아무것도 없는 거예요. 밤낮으로 길쌈하고 삯바느질하면서 없는 살림에 남편이나 아들의 과거 공부를 뒷바라지하지요. 물론 과거에 급제하면 집안 살림이 펴겠지만, 그게 어디 쉬운 일인가요? 일생 동안 살림의 무게를 감당하며 살아야 했던 여인들이 많을 수밖에 없지요. 눈물겨운 스토리인데, 이런 여인이 죽으면 그 묘지명에는 이런 표현이 들어갑니다. "어린 나이에 시집와 가정이 '전복'될까 두려워 밤낮으로 손에서 일을 놓지 않으셨다" 등등. 어머님이 뼛골 빠지게 고생했다는 이야기지요. <곡풍>의 여인도 그런 두려움, 긴장 속에서 일생을 부지런히 살았네요.

'기생기육'(旣生旣育)에서 '생'(生)을 보세요. 이미[旣] 먹고 살 만한 처지가 된 거예요. 여기서 '육'(育)은 '자라다'라는 뜻으로, 재산이 늘어난 걸 말합니다. '육' 자가 세 번 나왔는데 매번 뜻이 다르군요. 고생해서 살림을 일구었으니 부부가 해로하면 얼마나 좋아요? 그런데 세상일이 그렇게 되지 않는 경우가 많지요. 그다음은 뭐라고 나오나요? '비여우독'(比予于毒). '나를 독초로 여긴다'. 너무하네요. 조강지처가 원수를 넘어 남편에게 '독'이 된 겁니다. 독충, 독사라고 풀어도 됩니다. 잔인하게 버리는 거죠.

⑥ 我有旨蓄 亦以御冬 宴爾新昏 以我御窮
  有洸有潰 旣詒我肄 不念昔者 伊余來墍

'아유지축'(我有旨蓄)에서 '축'(蓄)은 '쌓고 모으는 것'입니다. '저축'(貯蓄)하는 것이죠. '지'(旨)는 '맛있다'이니 '지축'은 좋은 음식을 저장한 것입니다. 겨울을 대비해서 김장을 하고 나물도 말리고 감도 말리지요. '역이어동'(亦以御冬)의 '길들일 어(御)'는 여기서는 '대비하다, 감당하다'가 됩니다. '어동'은 여기서 '겨울을 대비하다'라는 뜻이겠지요. '어' 자는 용례가 많지요. 나올 때마다 사전을 찾으시는 것이 좋습니다. 이렇게 여인이 겨울을 준비한 것은 힘 떨어지고 수입이 줄어드는 노년을 위해서겠지요. 노년을 안락하게 지내려고요. 하지만 막상 나이가 들자 남편의 배신으로 일생의 노고가 헛것이 되고 말았지요.

세번째 나오는 '연이신혼'(宴爾新昏)입니다. 첫 장에서 이 여인은 문을 향해 걸어가면서도 젊은 새 아내와 즐거워하는 남편을 바라보았지요. 마지막 장에 다시 그 모습을 봅니다. 이 여인이 보는 사람은 젊은 여인이 아니라 남편입니다. 남편에게 할 말이 있고, 원망하는 거지요. '이아어궁'(以我御窮), 이 표현이 기가 막혀요! 나는 노년을 위한 대비를 했는데, 정작 그대는 '나를 이용하여[以我] 가난한 때를 때웠다[御窮]'고 하네요. '어동', '어궁', 모두 '어'(御) 자가 쓰였습니다. 나는 '어동', 겨울을 대비했는데, 남편은 '어궁', 나를 이용해 가난한 시절을 막아 냈군요. '어궁'의 '어'는 '막아 내다'입니다. 나를 철저히 이용하고 배신한 것이지요. 여기에 이르면 이 여인은 자신의 처지를 처절하게 확인합니다. 나는 이 집안의 아내가 아니라 종이었던 거니까요. 매사에 열심히 일하는 근면 성실한 종. 저는 이런 자각이 이 여인에게 다시 일어날 힘을 줄 거라 믿습니다.

드디어 이 여인이 집을 떠날 수밖에 없는 이유가 나왔군요. 남편의 폭력과 학대이지요. '유광유궤'(有洸有潰)의 '성낼 광(洸)'은 '사나운 모양'이고 '무너질 궤(潰)'도 '화를 내는 것'입니다. '독초'라고 폭언을 일삼은 사람이니 쫓아내려고 얼마나 구박을 했겠어요? 이 여인은 모든 것을 놓고 순순히 나갈 수 없었지요. 하지만 남편의 폭언과 학대는 견디기 힘들 정도로 가혹합니다. '기이아이'(旣詒我肄)의 '보낼 이'(詒)는 '주다'입니다. '속이다'로 쓰일 때는 음이 '태'로 바뀌지요. '익힐 이(肄)'는 '고통'을 말합니다. 남편의 지속적 폭언, 폭력이 이 여인에게 큰 고통을 준 것입니다. 결국 우울한 결말이네요. 하지만 이 여인이 왜 집을 떠나게 되었는가는 말해 주지요. 힘내서 마지막 구절을 볼까요?

마지막 구절에서도 마음이 짠해집니다. 지금 이 여인은 아직 집안에 있습니다. 발걸음이 떨어지지 않지요. 그런데 남편이 희희낙락하는 모습을 보니 자신의 결혼식이 생각납니다. '나도 저런 때가 있었는데' 하면서요. '불념석자'(不念昔者)에서 '불념'(不念)은 다음 구절 '이여래게'(伊余來墍)까지 걸립니다. '석자'(昔者)는 '지난 날'이지요. '이여래게'에서 '그 이(伊)'는 어조사입니다. '게'(墍)는 '벽을 칠할 기' 자 인데, 여기서는 '쉬다'란 뜻이고 음도 '게'입니다. '쉴 게(憩)'와 통하지요. '내가 이 집에 와서 쉬던 때'는 이 여인의 결혼식입니다. 그 때 남편은 지금 '신혼'에게 하듯이 나에게 잘했지요. 지금 상황에서 자신이 시집오던 때가 기억나다니. 어느 때는 '기억'만큼 잔인한 것도 없지요. 나와의 결혼은 기억하지 못하는 남편, 원망이 깊습니다. 인생이 무너져 내린 이 여인의 격심한 고통을 봐 주십시오.

이렇게 〈곡풍〉 6장은 마무리됩니다. 각 장이 8구씩 되어 있어서 다른 작품의 배가 되는 양이지요. 『시경』의 '버림받은 여인'[棄婦]을 대표하는 작품입니다. 무엇보다 내면 심리 묘사가 뛰어나지요. 한 걸음 한 걸음, 힘겹게 내딛면서 자신의 일생을 스크린에 펼치듯 보여 주니까요. 〈곡풍〉에서 오래 전 한 여인의 일생을 만났습니다. 읽을 때마다 가슴 아프지만 그래도 여러 번 읽고 표현법을 익혀 주세요.

11. 식미式微

式微式微 胡不歸	지치고 지쳤도다.
식 미 식 미 호 불 귀	어찌 돌아가지 못하는가?
微君之故 胡爲乎中露	군주의 일이 아니라면
미 군 지 고 호 위 호 중 로	어찌 이슬을 맞으리오?

式微式微 胡不歸	지치고 지쳤도다.
식 미 식 미 호 불 귀	어찌 돌아가지 못하는가?
微君之躬 胡爲乎泥中	군주를 모시는 게 아니라면
미 군 지 궁 호 위 호 니 중	어찌 진흙 속에 있으리오?

이번에 읽을 시는 〈식미〉입니다. 우선 2장 4구로 짧군요. 이 작품은 이어지는 〈모구〉(旄丘)와 연결되어 있는데요, 같은 상황에서 지어진 시라고 봅니다. 사실 주자는 이 두 작품에 대해 고증할 수가 없기 때문에 이전 『모시』(毛詩)의 해석을 따르겠다고 했어요. 『모시』에는 작품 하나하나마다 서문을 붙어 있는데, 이를 「모서」(毛序)라고 합니다. 주자는 주로 '구설'(舊說)로 인용하지요. 〈식미〉와 〈모구〉 두 작

품 앞에 붙은「모서」를 같이 보겠습니다.

<식미>는 여나라의 군주가 위나라에 의지해 머물렀는데, 그의 신하들이 돌아갈 것을 권유한 것이다.

式微, 黎侯寓于衛, 其臣勸以歸也.
식 미　려 후 우 우 위　기 신 권 이 귀 야

<모구>는 위나라 제후를 비난한 것이다. 적인이 여나라의 제후를 핍박하고 쫓아내었다. 여나라의 제후가 위나라에 의지해 머물렀는데, 위나라가 방백으로 군대를 이끌어야 하는 책임을 제대로 하지 못했다. 여나라의 신하들이 위나라가 책임을 다하지 못한 것을 꾸짖은 것이다.

旄丘, 責衛伯也. 狄人迫逐黎侯, 黎侯寓于衛,
모 구　책 위 백 야　적 인 박 축 려 후　려 후 우 우 위
衛不能脩方伯連率之職, 黎之臣子以責於衛也.
위 불 능 수 방 백 연 솔 지 직　려 지 신 자 이 책 어 위 야

여(黎)나라는 지금의 산서성(山西省) 장치현(長治縣) 서남쪽에 있던 소국입니다. 주나라 초기에 요(堯) 임금의 후손에게 봉해 준 나라인데, 적인(狄人)이 남하하면서 나라를 유지하기 어렵게 됐지요. 그래서 여나라의 군주와 신하들이 위나라에 와서 살게 된 것입니다. 이럴 때 '우'(寓) 자를 쓰고, '우거'(寓居)라고 하는데, 남에게 의지해서 잠시 머물고 있는

것이지요. 여나라의 군주와 신하들은 당연히 위의 제후가 국제 협상과 국제 연합군의 힘으로 자신들의 땅을 되찾아 주고, 귀국시켜 주기를 바라겠죠. 하지만 위나라는 그럴 능력도 의지도 없었습니다. 이 당시 위나라는 위상 면에서나 실직적인 힘에서나 제후 연합군을 이끌 수 없었으니까요. 그럼 여나라는 어떻게 되었을까요?『춘추좌씨전』노 선공(魯宣公) 15년(BC 594)을 보면 진(晉)나라의 백종(佰宗)이란 인물이 적적(赤狄)이 세운 '노'(潞)의 죄를 열거하면서 '여의 땅을 빼앗은 것'을 거론하고 있어요. 그리고 '진 경공(晉景公)이 '직'에서 군사를 정돈하여 적인의 땅을 공략하고 여후를 다시 세워 주고 돌아갔다'라는 기록이 있네요. 춘추시대에 80여 개의 소국들이 병합되고 멸망했는데, '여'도 멸망, 망명, 복위의 과정을 되풀이할 수밖에 없었답니다. 강대국의 명분에 따라. 예나 지금이나 작은 나라의 피할 수 없는 비애이지요. 이제 배경 설명을 마치고 <식미> 시로 들어가 볼까요?

① 式微式微 胡不歸 微君之故 胡爲乎中露

이 시의 작중화자는 군주를 따라와 객지생활을 같이하는 신하예요. '식미식미'(式微式微)에서 '법 식(式)'은 '법도'란 뜻이지만 여기서는 발어사입니다. 해석하지 않아요. '미'(微)만 해석하면 됩니다. '작을 미'는 '미미하다', '미묘하다'의 뜻이죠. 갑자기 '미적분'(微積分)이란 단어가 생각나네요. 저야말로 '수포자'로, '미적분', '확률', 이런 단어를 무서워했거든요. 여기서는 '쇠하다', '지치다'라는 뜻으로 쓰였는데, '식미'를 두 번 반복했으니 '지치고 지친 것'입니다. 피난 생활이야 어느 시대나 고달프지요. 그다음 '호불귀'(胡不歸), '어찌[胡] 돌아가지[歸] 못하나[不]'라는 뜻이죠. 탄식이 절로 나올 수밖에 없는 상황인 겁니다.

'미군지고'(微君之故)의 '미'(微)는 여기서는 '아닐 미(未)'로 쓰였습니다. 부정사입니다. 시에서는 이렇게 같은 장에 있는 같은 글자가 서로 다른 의미로 쓰이기도 하지요. '옛고(故)'는 '~ 때문'이라는 뜻으로, '군지고'(君之故)는 '군주 때문'이라고 풀 수 있고, '아닐 미'가 앞에 있으니, '군주 때문이 아니라면'이라고 풉니다. 그다음 '호위호중로'(胡爲乎中露)의 '중로'(中露)는 '로중'(露中), 즉 '이슬 가운데 있다' 혹은 '이슬을 맞고 있다'라고 보시면 됩니다. 객지에서 이슬을 맞고 살고 있는 겁니다. 도움을 주는 사람 없이. '호위호'(胡爲乎)는 '어찌하여'이니, 군주의 일이 아니라면 내가 여기에서 왜 이 고생을 하겠는가 하는 탄식입니다. 망명지에서 '풍찬노

숙'(風餐路宿)하는 고단한 나날을 말하고 있습니다.

② 式微式微 胡不歸 微君之躬 胡爲乎泥中

'식미식미 호불귀'(式微式微 胡不歸)까지는 1장과 같고요. '미
군지궁'(微君之躬)의 '궁'(躬)은 '몸 궁'으로 '군주의 몸이 아니
라면'으로 풉니다. 군주 때문에 이런 고생을 감수한다는 말
이죠. 그다음 '호위호니중'(胡爲乎泥中)의 '니'(泥)는 '진흙'이지
요. 이번에는 '니중', '진흙 속'에 있네요. 어려운 처지에 있을
때 우리는 '도탄에 빠졌다', '진창에 빠졌다'라는 표현을 쓰지
요. 지금 작중화자는 마치 함정과 물에 빠진 것 같은 처지인
데, 도와주는 사람이 없는 것을 탄식합니다. 망국의 군주와
신하에게 도움의 손길은 요원하지요. <식미>는 이렇게 2장
4구로 끝납니다.

그런데 전한시대 유향(劉向)이 편찬한 『열녀전』 권4 「정
순」(貞順)에 <여장부인>(黎莊夫人)이 있습니다. '여나라 장공
의 부인' 이야기인데, <식미>와 관련이 있어 간략히 말씀드
리고 가겠습니다. '여나라 장공의 부인은 위나라 제후의 딸
이었다'고 합니다. 여나라 장공에게 시집갔지만 뜻이 달라
같이 살 수 없는 지경에 이르렀답니다. 그녀를 딱하게 여긴

보모가 친정으로 돌아갈 것을 권하며 〈식미〉의 첫 두 구절 '식미식미 호불귀'(式微式微 胡不歸)를 지어 불렀다고 합니다. 하지만 부인은 '부인의 도리'[婦道]를 다하겠다고 하면서 거절합니다. 이때 지은 구절이 '미군지고 호위호중로'(微君之故 胡爲乎中路)라고 하는데 〈식미〉의 '이슬 로(露)'가 '길 로(路)'로 되어 있군요. 그럼 이 시가 어떤 과정을 거쳐『시경』속에 포함되었는가? 유향은 그녀의 처지를 동정하고 공감하는 '군자'가 이런 사연과 함께『시경』에 편집해서 넣었다고 봅니다. 이렇게 되면 〈식미〉는 여나라 장공의 부인과 그녀의 보모의 작품이 됩니다. 물론 주자는『열녀전』의 기록을 취하지 않았지요. 〈모구〉와 연결해서 본 것인데, 우리야 뭐, 자유롭게 볼 수 있지요. 참고해 주십시오.

12. 모구旄丘

旄丘之葛兮 何誕之節兮
모 구 지 갈 혜 하 탄 지 절 혜

언덕 위의 칡넝쿨이여.
어찌 그리도 마디가 성길까.

叔兮伯兮 何多日也
숙 혜 백 혜 하 다 일 야

숙이여 백이여,
어찌 이리도 오래 걸리는가.

何其處也 必有與也
하 기 처 야 필 유 여 야

어찌 그리 편안히 있는가.
반드시 함께할 나라가 있으리라.

何其久也 必有以也
하 기 구 야 필 유 이 야

어찌 이리도 오래 걸리는가.
반드시 이유가 있으리라.

狐裘蒙戎 匪車不東
호 구 몽 융 비 거 부 동

여우 갖옷이 다 해졌으니 / 수레가
동쪽으로 가지 않은 것이 아니리라.

叔兮伯兮 靡所與同
숙 혜 백 혜 미 소 여 동

숙이여 백이여,
더불어 함께할 이가 없구나.

瑣兮尾兮 流離之子
쇄 혜 미 혜 유 리 지 자

산산이 부서졌도다.
떠도는 신세로다.

叔兮伯兮 褎如充耳
숙 혜 백 혜 우 여 충 이

숙이여 백이여,
귀를 막은 듯 웃고 있구나.

① 旄丘之葛兮 何誕之節兮 叔兮伯兮 何多日也

'모구지갈혜'(旄丘之葛兮)의 '모구'(旄丘)는 앞이 높고 뒤가 낮은 언덕을 말합니다. '갈'(葛)은 칡이니, '모구지갈혜'는 '언덕 위의 칡넝쿨이여'가 되겠지요. 지금 더부살이 하는 군주의 신하가 언덕에 올라 칡넝쿨을 보는 것입니다. '하탄지절혜'(何誕之節兮)의 '탄'(誕)은 '성탄절', '탄생'이라고 할 때는 '태어나다'라는 뜻인데요. 여기서는 '넓다'는 의미입니다. '절'(節)은 '마디'이니, '탄지절'(誕之節)은 '칡의 마디 사이가 넓다, 성기다'는 것이지요. '하탄지절혜'는 '어찌 칡의 마디가 이다지 성길까?'인데, 지금 성긴 칡넝쿨 마디를 보면서 '아, 이곳에 온 지도 오래되었구나'라고 시간의 흐름을 느끼는 겁니다. 그러면서 자신의 처지가 막막함을 드러내는 거죠.

'숙혜백혜'(叔兮伯兮)의 '숙'(叔)은 '작은아버지'이고, '백'(伯)은 '큰아버지'인데요. <식미>와 마찬가지로 이 시도 위나라에 와 있는 여(黎)나라의 군주와 신하들의 처지를 읊은 시라고 보면, 여기서 '숙'과 '백'은 의지하고 있는 위나라의 신하들을 말하는 것이 됩니다. 「모서」에 의하면 이 시는 방관하는 위 제후를 원망하는 작품인데, 직접 위 제후를 탓할 수는 없잖아요? 그의 신하들을 숙, 백이라 부르면서 호소하는 것이지요. 그다음 구절 '하다일야'(何多日也)는 '왜 이렇게 여러 날이 지나는가?'라는 뜻이죠. 무슨 움직임이라도 있어야 하는데, 위나라의 군신은 꼼짝 않지요. 망명 와 있는 사람만 애가 탑니다.

② 何其處也 必有與也 何其久也 必有以也

'하기처야'(何其處也)의 '처'(處)는 편안히 지내고 있다는 말이지요. 도와주려는 뜻이 없이 위나라의 군신은 모두 편하게 살고 있네요. 그래서 작중화자는 이렇게 위안합니다. '필유여야'(必有與也)라고. '필유여야'에서 '여'는 '여국'(與國), 동맹국입니다. '반드시 동맹국이 있겠지', 이렇게 기대하는 것이지요. 그다음 '하기구야'(何其久也)는 '어찌 이리 오래 걸리는가?'라는 탄식이고요. '필유이야'(必有以也)의 '이'(以)는 '타고'(他故), 즉 '다른 이유'입니다. 이처럼 '써 이' 자가 '이유', '까닭'으로 해석되는 경우가 종종 있습니다. 그러면 '필유이야'는 '반드시 다른 이유가 있을 것이다'가 되겠지요. 무슨 이유가 있으니 이렇게 늦어지겠지, 이렇게 생각하고 스스로 위안하는 것이지요.

③ 狐裘蒙戎 匪車不東 叔兮伯兮 靡所與同

'호구몽융'(狐裘蒙戎)의 '호'(狐)는 '여우'이고, '구'(裘)는 '갖옷'으로 방한용 모피코트이지요. 주자의 주를 보면 대부(大夫)는 호창구(狐蒼裘)를 입는다고 하네요. '푸를 창(蒼)'이니 호창구는 푸른빛이 도는 여우 갖옷인 거지요. 『논어』 「향당」을 보면 공자님도 '고구'(羔裘, 염소가죽 갖옷), '예구'(麑裘, 사슴가죽 갖옷), '호구'(여우가죽 갖옷), 이렇게 세 벌을 가지고 다른 옷과 색깔을 맞춰서 세련되게 입으셨다고 나오지요. 갖옷은 이 당시 지배층 남성들의 기본 복장이었는데요, 여우 가죽으로 만든 '호구'가 가장 일반적이었습니다. '호백구'(狐白裘)라고 하면 '흰 여우 겨드랑이 털'을 모아서 만든 갖옷인데, 『사기』(史記)의 「맹상군열전」(孟嘗君列傳)에 천하에 한 벌밖에 없는 귀하디 귀한 옷으로 나오지요. '호구' 설명이 길어졌네요.

'몽융'(蒙戎)을 볼까요? '몽'(蒙)은 '덮다', '어리석다'의 뜻이 있고, '융'(戎)은 '오랑캐', '전쟁하다', '크다' 등 그 뜻이 아주 많아요. 이 두 글자는 나올 때마다 사전을 찾아보시는 것이 좋답니다. '몽융'은 여기서는 한 단어입니다. '옷이 해져서 너덜너덜한 모양'입니다. 주에 '몽융'은 '해진 것'을 말한다고 되어 있고요. 지금 여나라 출신의 대부가 오랜 객지 생활을

'해진 가죽 옷'으로 표현한 겁니다. 1장에서는 마디가 긴 칡 넝쿨로 더부살이가 오래되었다고 호소하고 여기서는 낡은 호구가 나왔습니다.

'비거부동'(匪車不東)의 '대나무상자 비(匪)'는 여기서는 '아닐 비(非)'입니다. 이 구절은 이중부정이지요. 직역을 하면, '수레가 동쪽으로 가지 않은 것이 아니다'입니다. '동'은 '동쪽으로 가다'라는 동사인데요. 이 말은 또 무슨 뜻일까요? 여러 해석이 있는데, 그대들에게 직접 가서 여러 차례 하소연을 했다는 겁니다. 하지만 반응이 없습니다. 그러니 다시 '숙혜백혜', '숙이여, 백이여'라고 위나라 대부들을 부르며 호소할 수밖에 없습니다. '미소여동'(靡所與同), 여기서는 '쓰러질 미(靡)'가 부정사 '아닐 미(未)'로 쓰였습니다. '나와 마음이 같지 않다'이지요. 주자는 이 정도가 되면 '은미하게 풍자'한 것이라 했는데, 저는 강한 원망이 담긴 것 같네요.

④ 瑣兮尾兮 流離之子 叔兮伯兮 褎如充耳

'쇄혜미혜'(瑣兮尾兮)의 '쇄미'(瑣尾)는 한 단어로 쓰입니다. '쇄'는 '자잘하다'의 뜻이고, '미'는 '꼴'으로 두 글자가 결합하여 '부서지고 작아진 모습'입니다. '쇄미'는 오랜 객지 생활로 삶의 터전이 사라지고 인생이 부서지는 걸 말합니다. '유리지자'(流離之子)에서 '유리'(流離)는 '표류하고 흩어지는 것'으로 '이리저리 떠도는 모습'을 표현할 때 이 단어를 씁니다. 디아스포라(diaspora)를 한문으로 쓰면 '유리'가 되지요. 작중 화자가 '유리지자', '떠도는 사람, 떠도는 신세'가 된 것이죠.

우리나라에는 『쇄미록』(瑣尾錄)이란 책이 있습니다. 임진왜란 당시 오희문(吳希文, 1539~1613)이란 분이 피난살이 하던 과정을 쓴 글이에요. 이 『쇄미록』의 '쇄미'는 이 시에서 가져온 단어입니다. 〈모구〉에서 '쇄미'가 나온 이후, 떠돌이 피난 생활을 표현할 때 많이 쓰이게 되었지요. 비참한 처지를 '쇄미', '유리'라고도 하고요. 중국이나 우리나라나 전쟁 중에 지어진 시들을 보면 이런 단어가 많이 나옵니다. 이렇게 동양고전을 공부하는 건 글쓰기의 용례, 관습을 익히는 것이기도 하답니다. 이런저런 용례들이 축적되고 되풀이 사용되면서 일정한 문화권의 공감대가 만들어지지요. 우리의 고전 공부야말로 '온고'(溫故)의 과정입니다. 그다음은 '지신'(知新)으로! '온고' 없이는 '지신'도 없다! 당연하지요.

계속 다시 '숙혜백혜'라고, '숙'과 '백'에게 호소하고 있네요. '우여충이'(褎如充耳)에서 '우'(褎)는 낯선 글자군요. 이 글자도 메모장에 서너 번 써 보세요. '우거질 유' 자이고 '옷소매'란 뜻으로 쓰일 때는 '수'로 읽는답니다. 여기서는 '우'로 읽는데, '웃음이 많은 모양'으로 상대방의 고통을 알아듣지 못한 채 그냥 웃어넘기는 거지요. '충이'(充耳)는 '귀를 막는 것'이니까, 웃는 모습이 귀를 막고 있는 것 같다는 겁니다. 아무리 귀국할 길을 찾아 달라고 하소연해도, 귀가 들리지 않는 사람처럼 '그래, 그래' 하면서 웃고 있는 것이지요. '못 들은 체'하는 겁니다. 「모서」에서 이 시를 여나라의 망명객이 위나라의 군주와 신하들을 질책하는 작품이라고 했죠. 딱할 따름입니다. 오직 힘으로 움직이는 시대에 작은 나라의 처지는 정말 풍전등화처럼 위태하고 도움을 받기도 힘들지요. 『춘추좌씨전』이 바로 그 시대의 기록인데요. 읽다 보면 탄식과 분노가 마구마구 생겨납니다. 약육강식, 인간의 역사는 영영 이 수준을 벗어나지 못하는가 하면서요.

13. 간혜簡兮

簡兮簡兮 方將萬舞
간 혜 간 혜 방 장 만 무

건성건성
만무를 추도다.

日之方中 在前上處
일 지 방 중 재 전 상 처

해가 정중앙에 왔는데
앞의 높은 곳에 있도다.

碩人俣俣 公庭萬舞
석 인 우 우 공 정 만 무

저 덩치 큰 사람이
제후의 뜰에서 만무를 추는구나.

有力如虎 執轡如組
유 력 여 호 집 비 여 조

힘은 호랑이와 같고
고삐는 실타래 쥔 듯 부드럽도다.

左手執籥 右手秉翟
좌 수 집 약 우 수 병 적

왼손에는 피리 쥐고
오른손에는 꿩 깃을 잡았네.

赫如渥赭 公言錫爵
혁 여 악 자 공 언 석 작

얼굴 빛 붉은데,
공께서 술잔을 내리시는구나.

山有榛 隰有苓
산 유 진 습 유 령

산에는 개암나무,
습지에는 감초로다.

云誰之思 西方美人
운 수 지 사 서 방 미 인

누구를 그리워하는가,
서방의 미인이라네.

彼美人兮 西方之人兮
피 미 인 혜 서 방 지 인 혜

저 미인이여,
서방의 사람이로다.

이 작품은 3장 각 6구로 읽던 것을 주자가 총 4장으로 나누고 1, 2, 3장은 4구, 마지막 4장은 6구로 개편했습니다. 이전처럼 읽어도 괜찮을 것 같은데요. 일단 주자가 나눠 놓은 대로 공부를 하고, 복습할 때 3장 6구로도 읽으면서 비교해 보시는 것이 좋습니다. 시 제목은 <간혜>인데, 불우한 인재가 '만무'(萬舞)를 추는 처지가 된 것을 노래한 작품입니다. 여기서 '만'(萬)은 '춤곡의 총칭'인데, 주로 '만무'(萬舞)라는 단어로 쓰입니다. 『시경』에서는 「노송」, <비궁>(閟宮)에 '만무양양'(萬舞洋洋)으로, 「상송」 <나>(那)에 '만무유혁'(萬舞有奕)으로 2번 더 나옵니다. '만무를 너울너울 춘다', '만무가 성대하다'는 뜻이니 '만'은 나라의 공식 의전 행사에서 추는 '성대한 춤'이지요. '풍'을 다 읽고, '소아', '대아'를 거쳐 '송'까지 가려면 1년 이상 걸릴 겁니다. 힘 조절하며 지치지 말고 읽다 보면 어느덧 '송'을 읽게 되겠지요.

현재 '만무'(萬舞)의 형식과 음악이 어땠는지는 알 수 없어요. 다만 『논어』 「팔일」에 나오는 '팔일무'(八佾舞)를 유튜브 같은 곳에서 검색해 보시면 영상이 있을 겁니다. 예전 그대로는 아니겠지만 종묘제례와 문묘에서 공자에게 지내는 석전대제(釋奠大祭) 행사에서 '팔일무'를 추지요. 8명이 8줄로 서니까 64명인데, 볼 만합니다. 아! 저렇게 추는 것이 '팔일무'구나, 실감나거든요. 종묘제례는 매년 5월 첫째 일요일에, 석전대제는 성균관 대성전에서 일 년에 두 번, 음력 2월과 8월 상정일(上丁日)에 거행된답니다. 미리 날짜를 체크해 두시면 좋습니다. 뉴스에는 매번 '행사가 있었다'로 나와서 '아! 올해도 놓쳤구나' 하면서 내년을 기약하게 되지요.

저는 '만무'가 '팔일무'와 거의 비슷했을 거라 생각합니다. 〈간혜〉 3장에서 '왼손에는 피리를 쥐고 오른손에는 꿩 깃을 잡았다'고 했는데, 지금 '팔일무'에서도 문무(文舞)는 오른손에 '적'(翟: 꿩 깃), 왼손에 '약'(籥: 피리)를 잡거든요. 무무(武舞)는 왼손에 '간'(干: 방패), 오른손에 '척'(戚: 도끼)를 잡고 춤추고요.

여기서 '춤추는 사람'이 누구인가에 대해 간략히 말씀드리겠습니다. 주자의 주를 볼까요?

유능한 사람이 뜻을 펴지 못하고 영관(伶官)의 자리에 있게 되어 세상을 가볍게 여기고 뜻을 멋대로 하는 마음이 있었다. 그래서 그의 말이 이와 같으니 스스로 자랑하는 것 같지만 사실은 스스로 조소하는 것이다.

賢者不得志而仕於伶官, 有輕世肆志之心焉.
현 자 부 득 지 이 사 어 령 관　유 경 세 사 지 지 심 언
故其言如此, 若自譽而實自嘲也.
고 기 언 여 차　약 자 예 이 실 자 조 야

'현자'는 유능한 사람입니다. 하지만 뜻을 펴지 못하고 '영관'이 되었군요. '영관'은 '연주하고 춤추는 낮은 직책의 관리'입니다. 그의 능력대로라면 장군이 되어 군대를 호령하거나 대부가 되어 조정에서 정책을 논해야 하지만, 지금은 그런 상황이 아닌 거죠. 이 사람의 마음이 어떨까요? 먹고살기 위해서 춤추는 사람이 되었지만 마음에 불만이 가득 차 있으니 제대로 춤을 출 리 없지요. 대강 건들건들 추는 흉내만 내는 겁니다. 그러면서 마음속에는 '내가 이렇게 살아야 하나', 여러 갈등이 일어납니다. 후대로 오면 인생이 안 풀리거나 혹은 낮은 관직에 있을 때 "만무를 추는 팔자가 되었다", "만무를 추고 있다"고 자조적으로 말합니다. <간혜>는 이렇게 지식인의 자의식이 가득 담긴 작품입니다. 그럼, 이제 시로 들어가 볼까요?

① 簡兮簡兮 方將萬舞 日之方中 在前上處

'간혜간혜'(簡兮簡兮), 여기서 '대쪽 간(簡)'은 부사어로 '성의 없이 대강 하면서 공손하지 않은 모습'[簡易不恭之意]입니다. 주자의 주석이 길군요. '간' 한 글자에 작중화자의 마음 상태가 담겨 있다고 본 거지요. 하지만 '간이'(簡易)만으로 충분한데 왜 '불공'(不恭)이란 단어까지 집어넣었을까요? '불공'은 세상에 대한 불만으로 마음이 불편한 것이지요. 마음으로 하는 저항이랄까요. '불공'은 맹자가 백이와 유하혜를 비교하면서 쓴 단어입니다. "백이는 너무 속이 좁았고, 유하혜는 너무 공손하지 않았다[不恭]. 좁음과 공손하지 않은 것, 이것은 군자가 행할 일이 아니다"(『맹자』「공손추 하」). 맹자는 유하혜를 '너는 너, 나는 나, 네가 내 옆에서 웃통을 벗고 발가벗는다 하더라도 어찌 나를 모욕할 수 있겠는가' 하는 마음으로 살았다고 봤지요. 지금 주자도 〈간혜〉의 인물을 유하혜와 같은 유형의 자조적 지식인으로 보는 것입니다. 세상과 타협하지 않지만 생계를 위해 춤을 출 수밖에 없는.

'방장만무'(方將萬舞)는 직역하면 '바야흐로[方] 장차[將] 만무를 추도다'가 되지만 그냥 '만무를 춘다'로 하면 됩니다. '방'은 '바야흐로', '장'은 '장차'로 둘 다 부사이고, '만'은 춤의 총칭, '무'는 '춤을 춘다'는 동사이지요. 후대에는 그냥 '만무'가 되었지만요. 이미 언급했지만 '만'에는 '문무'(文舞)와 '무무'(武舞)가 있습니다. 지금 행사에서야 작은 모형들을 쥐고 춤추지만 이때는 실물을 썼겠지요. 작중 인물은 무슨 춤을 추었을까요? 3장에 나옵니다.

'일지방중'(日之方中)은 '해[日]가 바야흐로[方] 중천[中]에 있다'는 말인데, 행사가 오후까지 계속되고 있는 거지요. 그때까지 이 사람은 무대에 있을 수밖에 없지요. '재전상처'(在前上處), '상처'(上處)는 '눈에 띄는 곳'이지요. 앞에 설치된 무대 높은 곳, 많은 사람들이 바라보는 자리에 있는 겁니다. 춤추는 자신을 자조적으로 바라보는 사람이 그런 자리에 서 있네요. 주자는 '불공'과 '자조'로 봤지만, 어떤 상황에서도 품위를 지키려는 한 사람의 좌절로 보는 것은 어떨까요?

② 碩人俣俣 公庭萬舞 有力如虎 執轡如組

2장을 읽으면 춤추는 사람과 작중화자가 일치하는지, 제3자가 춤추는 모습을 보고 쓴 것인지, 혼란스럽지요. 주자는 지금 춤추는 사람과 작중화자를 같은 사람으로 보았습니다. 그가 자신의 재주가 뛰어난 것을 자랑하는 것처럼 보이지만 사실은 자조하는 것이라고요. 이 해석을 따라가 보겠습니다. '석인우우'(碩人俣俣)에서 '석인'(碩人)을 보죠. '석인'의 '석'(碩)은 '클 석'이지요. '석인'은 『시경』에서 몸이 큰 사람을 가리키고 여자에게 쓸 때는 '키 큰 여자'를 말합니다. 물론 인품이 훌륭한 사람도 '석인'이지요. 여기서는 몸이 커서 눈에 띄는 사람이지요. '석인우우'의 '우'(俣)는 '큰 모양'인데,

'얼굴이 크다'는 뜻도 있어서 혹시 가면을 쓰고 춤을 추고 있나, 하는 생각이 듭니다. '송'(頌)을 읽을 때 말씀드리겠지만, '송'에서 '만'을 가면을 쓰고 추는 춤이라고 해석하는 경우도 있으니까요. 여기서는 덩치가 큰 사람이 휘청휘청 춤을 추는 모습으로 보겠습니다. '공정만무'(公庭萬舞)의 '공정'(公庭)은 '제후[公]의 뜰'이지요. 눈에 띌 만큼 큰 사람이 제후의 뜰에서 만무를 추고 있군요. 마음에는 불만을 가득 품고.

'유력여호'(有力如虎), '힘이 호랑이 같다'네요. 방패와 도끼를 들었다는 말은 없지만 '무무'(武舞), 무사의 춤을 추는 게 아닐까요? 호랑이의 용맹함을 보여 주고 있으니까요. '집비여조'(執轡如組), '집'(執)은 '잡을 집', '비'(轡)는 '말고삐 비'입니다. '집비여조'는 '고삐를 실끈[組]처럼 쥐었다'는 건데, 이게 무슨 뜻일까요. 지금 전쟁에 나간 마부가 말고삐를 잡은 모습을 춤사위로 보여 주고 있는 겁니다. '조'(組)는 '끈 조'인데 여기서 끈은 '실을 짜서 만든 것'이지요. 솜씨가 뛰어난 마부는 고삐를 부드러운 실끈을 쥔 것처럼 자유자재로 움직인다고 합니다. 하지만 지금 상황은 전쟁을 흉내 내는 춤을 추고 있는 것일 따름이지요. 호랑이같이 용맹한 무사로 분해서 탁월한 마부의 역할을 하는 것일 뿐, 그런 중책을 맡은 건 아닙니다. '내가 이 정도 사람이야' 라는 자부심을 과시하지만 무대 공연의 일부일 뿐이지요.

③ 左手執籥 右手秉翟 赫如渥赭 公言錫爵

'좌수집약, 우수병적'(左手執籥 右手秉翟), 왼손에 피리[籥], 오른손에 꿩 깃[翟]을 쥐고 추는 춤은 '문무'(文舞)이지요. 2장에서 무무(武舞)를 추고, 3장에서는 문무를 추네요. 이 두 춤을 모두 아울러 '만'(萬)이라 하는 거고요. '집약'(執籥)은 '잡을 집(執)', '피리 약(籥)'입니다. '피리 약' 자는 글자 자체가 구멍이 여러 개 나 있는 것이 대나무 피리처럼 생겼지요? 오른손에는 뭘 들고 있죠? '병적'(秉翟), '잡을 병(秉)', '꿩 적(翟)'인데 여기서는 꿩의 깃[雉羽]으로 만든 부채를 쥐고 있는 것입니다. 제갈량이 항상 들고 있던 부채가 생각나신다구요? 비슷했을 겁니다. 제갈량의 부채는 '공명선'(孔明扇)이라고도 하는데 제갈량의 시그니처라 할 수 있지요.

'혁여악자'(赫如渥赭)의 '혁'(赫)은 '혁혁하다'라고 할 때 쓰지요. '뛰어나다'라는 뜻이에요. 여기서 '혁여'(赫如)는 부사어로 '붉은 모습'입니다. 춤을 추다 보니 얼굴이 붉게 상기되었겠지요. '악자'(渥赭)는 '젖을 악', '붉을 자'이니, 붉게 물든 얼굴입니다. '혁여'가 그런 상태를 표현한 것이지요. 오랫동안 '만무'를 추다 보니 얼굴이 붉게 상기되고 땀도 났겠지요. '공언석작'(公言錫爵)에서 우선 '언'은 해석하지 않고요. 그 자리에 참석한 고귀한 제후가 춤춘 사람에게 직접 술잔[爵]을 내려주네요. '석'(錫)은 '내려주다'이고 '작'(爵)은 '술잔'입니다. 중국 드라마나 영화를 보면 새 부리 모양으로 생긴 작은 술잔이 자주 나오지요. 이게 '작'입니다. 술을 마시는 장면에서는 팔을 들어 술잔을 가리고 술을 마시는 것도 자주 볼 수 있고요. 그런데 이 '작'에는 '벼슬'이라는 뜻도 있는데요. 어떻게 이 글자가 벼슬이란 뜻이 되었을까요? 군주가 벼슬을 내릴 때 이 술잔에 술을 따라주어서, '벼슬'이란 뜻이 파생된 것이지요. 그런데, 여기서는 벼슬을 내려 준 것이 아니라, 수고했다고 그냥 술잔을 내려 준 것입니다. 『의례』(儀禮)에 의하면 연회의 자리에서 악공에게 술잔을 내려주는 것이 예라고 합니다. 여기서는 제후가 이 예를 행한 것이지요. 그런데 이 술잔을 받는 '석인'의 마음은 어떨까요? 치욕이지요. 무관, 문관으로 공을 세워 벼슬을 받는 자리가 아니니까요. 주자는 이런 술잔을 받는 것이 치욕인데도 마치 과시하듯 표현했으니 이것이야말로 '완세불공'(玩世不恭)의 뜻을 드러낸 것이라 봅니다. '완세'는 '세상을 가지고 노는 것'이지요. '불공'은 '세상에서 자신을 대하는 태도에 승복하지 않는 것'입니다. '완세불공'은 세상을 버린 은자(隱者)나 유하혜 같은 '너는 너, 나는 나'의 가치관을 지닌 사람의 오만한 태도이지요. 무슨 시 해석이 이리 복잡하냐구요? 복잡할 수밖에요. 사람의 심리가 복잡하니까요. 지금 이 사람도 제후의 술잔이 싫은 것은 아닙니다. 악공으로는 인정받은 것이니까요. 하지만 술잔을 받으면서도 이렇게 생각하는 거지요. '내가 춤으로 술잔 받을 사람이 아닌데, 나의 능력을 몰라주는 이 더러운 세상…'. 술잔을 받았다는 말 속에 자조, 자학, 원망이 담겨 있지요. '어찌 그대는 나를 알아보지 못하시나요'라고 하는.

④ 山有榛 隰有苓 云誰之思 西方美人
　　彼美人兮 西方之人兮

〈간혜〉의 마지막 4장은 6구로 되어 있습니다. 내용도 다르지요. 개암나무, 감초가 나오고 '서방미인'을 찾네요. 뭘까요? 석인이 술 한 잔 받은 후에 무대에서 부르는 노래일지도 모르겠네요. 우리로서는 알 수 없지요. 내용을 볼까요. '산유진'(山有榛), 산에는 '개암나무'가 있대요. 개암나무는 밤나무 비슷한데 작지요. '습유령'(隰有苓), 습지에는 '감초'가 있다고 합니다. 주자는 '흥'(興)이라고 했지만 '비'(比)라고 할 수도 있지요. 개암나무가 산에, 감초가 습지에 있는 것이 당연한데, 나는 어디에 있는가? 조정의 대신이 되지 못하고 여기서 춤추고 노래하는 신세구나, 이렇게 보셔도 좋습니다.

'운수지사'(云誰之思)의 '운'은 어사로 해석하지 않습니다. 수지사(誰之思)만 해석하면 '누구를 그리워하는가'입니다. 누굴 그리워하는 걸까요? '서방미인'(西方美人), '서방의 미인'을 그리워한다네요. 굴원의 「이소」(離騷)를 보면 군주를 '미인'이라고 하지요. 송강 정철의 「사미인곡」(思美人曲)도 군주를 그리워하며 부른 노래구요. '서방'(西方)은 '서주'(西周)가 있던 곳이지요. 기원전 772년 주의 유왕(幽王)이 견융족의 침입으로 죽고, 아들 평왕(平王)이 주나라의 수도를 동쪽으로 옮겼지요. 서쪽 호경(鎬京)에서 동쪽 낙양(洛陽)으로 쫓겨 오면서 그때부터를 동주시대 혹은 춘추시대라고 합니다. 여기서 '서방미인'은 서주시대의 훌륭한 왕들을 가탁한 것이라고 볼 수 있습니다. 문왕, 무왕같이 인재를 발탁했던 위대한 군주들을 그리워하는 겁니다. '주나라가 발흥한 곳'을 '서방'이라고 하는 용례도 있다는 것을 기억해 두시고요.

그다음 구절 '피미인혜'(彼美人兮)에서 다시 '미인'을 부르는군요. '저 미인'[彼美人]이 '서방지인혜'(西方之人兮)라고 합니다. 서방의 사람이니 지금은 만날 수 없다는 뜻이겠네요. 지금 화자는 도가 쇠미해진 시대에 제후의 나라에 있어요. 뜻을 펼 수 없는 상황입니다. 지난 날 위대했던 시대의 뛰어난 군주를 그리워하지만 만날 수는 없지요. 시대가 달라 '서방지인'을 만날 수 없는 것을 탄식하는 것입니다. 이런 표현은 이후에 관습적인 문구가 됩니다. 멀리 있는 그리운 사람이 '서방의 미인'이니까요. 때에 따라 부처님이 되고, 신선이 되고, 임금이 되고, 사랑하는 연인이 됩니다.

자 이렇게 <간혜>를 해석해 보았는데요. 이 정도면 충분한 것 같은데, 주자는 횡거(橫渠) 장재(張載, 1020~1077)의 입장을 첨부합니다. 왜 그럴까요? 『모시』에서 이 시를 '현자를 등용하지 않는 것을 풍자한 것'으로 보았기 때문입니다. 시의 상황 전체를 바라보는 제삼자의 시선이 전제되어 있지요. 하지만 주자는 풍자가 아니라 현자가 스스로 자조하는 작품으로 본 데에서 『모시』와 차이가 있습니다. 이런 해석은 장횡거도 마찬가지구요. 그래서 주자는 장횡거의 말을 들어 자신의 입장을 다시 밝힌 것입니다. 좀 길지만 읽어 보겠습니다.

장재가 말하였다. "가난 때문에 녹을 위하여 벼슬한다면 관문을 지키고 딱따기를 치는 야경꾼이 되어 그 직분을 공손히 수행해야 한다. 악공이 되었다면 광대들 사이에 섞여 있는 것이니 공경하지 않음이 심하다. 그런데도 그가 현명하다고 할 수 있는 것은 비록 그 행적이 이와 같으나 그 마음이 진실로 남보다 나은 것이 있고 또 능히 자신의 능력을 거두어 감추었기 때문이니, 이 또한 현명하다고 할 수 있다. 동방삭의 경우와 비슷하다.”

張子曰, 爲祿仕而抱關擊柝, 則猶恭其職也, 爲伶官,
장자왈 위록사이포관격탁 즉유공기직야 위령관
則雜於侏儒俳優之間, 不恭甚矣. 其得謂之賢者,
즉잡어주유배우지간 불공심의 기득위지현자
雖其迹如此, 而其中固有以過人, 又能卷而懷之,
수기적여차 이기중고유이과인 우능권이회지
是亦可以爲賢矣. 東方朔, 似之.
시역가이위현의 동방삭 사지

역시 〈간혜〉의 인물을 평가하는 시선이 간단치 않군요. 장횡거는 탁한 세상에서 가난 때문에 생계를 위해 어쩔 수 없이 벼슬을 해야 한다면 ‘포관격탁’(抱關擊柝, 관문지기와 딱따기를 치는 야경꾼) 정도가 적당하다고 합니다. 이것은 맹자의 논리를 이어받은 것인데요, 맹자는 “부득이한 사정으로 벼슬해야 한다면 높은 지위를 사양하고 낮은 자리에 만족해야 하며, 많은 녹봉을 사양하고 박한 봉록을 받아야 한다”(『맹자』 「만장 하」)고 주장합니다. ‘포관격탁’은 이런 지식인이 할 수 있는 말직이에요. '포관'은 빗장[關]을 안는[抱] 것, 즉 문지기고요, '격탁'은 '딱따기[柝]를 치는 것[擊]' 즉, 야경꾼입니다. 이런 벼슬로 자신의 뜻을 굽히지 않고 호구지책을 삼는 것이지요. 전근대 사회에서는 시대와 개인의 관계를 논할 때 처신에 대한 섬세한 매뉴얼이 있었지요. 지금 우리처럼 그저 판검사, 의사만 되면 인생 풀린다? 이렇게 생각 없이 단순하게 살지 않았답니다.

그런데 〈간혜〉의 주인공은 '영관'(伶官), 노래하고 춤추는 사람이 되었어요. '주유'(侏儒)와 '배우'(俳優) 사이에 섞여서 살고 있는 거지요. '주유'는 난쟁이예요. 주유와 배우는 하는 일이 다릅니다. 주유는 줄타기, 재주넘기 등을 하는 광대고, 배우는 무대극을 하는 사람이지요. 〈간혜〉의 주인공이 이들과 같이 있는 것은 잘못된 선택입니다. '나는 나, 너는 너'라는 오만한 마음으로 나는 세상의 그 어떤 것에도 영향 받지 않는다는 '불공'의 태도라는 거지요. 그래도 이 사람을 '현자'라고 할 수 있는 것은 생각이 깊고, 불만을 가슴 속에 품었을 뿐, 드러내지 않았기 때문이라네요. 자조는 했을지언정 풍자까지는 가지 않았다는 입장입니다. 마지막에 동방삭과 비슷하다고 하고 있죠. 무슨 뜻일까요? 한무제 때의 동방삭은 괴이한 언행으로 '광인'(狂人)이란 비난을 받았지요. 하지만 동방삭은 "나는 조정 사이에서 세상을 피한 사람이다, 옛날 사람들은 깊은 산중에서 세상을 피했지만"(『사기』 권126 「골계열전」)이라 하면서 태연했지요. 그런 동방삭이 한 벼슬이 '시랑'(侍郞)이라는 낮은 직책이었습니다. 장횡거는 악관이 된 이 시의 인물을 동방삭과 같은 '이은'(吏隱), '낮은 벼슬에 자신을 숨기고 사는 사람'으로 본 것이지요. 그래서 '현자'라고 한 것입니다.

시를 읽는 방법은 다양하고, 읽는 사람의 시선도 여러 가지입니다. 중요한 것은 '얼마나 자신의 시선으로 섬세하게 읽어 내느냐'이지요. 저는 이 시에서 주자의 독법이 무척 섬세하다고 인정할 수밖에 없네요. 대단하지요. '일단 풍자는 아니다, 그러면 무엇인가?' 이렇게 시작했지요. 그리고 작중화자의 내면으로 들어갔네요.

14. 천수泉水

毖彼泉水 亦流于淇
비 피 천 수 역 류 우 기

졸졸 흐르는 저 샘물
기수로 흘러가리.

有懷于衛 靡日不思
유 회 우 위 미 일 불 사

위나라를 생각하여 / 단 하루도 그리
워하지 않은 날이 없네.

孌彼諸姬 聊與之謀
련 피 제 희 료 여 지 모

아리따운 저 여인들과
한 번쯤 의논해 보리라.

出宿于泲 飲餞于禰
출 숙 우 제 음 전 우 녜

떠나올 때 제 땅에서 묵고
예 땅에서 이별하며 술 한잔 마셨지.

女子有行 遠父母兄弟
여 자 유 행 원 부 모 형 제

여자가 결혼을 하니
부모 형제와 멀어졌구나.

問我諸姑 遂及伯姊
문 아 제 고 수 급 백 자

여러 고모들에게 묻고
여러 언니들에게도 물어보리라.

出宿于干 飲餞于言
출 숙 우 간 음 전 우 언

출발하면 간 땅에서 묵고 / 언 땅에
서 이별하며 술 한잔 마시겠지.

載脂載舝 還車言邁
재 지 재 할 선 거 언 매

수레에 기름 치고 바퀴도 점검하며
수레를 돌려 빨리 달리리라.

遄臻于衛 不瑕有害
천 진 우 위 불 하 유 해

얼마 안 되어 위에 도달할 텐데,
어떡하면 문제가 생기지 않을까.

我思肥泉 玆之永歎
아 사 비 천 자 지 영 탄

내가 비천을 그리워하니,
길게 탄식하노라.

思須與漕 我心悠悠
사 수 여 조 아 심 유 유

수 땅과 조 땅을 그리워하니,
내 마음은 아득하여라.

駕言出遊 以寫我憂
가 언 출 유 이 사 아 우

수레 타고 나가 이곳저곳 다니며,
근심을 풀어내리라.

〈천수〉를 읽게 되었네요. 시를 보시면 지명이 많이 나오죠. 이 시는 이 지명들과 부모님의 장례라는 상황이 설정되어 있는 시입니다. 주자의 주를 먼저 볼까요.

위나라 여인이 제후에게 시집갔는데, 친정 부모가 돌아가셔서 친정에 돌아가 장례에 참석하고 싶었지만 그럴 수가 없었다. 그래서 이 시를 지었다.

衛女嫁於諸侯, 父母終, 思歸寧而不得. 故作此詩.
위 녀 가 어 제 후　부 모 종　사 귀 녕 이 부 득　고 작 차 시

여기서 '귀녕'(歸寧)은 부모님 살아생전에 문안 인사를 가는 것이 아닙니다. 돌아가셔서 문상을 하는 것이지요. 그런데 시집간 딸은 부모님이 돌아가셔도 갈 수 없었다고 합니다. 어이가 없으신가요? 당시의 예법(禮法)이 그랬답니다. 군주의 부인은 부모님이 살아 계실 때는 '귀녕'할 수 있습니

다. 하지만 부모가 돌아가시면 남편 나라의 대부가 문상을 갑니다. 국가 차원에서 공식 조문단을 파견하는 것인데, 이게 제후국 간의 의례였다고 합니다. 지금 우리가 보면 말도 안 되지만 이 시대에 제후국 사이의 혼인은 결혼동맹이었다는 것을 염두에 두어야겠지요. 제후국 사이의 혼인은 국제 정치 질서의 일부분이었던 겁니다. 이런 결혼동맹 관계에서 한 쪽의 제후가 죽는 경우 대부분 후계자 문제로 상황이 복잡해지고, 그 결과에 따라 양국의 동맹이 깨지기도 합니다. 그렇기 때문에 국정 경험이 많은 대부가 가서 조문도 하고 우호관계를 다지기도 하는 겁니다. 물론 상황도 세밀히 살피겠지요. 그런데 우호관계가 위태롭게 된다면 어떻게 되는 걸까요? 이 여자는 명목은 제후의 아내이지만 사실상 인질이 되는 겁니다. 이렇게 결혼도 정치의 일부였던 당시의 상황을 생각하면서 시로 들어가 보겠습니다.

① 毖彼泉水 亦流于淇 有懷于衛 靡日不思
　變彼諸姬 聊與之謨

'비피천수'(毖彼泉水)에 '삼갈 비(毖)'가 나왔네요. '비'는 '샘물이 처음 흘러나오는 모양'입니다. 그런데 '비' 자가 익숙하군요. 서애 유성룡(1542~1607) 선생이 쓰신 『징비록』(懲毖錄)이 있지요. 이럴 때 '비'는 '삼가다', '조심하다'가 됩니다. '징비'라는 단어는 「주송」(周頌) <소비>(小毖)라는 작품에 나옵니다. 그 첫 구절에 '내가 징계하는 것은 후환을 삼가기 위해서다'라고 되어 있답니다. '비' 자 하나로 말이 길어졌네요. '천수'(샘물)가 이렇게 졸졸졸 흘러 나와 '기수'로 가는군요. '역류우기'(亦流于淇)에서 '기'(淇)는 이 여인의 친정인 위나라의 강 이름입니다. 위의 도성을 둘러 흐르는 강으로 앞으로 계속 나온답니다.

'유회우위'(有懷于衛), 위나라를 생각하는 것이지요. '미일불사'(靡日不思), '쓰러질 미(靡)'인데 '없을 무(無)'와 같은 뜻으로 쓰였습니다. 뒤에 '불'(不) 자가 있으니 이중부정문이군요. '~하지 않는 날이 없다'가 되겠네요. 친정인 위나라를 단 하루도 생각하지 않은 날이 없다고 하는 겁니다. 지금 우리야 친정 가까이 살고, 언제든 오갈 수 있으니까, 이런 애틋한 그리움이 없지요. 하지만 저희 어머니 세대만 해도 친정 나들이가 어려웠습니다. 남자분들은 처갓집을 멀리 해야 한다는 말도 공공연히 하셨지요.

'연피제희'(孌彼諸姬)의 '아름다울 연(孌)'은 '예쁜 모습'입니다. '제희'(諸姬)는 여러 여인들인데요. 여기서는 '조카와 동생'이죠. 그녀들은 제후의 딸과 같이 온 '잉첩'(滕妾)입니다. 「주남」, 「소남」에서 말씀드렸지만 '잉첩제'를 이상하게 생각하지 마십시오. 모든 제도는 일정한 역사적 산물이니까요. 인류 역사에서 일부일처제가 그리 오래되지 않았지요. '료여지모'(聊與之謨)의 '애오라지 료(聊)'는 부사어입니다. '애오라지'는 국어사전을 찾아보면 '부족하나마 그런대로'라고 되어 있어요. '꾀 모(謨)'는 '모의하다, 의논하다'이지요. '급한 상황이니까 그녀들과 위나라로 갈 수 있는 방법'을 의논해 보는 겁니다. 부모님이 돌아가셨는데, 장례에 참석할 수 없으니 얼마나 답답하겠어요.

② 出宿于泲 飮餞于禰 女子有行 遠父母兄弟
　　問我諸姑 遂及伯姊

우선 지명을 정리하고 갈까요? '출숙우제 음전우네'(出宿于泲 飮餞于禰)에서 '강이름 제(泲)'와 '아버지 사당 녜(禰)'는 지명입니다. '제'는 '자'로 '녜'는 '니'로 읽기도 하지요. 이곳은 모두 이 여인이 위나라에서 시집올 때 경유했던 곳이에요. 돌아갈 방법을 찾으면서 시집올 때 거쳐 왔던 길과 장면들을 회상하는 거지요. '제'에서 묵었고[宿], '녜'에서 '음전'(飮

餞)을 했다고 하네요. '음전'이란 단어를 볼까요? '마실 음', '전별할 전'인데, '음전'은 지금의 송별식입니다. 일가가 멀리까지 배웅을 나온 것이지요. 이 당시에는 먼 길을 떠날 경우, 반드시 '길제사', 즉 '조제'(祖祭)를 지냅니다. 여기서 '할아버지 조(祖)'는 '길의 신'을 말하고요. 제사가 끝나면 같이 술을 마시며 이별하는 것이지요. 지금도 이 '전' 자는 '전별식'(餞別式), '전별금'(餞別金) 같은 단어에 쓰이지요.

그렇게 부모형제와 이별하고 남편의 나라로 왔지요. '여자유행'(女子有行)은 '여자가 결혼하는 것'입니다. 여기서 '행'(行)은 '시집갈 가(嫁)'로 풉니다. '원부모형제'(遠父母兄弟)는 부모와 멀어졌다는 말인데, 여자가 결혼을 하면 부모형제와 멀리 떨어져 살게 되는 걸 말합니다. 아무래도 자주 만날 수도 없고요. 저의 경우 결혼 후에 이 구절을 읽으면 마음에 잔물결이 일렁거리더군요. 부모님이 모두 돌아가시고 동생들이 외국에서 사는 지금은 더욱 쓸쓸합니다.

그다음 구절 '문아제고 수급백자'(問我諸姑 遂及伯姊)에서 '제고'(諸姑)와 '백자'(伯姊)는 앞에 나왔던 '제희'(諸姬)처럼 시집올 때 따라온 여인들을 말합니다. 그 중에서 '고모 고', '언니 자'가 있으니 먼저 항렬이 높은 고모에게 묻고, 언니에게도 묻는 것이지요. 이런 사람들은 '보모'(保姆), '여사'(女師)로 제후 부인의 선생님 역할을 합니다. 지금 이 여자는 '예의'를 모르는 것이 아니지요. 하지만 돌아가신 부모님의 장례에 참석하고 싶은 간절한 마음에 그 가부(可否)를 주위 사람들에게 묻고 의논하는 것입니다. 애잔하네요.

③ 出宿于干 飮餞于言 載脂載舝 還車言邁

　　遄臻于衛 不瑕有害

'출숙우간'(出宿于干)의 '간'(干)과 '음전우언'(飮餞于言)의 '언'(言)은 모두 지명입니다. 2장에서는 위에서 떠나올 때의 경유지를 회상했지요. 여기서는 위나라로 갈 때의 경유지를 헤아려 보는 겁니다. '간'에서 묵고, '언'에서 전별을 할 거라고 예상하는 거지요. '재지재할'(載脂載舝)의 '재'는 어사라서 해석하지 않지만, 행동이나 상황의 연속을 보여 주는 글자입니다. 이 글자가 들어가면 '~하고 ~한다'로 풀어 주세요. 자주 나옵니다. 자, 돌아가는 길까지 헤아리니 마음이 급해지지요. '기름 지(脂)'는 수레 축에 기름을 바르는 것입니다. '할'(舝)은 '걸쇠, 비녀장'으로 마차와 말을 연결하는 '수레 축'[車軸]이지요. 지금도 먼 길을 가기 전에는 자동차 점검을 하잖아요. 지금 자동차 시동을 걸고 출발하려고 하는 겁니다. '선거언매'(還車言邁)의 '선'(還)은 '돌아올 환'이지만 여기서는 '돌린다'는 뜻으로 음도 '선'입니다. 주자는 시집올 때 타고 온 수레를 되돌리는 것이라 했는데, 글쎄요, 같은 수레인지는 알 수 없네요. '갈 매(邁)'는 서둘러 가는 것이지요. 마음이 급하니까요.

'천진우위'(遄臻于衛)의 '천'(遄)은 '빨리' 혹은 '얼마 안 되어'라는 부사입니다. '진'(臻)은 '도달할 진'이에요. 금세 위나라에 도착한다는 말이지요. 그런데 그다음 '불하유해'(不瑕有害)에서 전환이 일어납니다. 쏜살같이 달리던 수레가 '끽!' 하고 급정거를 하듯이…. 현실을 자각하고 제후의 딸에서 제후의 와이프로 돌아오는 순간입니다. '하'(瑕)는 원래 '옥에 난 티'를 말하는데, 여기서는 '어찌 하(何)'로 쓰였습니다. '해칠 해(害)'는 양국에 문제가 생기는 것이지요. 자신의 행동으로 양국 관계에 혹시 문제가 생기지 않을까 걱정합니다. 이 여인은 상상만 하고 결국 떠나지 못합니다. 이 부분에서 '이게 뭐야' 하면서 짜증나는 분들도 계실 거예요. 저도 그랬으니까요. 하지만 어쩌겠어요? 우리의 삶은 일정한 관습, 규율 안에 놓여 있고, 그걸 무시할 수 없는 걸요.

④ 我思肥泉 玆之永歎 思須與漕 我心悠悠
　　駕言出遊 以寫我憂

이 구절에서도 지명이 나오는군요. '비천'(肥泉)은 위나라의 강 이름이고, 세번째 구절의 '수'(須)와 '조'(漕)는 위나라의 읍이지요. 결국 이 여인은 출발하지 못했어요. 하지만 슬픔과 안타까움은 여전합니다. '아사비천'(我思肥泉)은 친정 위나라의 비천을 그리워하는[思] 것이고, '자지영탄'(玆之永歎)은 길게 탄식한다는 뜻입니다. '이 자(玆)'는 '이에 내(乃)'로 보시면 됩니다. '영탄'(永歎)은 길게 탄식하는 것이고요. '사수여조'(思須與漕)는 위나라의 '수읍'과 '조읍'을 그리워하는 겁니다. 이미 마음은 고향 땅에 가 있는 거예요. 어떤 주석가는 여기 나온 지명들, '비천', '수', '조'를 부모님의 상여가 경유하는 곳으로 보기도 합니다. 이렇게 보면 마음이 더 안 좋습니다. 지금도 해외에 살게 되어 부모님 임종을 놓치고, 장례에도 참석하지 못하는 경우가 있지요. '아심유유'(我心悠悠), 내 마음이 아득히 그곳에 가 있는 것이지요. '유유'는 '생각이 긴 것'으로 생각을 멈출 수 없는 것입니다. 이 구절을 읽으면서 '군대 간 아들이 생각난다', '내 마음이 꼭 이렇다'라고 하시는 어머님들이 계신데요. 그렇지요, 마음이 멀리 떨어져 있는 아들, 딸 있는 곳에 가면, 생각을 멈출 수 없지요.

'가언출유'(駕言出遊)의 '가'(駕)는 '말을 매는 것'으로 말과 수레를 굴대로 연결하는 것입니다. 그래야 수레에 타고 말을 몰고 달릴 수 있지요. 지금 이 여자는 '귀녕'은 포기했어요. 하지만 슬픔과 그리움으로 마음이 무겁지요. '출유'는 수레를 타고 나가서 노는 것인데, 이곳저곳을 드라이브하는 거예요. 그다음 '이사아우'(以寫我憂)의 '사'(寫)를 봐 주세요. '베낄 사'죠. 여기서는 근심을 풀어 버리는 것입니다. 잊을 수 없는 고통을, 수레 타고 나가 잠시 잊는 것이지요. 이 장에서 '나의 마음'[我心], '나의 근심'[我憂]에 주목해 주세요. 이런 고통은 누구와 나눌 수 없는 '나만의 것'이지만 21세기의 우리가 공감한다고, 말해 주고 싶네요.

15. 북문北門

出自北門 憂心殷殷.
출 자 북 문 우 심 은 은

북문으로 나오니,
걱정하는 마음 가득하네.

終窶且貧 莫知我艱.
종 구 차 빈 막 지 아 간

이미 구차하고 가난한데,
나의 어려움을 알아주는 이 없네.

已焉哉,
이 언 재

그만두자,

天實爲之 謂之何哉.
천 실 위 지 위 지 하 재

하늘이 실로 이렇게 만든 것이니,
말한들 무엇 하리.

王事適我 政事一埤益我.
왕 사 적 아 정 사 일 비 익 아

나랏일 나에게 몰려들며,
업무가 나에게 더해지네.

我入自外 室人交徧讁我.
아 입 자 외 실 인 교 편 적 아

내가 퇴근하면 / 가족들은 번갈아
나를 비난하는구나.

已焉哉,
이 언 재

그만두자,

天實爲之 謂之何哉.
천 실 위 지 위 지 하 재

하늘이 실로 이렇게 만든 것이니,
말한들 무엇 하리.

王事敦我 政事一埤遺我. 　나랏일 나에게 쌓이며,
왕 사 퇴 아 정 사 일 비 유 아 　업무가 나에게 넘어오네.

我入自外 室人交徧摧我. 　내가 퇴근하면
아 입 자 외 실 인 교 편 최 아 　가족들은 번갈아 내 기를 죽이네.

已焉哉, 　그만두자,
이 언 재

天實爲之 謂之何哉. 　하늘이 실로 이렇게 만든 것이니,
천 실 위 지 위 지 하 재 　말한들 무엇 하리.

　　　이번에는 〈북문〉이라는 시를 만나 볼까요? 우선 주자의 입장을 확인하고 가겠습니다.

　　위나라의 유능한 사람이 난세를 살면서 어리석은 군주를 섬겨 그 뜻을 얻지 못했다. 이런 상황으로 인하여 북문으로 나가서 시를 지어 스스로의 처지를 비유하였다. 또 가난한데도 다른 사람들이 알아주지 않는 것을 탄식하고 그 잘못을 하늘에 돌린 것이다.

衛之賢者, 處亂世, 事暗君, 不得其志.
위 지 현 자 　처 란 세 　사 암 군 　부 득 기 지
故因出北門而賦以自比. 又歎其貧窶, 人莫知之,
고 인 출 북 문 이 부 이 자 비 　우 탄 기 빈 구 　인 막 지 지
而歸之於天也.
이 귀 지 어 천 야

앞의 〈간혜〉에서는 위나라의 현자가 뜻을 펴지 못하고 악사가 되었지요. 〈북문〉의 현자는 '암군'(暗君), 즉 사리분별을 제대로 못하는 어리석은 군주 밑에서 벼슬을 하고 있군요. 하지만 궁색하고 가난하다고 하니 낮은 직책이겠지요. 월급은 적고 일만 많은. 지금 이 사람은 자신의 처지, 마음을 알아줄 사람을 간절히 원하고 있죠. 하지만 우리 모두 이런 사람을 만나기 어렵다는 것을 잘 압니다. 난세에 모두 어렵게 살다 보니 옆 사람의 고통에 무감각해지는 거겠지요. 오직 자신의 처지를 원망할 뿐! 각자도생의 세상살이가 이렇지요.

이 시는 크게 세 번 정도 읽은 후에 풀이를 보시면 좋습니다. 3장이고 매 장이 7구인 작품인데, 장마다 뒤의 3구가 같지요. '어쩔 수 없다', '그만두자' 하면서요. 후렴구인데요. 이렇게 후렴구가 있다면 이 노래는 선창, 후창으로 불렀을 가능성이 있습니다. 『시경』에는 이처럼 선창-후창의 구조가 종종 나옵니다. 아! 엠티 가서 기타 치면서 삼삼오오 모여 노래 부르던 때가 생각나신다고요. 그렇네요. 그렇게 노래 부를 땐 슬픈 노래도 소리 높여 부르곤 했지요.

① 出自北門 憂心殷殷 終窶且貧 莫知我艱

　 已焉哉 天實爲之 謂之何哉

'출자북문'(出自北門)에서 '북문'은 양지를 등지고 음지를 향해 있지요. 화자가 이렇게 양지를 등지고 북문으로 나오네요. 실제로 북문으로 퇴근을 하는 모습을 그린 것일 수도 있지만 여기서는 '어지러운 세상'[亂世]에 '무능한 군주'[暗君]를 섬길 수밖에 없는 자신의 처지를 비유하는 것이죠. 희망이 보이지 않으니까요. 해가 지고 어둑어둑한 시간에 추운 북문으로 퇴근한다면, 신세 한탄이 저절로 나오겠지요. '우심은은'(憂心殷殷), 걱정하는 마음(憂心)이 '은은'하다고 하네요. '은은'은 부사로 '근심하는 모양'이지요. 같은 글자가 반복되어 부사가 된 것입니다. '성할 은(殷)' 자는 왕조 이름으로 더 익숙하실 거예요. 갑골문(甲骨文)의 나라이지요.

　 '종구차빈'(終窶且貧), 다시 '종(終) ~ 차(且) ~' 구문이 나왔군요. '이미 구차하고 또 가난하다'고 풀겠습니다. '가난할 구(窶)'를 '구차'(苟且)라고 풀었는데요. 그런데 '구차'는 무엇인가요? '구(窶)'를 주자는 '가난하여 예의를 차릴 수 없는 것'이라 했어요. '가난'은 살림살이가 넉넉지 않은 거예요. 그런데 '구차한 것'은 사람이 살다 보면 손님이 오기도 하고, 나도 누구를 만나야 하는데 대접이나 차림새가 옹색하고 추레한 것이죠. 변변한 외출복도 차비도 없고, 차 한 잔 할 돈도 없으면 마음이 위축되지요. 예의를 차릴 수 없는 딱한 처지입니다. '막지아간'(莫知我艱)에서 '어려울 간(艱)'은 '어려운 난(難)' 자와 혼동하기 쉽지요. '간난'(艱難)이란 단어도 있는데요. '가난'이 이 '간난'에서 나온 말입니다. '막지아간'은 '나의 어려운 처지를 알아주는 사람이 없다'는 뜻이죠. 이럴 때 정말 답답하고 고단합니다.

다음으로 후렴구인 '이언재 천실위지 위지하재'('已焉哉 天實爲之 謂之何哉), 이 세 구절은 이후 장들에서도 동일하게 반복됩니다. '이언재'는 '그만두자' 또는 '어쩔 수 없다'로 풀 수 있는데, 어떤 해석이든 다 좋습니다. 나의 딱한 처지를 알아주는 사람 하나 없는 현실, 이 모든 것을 받아들이는 거지요. 왜일까요? 내 뜻대로 할 수 없으니까요. '천실위지'(天實爲之), '참으로 하늘이 이렇게 만든 것'이지요. '시운'(時運)이 그러니 어떻게 하겠어요. '위지하재'(謂之何哉)는 '내가 이런저런 소리를 해도 무슨 소용인가'라는 뜻입니다. 이제는 걱정도 원망도 그만두겠다고 하고 있네요. 그런데 정말 그게 가능할까요? 이런 구절을 만날 때마다 포기일까, 현명하게 자신이 처한 상황을 받아들이는 것일까, 의문이 들지요. '아

휴, 어쩔 수 없지' 하면서 살고 있는 현재 우리의 모습이기도 하니, 더욱 공감이 갑니다.

② 王事適我 政事一埤益我 我入自外 室人交徧讁我
　已焉哉 天實爲之 謂之何哉

'왕사적아'(王事適我)에서 '왕사'(王事)는 왕명으로 하는 일이지요. '적'(適)은 '가다'[之]인데, '왕사'가 나에게 집중되는 걸 말합니다. 어느 조직이나 담당업무[職]가 중요하죠. 업무 분장이 되어 있지만 일이 이 사람에게 몰립니다. 사람이 부족하거나 누군가가 자신의 일을 제대로 하지 않는 것이겠죠. '정사일비익아'(政事一埤益我)에서 '정사'는 '나라의 정사'로 행정 일반 업무입니다. '일'(一)은 부사로 '모두'의 뜻입니다. '더할 비(埤)'는 '후하게, 많이'라는 부사로 '비익'은 일이 많이 몰리는 겁니다. 이 사람은 '왕사'를 맡고 있는데, '정사'도 몰려드네요. 그 고단함이 말할 수 없겠지요. 낮은 자리에서 일만 죽어라 하고 살림은 가난합니다.

　'아입자외'(我入自外)는 '내가 밖에서 들어오니'라는 뜻이니, 이제 퇴근해서 집에 온 것이지요. 그런데 '실인교편적아'(室人交徧讁我)라고 하네요. '실인'(室人)은 아내나 가족을 말합니다. 1970년대만 해도 아내를 말할 때 '내자'(內子), '내실'(內室), '집사람'이라고 했지요. '~ 엄마'라고 해서 아이 이름을 넣기도 했고요. '부인'(夫人)은 원래 '다른 사람의 아내'를 높이는 말인데, 지금은 자신의 아내도 '부인'이라고 하죠. "나중에 부인에게 물어서 결정하겠다", 이런 식으로 이야기하는데, 뭔가 거절할 때 이렇게 말하더군요. 언제부터인가 '어부인'(御夫人)이란 단어가 들려서 사전에서 찾아 본 적이 있습니다. '영부인'(令夫人)의 방언이라고 나오더군요. 역시 자신의 '아내'에게 쓸 단어는 아닙니다. '실인'(室人)의 설명이 길어졌네요. '두루 편(徧)'은 '치우칠 편(偏)'과 다른 글자랍니다. 잘못 보기 쉽지요. '교편'(交徧)은 '교대로 돌아가며'가 됩니다. '적'(謫)은 '귀양가다, 꾸짖다 적(謫)'과 같은 글자랍니다. 여기서는 비난하는 걸 뜻하고요. 이 가족도 가난에 지친 거겠지요. 퇴근해서 온 남편, 아버지에게 '혼자 일만 하면 뭐 하나, 가족은 이렇게 가난하게 사는데…' 하고 돌아가면서 비난하는 겁니다. 이 남자는 직장에서도 집안에서도 고달프지요. 이후에 이어지는 후렴구는 앞 장과 같습니다. '어쩔 수 없다'는 절망, 자포자기가 더 강하게 전해지네요.

③ 王事敦我 政事一埤遺我 我入自外 室人交徧摧我
　　已焉哉 天實爲之 謂之何哉

'왕사퇴아'(王事敦我)의 '퇴'(敦)는 원래 '돈독할 돈'이지요. 여기서는 '퇴'로 읽고 '던지다'의 뜻으로 풉니다. '왕사'를 나에게 던지고 있군요. '정사일비유아'(政事一埤遺我), '남길 유(遺)'는 '더해지는 것'이지요. '왕사'를 마구 던지고 '정사'도 늘어나다니, 딱합니다. 지금 직장생활 하시는 분들, 격하게 공감하시는군요. 이럴 때 정말 고단하지요. "에잇, 사표를!" 하고 뛰쳐나오기도 쉽지 않고요. 이 장도 앞 장과 구조가 같습니다. '아입자외'(我入自外), 집으로 돌아오니, '실인교편최아'(室人交徧摧我)라고 하네요. '최'(摧) 자만 다르지요. '꺾을 최'로 '막다, 저지하다'라는 뜻입니다. 격무에 지쳐 퇴근했더니 집안 식구들이 돌아가며 이 사람을 비난하고, 그렇게 살지 말라고 가로막네요. 위로하기는커녕 기를 죽이고 있어요. '어쩔 수 없다'는 탄식이 나올 만하군요.

　　이 시의 인물처럼 나라 일을 아무리 열심히 해도 가난하다면 어떡해야 할까요? 주자는 이 시에 대한 자신의 입장을 양시(楊時, 1053~1135)의 말로 전합니다. 양시는 이정선생(二程先生: 정호와 정이)의 제자로 그 학통이 주자에게 전해졌지요. 좀 길지만 읽어 보겠습니다.

양씨[양시]가 말하였다. "진심으로 대하고 믿으며 녹봉을 많이 주는 것은 선비를 권면하는 방법이다. 위나라의 충신이 구차하게 사는데도 그 어려움을 알아주지 않는다면 이는 선비를 권면하는 도가 없는 것이니, 벼슬하여도 그 뜻을 펼칠 수 없다. 선왕은 신하 보기를 자신의 손발과 같이 여겼으니, 어찌 일을 던져 주고 그 어려움을 알아주지 않음이 있었겠는가. 그러나 이 시의 인물은 일을 가리지 않고 하고 자신의 처지를 편안히 여겨 원망하는 말이 없으니, 어찌할 수 없음을 알고 하늘에 죄를 돌린 것이다. 이 때문에 충신이 되는 것이다."

楊氏曰, 忠信重祿, 所以勸士也. 衛之忠臣,
양 씨 왈 충 신 중 록 소 이 권 사 야 위 지 충 신
至於窶貧而莫知其艱, 則無勸士之道矣,
지 어 구 빈 이 막 지 기 간 즉 무 권 사 지 도 의
仕之所以不得志也. 先王, 視臣如手足,
사 지 소 이 부 득 지 야 선 왕 시 신 여 수 족
豈有以事投遺之而不知其艱哉.
기 유 이 사 투 유 지 이 불 지 기 간 재
然, 不擇事而安之, 無懟憾之辭,
연 불 택 사 이 안 지 무 대 감 지 사
知其無可奈何而歸之於天, 所以爲忠臣也.
지 기 무 가 내 하 이 귀 지 어 천 소 이 위 충 신 야

〈북문〉을 충신의 시로 보고, 왜 충신인가를 말하고 있네

요. 이것은 「모서」에서 풍자시로 본 것을 바꾼 것입니다. 충신의 자작시로 보는 근거를 볼까요? 우선 '충신중록'(忠信重祿)이라는 말을 보겠습니다. 군주와 신하는 신의에 기초한 계약관계이지요. '오륜'에 '군신유의'(君臣有義)가 있는데요, '군주와 신하 사이에는 일정한 도리가 있어야 한다'는 겁니다. 그 도리가 바로 '충신'과 '중록'일지요. '충신', 서로 돈독한 신뢰관계이지요. '중록', 능력에 따라 먹고살 만큼의 녹봉을 주는 겁니다. 〈북문〉의 관료처럼 온갖 일을 다 하고도 가난을 벗어나지 못해 가족들의 맹비난을 받는다면, 그것은 안될 일이죠. '충신중록'이야말로 관료사회 구성원을 분발하게 하는 유인책인데, 지금 위나라에서는 그게 안 되고 있는 겁니다.

'군주가 신하를 자신의 손발처럼 귀하게 여긴다'는 말은 『맹자』「이루 하」편에 나옵니다. 맹자는 이렇게 말합니다. "군주가 신하를 자신의 손발처럼 여기면 신하는 군주를 복심(腹心: 배와 가슴)으로 여기고, 신하를 개나 말로 여기면 신하는 군주를 상관없는 사람(國人)으로 여기고, 신하를 토개(土芥: 흙덩이나 티끌)처럼 여기면 신하는 군주를 구수(寇讐: 적이나 원수)로 여긴다". 〈북문〉의 군주는 지금 신하를 개나 말로 부리고, 흙덩이처럼 하찮게 여기지요. 하지만 신하는 군주를 원망하지 않습니다. 하늘 탓을 할지언정. 그래서 주자는 양시의 의견을 인용해 '충신'이라고 본 것인데요. 글쎄요. 이에 대해서는 얼마든지 반론이 있을 수 있습니다. '충신'이라면 '충간'(忠諫)을 하고 벼슬을 버려야지, 이렇게 구차하게 사는 게 맞나 하는 생각을 할 수 있겠죠. 그런데 지금 이 사람은 능력은 있지만 하관말직의 관료입니다. '충간'할 기회조차 없는. 나랏일을 그저 호구지책으로 삼고 있을 뿐이죠. '충신'의 도리를 논하기에는 상황이 좀 그렇지요.

16. 북풍北風

北風其涼　雨雪其雱
북 풍 기 량　우 설 기 방

북풍 차갑게 불고,
눈은 펑펑 내리네.

惠而好我　攜手同行
혜 이 호 아　휴 수 동 행

내가 사랑하고 나를 좋아하는 그대와
손 잡고 같이 떠나리라.

其虛其邪　旣亟只且
기 허 기 서　기 극 지 저

어찌 여유부리며 천천히 하랴
이미 다급해졌네.

北風其喈　雨雪其霏
북 풍 기 개　우 설 기 비

북풍 쌩쌩 불고,
싸락눈이 내리네.

惠而好我　攜手同歸
혜 이 호 아　휴 수 동 귀

내가 사랑하고 나를 좋아하는 그대와
손 잡고 함께 돌아가리.

其虛其邪　旣亟只且
기 허 기 서　기 극 지 저

어찌 여유부리며 천천히 하랴
이미 다급해졌네.

莫赤匪狐　莫黑匪烏
막 적 비 호　막 흑 비 오

붉지 않다고 여우가 아니며,
검지 않다고 까마귀가 아니랴.

惠而好我　攜手同車
혜 이 호 아　휴 수 동 거

내가 사랑하고 나를 좋아하는 그대와
손 잡고 함께 수레 타고 가리.

其虛其邪　旣亟只且
기 허 기 서　기 극 지 저

어찌 여유부리며 천천히 하랴
이미 다급해졌네.

원고를 고치고 있는 지금(2021년 11월) 드라마 「옷소매 붉은 끝동」이 인기입니다. 그런데 이 드라마에 바로 이 시가 나오네요. 세자 시절의 정조와 궁녀 성덕임(의빈 성씨)이 방문을 사이에 두고 이 시를 번갈아 읊는군요. 선남선녀가 시를 주고받는 모습이 아름답네요. 그리고 얼마나 반갑던지! 정조는 여러 신하들과 꾸준히 '시경강의'(詩經講義)를 진행하기도 한 호학군주(好學君主)이지요.

드라마에서는 사랑의 연가였지만 사실 이 시는 국가의 위기가 닥치는 상황에서 사랑하는 사람과 급하게 피신하는 사람이 부르는 노래입니다.

① 北風其涼 雨雪其雱 惠而好我 攜手同行
　其虛其邪 旣亟只且

'북풍기량'(北風其涼)은 찬바람이 불어오는 모습입니다. '북풍'은 겨울에 북쪽에서 불어오는 바람이고, '량'(涼)은 '서늘할 량'이니, '한기'(寒氣)를 품고 있는 바람이 불고 있는 것이지요. '우설기방'(雨雪其雱)에서 '비 우(雨)'는 비나 눈이 '내린다'라는 동사입니다. '방'(雱)은 '눈 펑펑 쏟아질 방'이고요, 차가운 북풍이 몰아치고 눈은 펑펑 쏟아지고 있네요. 여기서

내리는 눈은 낭만과는 거리가 멉니다. 북풍이 불고 눈이 내리는 것[北風雨雪]으로 국가의 위기가 닥쳤는데 날씨까지 참혹한 것을 비유했거든요. 원래 동양 문화권에서 눈을 바라보는 정서는 고적함, 단절감입니다. 눈이 오기를 기다리고 기뻐하면서 약속을 정하는 것은 현대인의 감성이지요.

'혜이호아'(惠而好我)의 '은혜 혜(惠)'는 여기서는 '사랑'입니다. '나를 사랑하고 좋아하는 사람', '서로 사랑하는 사람'이지요. '휴수동행'(攜手同行)은 '손을 잡고[攜手] 같이 떠나리라[同行]'라는 뜻입니다. '휴'(攜)는 '끌 휴'로 '이끌 휴(携)'와 같은 글자입니다. 『시경』에서 집을 떠나는 것은 전쟁에 참전하는 것이거나 남녀의 애정도피이지요. 아니면 생활고로 유리(流離)하는 경우도 있고, 이 시처럼 피난이나 망명을 하는 경우도 있습니다. 그런데, '나라가 위난에 처했으면 남아서 나라를 지켜야 하는 거 아닌가'라고 생각하는 분들도 있겠지요. 군주가 민심을 얻었다면 그렇게 하겠지요. 결사항전의 자세로 모두 성곽 위로 올라갈 수 있습니다. 하지만 군주가 무능하거나 잔인하다면 백성들은 일말의 미련도 없이 훌훌 떠나갑니다. 정치를 잘한다고 소문이 난 인근의 제후국으로 몰려가는 거죠. 맹자는 '어진 정치를 하면 사방의 백성들이 짐을 지고 아이들 손을 잡고 찾아온다'고 했는데, 바로 이런 상황에서 나온 말입니다.

'기허기서'(其虛其邪)의 '빌 허(虛)'는 여기서는 '여유 있는 모습입니다. '서'(邪)는 주로 '간사할 사'로 쓰이지만 여기서는 '서'라고 읽고 '느리다, 느긋하다'의 뜻이죠. '천천히 서(徐)'로 되어 있는 판본도 있답니다. 그래서 '기허기서'는 '어찌 여유부리며 천천히 하랴', 이렇게 풉니다. '기극지저'(旣亟只且)의 '극'(亟)은 뜻과 음이 둘입니다. '빠를 극', '자주 기'인데, 여기서는 '급하다'라는 뜻이니 '극'으로 읽습니다. 환란이 다가오고 있는 겁니다. 손잡고 서둘러 떠나야지요. '지저'(只且) 두 글자는 어조사로 해석하지 않는답니다.

② 北風其喈 雨雪其霏 惠而好我 攜手同歸
   其虛其邪 旣亟只且

2장은 1장과 구조가 같죠. 다른 글자만 살펴보면 될 듯합니다. '북풍기개'(北風其喈)의 '새소리 개(喈)'가 여기서는 '바람이 빠르게 부는 소리'입니다. '우설기비'(雨雪其霏)에서 '눈 펄펄 내릴 비(霏)'는 '눈이 흩어져 날리는 모습'으로 쓰였습니다. 센 북풍에 눈발까지 흩날리는군요. 마음이 무겁지요. '혜이호아 휴수동귀'(惠而好我 攜手同歸)에서는 앞의 '동행'이 '동

귀'로 바뀌었군요. 주자는 '돌아갈 귀'를 '떠난 후에 돌아오지 않겠다는 뜻'으로 보았네요. 혼란한 나라를 버리고 영영 떠나가는군요. 망국(亡國)의 날이 얼마 남지 않았습니다.

③ 莫赤匪狐 莫黑匪烏 惠而好我 攜手同車
其虛其邪 旣亟只且

1, 2장에서 '북풍'으로 국가의 위난(危難)을 비유했는데, 여기서는 '여우'[狐], '까마귀'[烏]가 나오네요. '막적비호 막흑비오'(莫赤匪狐 莫黑匪烏)에서 '막(莫) A 비(匪) B'는 'A하지 않다고 B가 아니랴'라고 풀 수 있습니다. '붉지[赤] 않다고 여우[狐]가 아니며, 검지[黑] 않다고 까마귀[烏]가 아니랴!'라는 뜻이지요. 이게 무슨 말일까요? 이 두 동물은 '불길한 동물'로 사람들이 미워하지요. 인간 중심의 편견이지만 어쩌겠어요. 그런데 작중화자 눈에는 나라 안에 붉지 않고 검지 않지만, 즉 사람 모양을 하고 있지만 여우, 까마귀처럼 불길한 이들만 가득해 보이는 겁니다. 이 나라가 위태롭다는 것을 알 수 있겠지요. 빨리 떠날 수밖에요.

'혜이호아'(惠而好我)는 앞과 같고요. '휴수동거'(攜手同車), 이번에는 손잡고 수레를 타고 가는군요. 주자는 '동행',

'동귀'가 신분이 낮은 사람들이라면 '동거'는 귀한 자도 떠나는 것이라 봤는데, 지나치게 천착한 것 같네요. 아마도 주자는 백성과 귀족이 모두 떠나는 희망 없는 나라에 대해 말하고 싶었겠지만, 일반적으로 노랫말은 장을 바꿀 때마다 글자에 변화를 준다는 정도로 이해해도 될 듯합니다. 실제로 『사기』「위강숙세가」와 『춘추좌씨전』을 보면 위나라가 적인(狄人)의 공격으로 망하고 도읍을 옮기는 내용이 나옵니다. 뒤에서 읽을 〈용풍〉에도 관련 작품이 나오니, 그때 다시 살펴보기로 하지요.

17. 정녀静女

靜女其姝 俟我於城隅
정 녀 기 주　사 아 어 성 우

참한 아가씨 아름다워라!
성 모퉁이에서 나를 기다리네.

愛而不見 搔首踟躕
애 이 불 견　소 수 지 주

사랑하지만 볼 수 없어서,
머리를 긁적거리며 망설이노라.

靜女其孌 貽我彤管
정 녀 기 련　이 아 동 관

참한 아가씨 아름다워라!
나에게 붉은 붓통을 주네.

彤管有煒 說懌女美
동 관 유 위　열 역 녀 미

붉은 붓통 아름다우나,
그대의 아름다운 모습이 좋아라.

自牧歸荑 洵美且異
자 목 귀 제　순 미 차 이

들판에서 삘기를 주노라.
참으로 아름답고 별미로다.

匪女之爲美 美人之貽
비 녀 지 위 미　미 인 지 이

삘기가 좋은 것이 아니라
아름다운 이가 주어서라네.

① 靜女其姝 俟我於城隅 愛而不見 搔首踟躕

청춘 남녀의 연애시가 등장했습니다. 〈북문〉, 〈북풍〉의 어두운 분위기가 화사하게 바뀌니 좋습니다. '정녀'(靜女)는 참한 아가씨, 연인을 뜻하지요. '고요할 정(靜)'이지만 사람에게 쓰면 '참하고 단아한 자태'를 말합니다. '정녀기주'(靜女其姝)에서 '주'(姝)는 '아름다울 주'로 아름다운 용모를 말하고요. '사아어성우'(俟我於城隅), 그렇게 아름다운 여인이 나와 성 모퉁이에서 만나기로 했군요. '사'(俟)는 '기다릴 사'이고 '성우'(城隅)의 '우'(隅)는 외진 모퉁이를 말합니다. 이때는 성 모퉁이가 사람들 눈에 잘 띄지 않는 곳이었군요. 어느 시대에나 남녀가 만남을 약속하는 장소가 있지요. 예전에는 절, 교회, 학교, 경양식 집, 버스 정류장…, 이런 곳이었는데, 요즘은 주로 카페에서 만나시겠죠?

이렇게 만나기로 했는데, '애이불견'(愛而不見)이라고 하네요. 만나기로 약속했던 사랑하는 그 사람을 만나지 못했군요. '불견'(不見)은 약속은 했지만 오지 않는 겁니다. '소수지주'(搔首踟躕)에서 '소'(搔)는 '긁을 소'이니 '소수'(搔首)는 머리를 긁는 것이지요. 바람을 맞아서 머쓱해 하고 있는 거죠. 무슨 일이 있나 하고, 머리를 긁적이고 있습니다. 그다음 '지

주'(踟蹰)는 '머뭇거릴 지', '머뭇거릴 주'인데, 지금은 '주저'(躊躇)란 단어를 쓰지요. 발길이 떨어지지 않아 머뭇거리는 겁니다.

이렇게 1장을 해석해 보았습니다. 저는 이 작품을 청춘남녀의 연애시라고 봤는데, 주자는 입장이 다릅니다. 주희 선생님은 '음분한 자가 만남을 약속한 시'라고 단언을 하시네요. '음분'(淫奔)이 무엇일까요? '음란할 음', '달아나다 분', 두 글자가 합쳐진 '음분'은 한마디로 비정상적인 남녀 관계를 말합니다. 아니, 남녀 사이에서 정상은 무엇이고 비정상은 무엇이냐는 반론이 나올 수 있지요. 그렇습니다. 지금의 시선으로 보면 청춘남녀가 성 모퉁이에서 만나겠다는데, '왜? 적극 권장은 못할망정'이라고 하겠지만, 12세기 남녀유별의 시대를 살았던 주자에게 자유연애는 '음분'이었지요. 1970년대에도 연애하다 아버님께 야단맞고 쫓겨나는 일이 심심찮게 있었다고 하면, 지금 젊은 분들은 믿으시려나요. 그 당시 모든 연애는 '비밀 연애'였답니다.

그런데 주자의 해석대로라면 '공자님은 왜 이런 작품들을 남겨 놓으셨나?' 하는 궁금증이 생깁니다. 이걸 놓고 많은 사람들이 고민했지요. 풍자(諷刺)로 보기도 하고 금지(禁止), 경계(警戒)의 의도가 있었다고 하기도 하고. 저처럼 당대에 이미 많은 사람이 좋아하던 유행가라 남긴 것이라고 추정하기도 하고⋯. 현재까지 결론은 없습니다. 그냥 아름다운 연인이 등장하는 사랑스럽고 마음이 훈훈해지는 작품으로 읽는 것이 좋을 듯합니다.

② 靜女其孌 貽我彤管 彤管有煒 說懌女美.

'정녀기련'(靜女其孌)의 '아름다울 련(孌)'은 '좋아하는 모습'입니다. 두 연인이 드디어 만났군요. '이아동관'(貽我彤管), 더구나 선물까지 주네요. '줄 이', '나 아' '붉을 동', '대통 관'인데, '동관'(彤管)은 붉은 붓 혹은 붉은 붓통입니다. 피리로 보는 사람도 있습니다. '동관'에 대해서 주자는 '무슨 물건인지 확실하지 않다'고 하셨군요. '동관'을 '대에 붉은 칠을 한 붓'으로 궁 안의 일을 기록하는 '여사'(女史)가 쓰던 붓이라는 등 남아 있는 해석이 복잡하기 때문이지요. 연애하는 남녀는 선물을 주고받으며 은근한 뜻을 전하지요. 그래서일까요? 마지막까지 고민하다가 신중하게 고르고 정성껏 포장합니다. 온 마음을 다 담아서. 하지만 과하면 부담이고 빚이지요. 연인 사이에 명품 백 같은 고가의 선물이 오간다, 돌려받았다 등등의 말을 들으면 저절로 한숨이 나옵니다. 은근한 뜻은 어디로 간 걸까요?

'동관유위'(彤管有煒), 붉은 붓통이 아름답게 빛나는군요. '위'(煒)는 '붉게 빛나는 모습'입니다. 연인의 선물은 아무리 작은 것이라도 환하게 빛나지요. '열역녀미'(說懌女美)의 '說'은 '기뻐할 열'로 읽고, '역'(懌)도 '기쁘다'라는 뜻입니다. '여자 녀'(女)는 '너'라는 뜻이지요. 선물도 좋지만 선물을 준 그대가 더 아름답다, 나를 더 기쁘게 한다는 고백입니다. 멋있네요.

③ 自牧歸荑 洵美且異 匪女之爲美 美人之貽

이제 이 커플이 들판으로 나갔군요. '자목귀제'(自牧歸荑)의 '스스로 자(自)'는 '~부터', '~에서'로 풉니다. '목'(牧)은 '말과 소를 들판에 놓아기르는 곳'이지요. 여기서는 '들판'입니다. '귀'(歸)는 '주다'인데, 들판의 '삘기'를 건네는군요. 웬 '삘기'? 저는 『시경』을 읽다가 이런 단어가 나오면 바짝 긴장합니다. 여러 번 말씀드렸지만 제가 '조수초목지명'(鳥獸草木之名)에 약하잖아요? 이 글자는 '베다 이(荑)'인데 '삘기'로 쓰일 때는 '제'로 읽습니다. 주에는 '삘기'가 '띠풀이 처음 나온 것'이라 했지만 뭔지 알 수 없지요. 검색을 해야 합니다. '띠의 어린

꽃이삭'이라 합니다. 지역에 따라 '삐비'라고도 하네요. 삘기를 씹으면 껌처럼 달착지근한 물이 나온다고 하고요. 아! 어릴 때 많이 씹었다고 하시는 분도 계시는군요. 반갑습니다. 음력 3월 전후에 어린아이들이 삘기 뽑기를 하며 놀았고 보릿고개에 삘기로 허기진 배를 달랬다는 내용도 있습니다. 여기서는 사랑하는 사람에게 꽃이삭을 건넵니다. 마음을 담아서.

'순미차이'(洵美且異)의 '순'(洵)은 '참으로'라는 부사입니다. 여기서 '미'(美)는 '삘기가 맛있다는 것'을 표현한 것이지요. 그럼 '다를 이(異)'는 무슨 뜻인가요? 특별하다는 겁니다. 들판에 지천으로 있는 띠풀이지만, 사랑하는 사람이 준 것이니까요. 사랑에 빠지면 이렇게 되지요. 같이하는 시간이 마법을 부립니다.

'비녀지위미'(匪女之爲美)에서 '녀'(女)는 '너'인데, 여기서는 애인이 아니라 삘기를 말합니다. 삘기가 맛있고 특별하지만, 삘기 자체가 아름다운 것은 아니지요. '미인지이'(美人之貽), '미인', 사랑하는 여인이 주었기 때문에 맛도 있고 특별하다는 겁니다. 우리도 이 마음 알 수 있지요. 군밤, 호떡, 국화빵 같은 흔한 길거리 음식도 애인과 같이 먹으면 별미니까요.

이렇게 〈정녀〉를 다 읽었습니다. 3장이고 각 장이 4구인 시였고요. 이 시 이후에 '정녀'는 '애인', '사랑하는 사람'이란 뜻이 되었고, '동관', '삘기'도 연인의 선물이 되었지요. 실제로는 고가의 선물을 주고받으면서도 '동관', '삘기'를 줬노라, 말하기도 했고요.

18. 신대新臺

新臺有泚 河水瀰瀰
신 대 유 자　하 수 미 미

신대는 화려하고,
하수는 넘실넘실.

燕婉之求 籧篨不鮮
연 완 지 구　거 저 불 선

아름다운 사람을 구했건만
추한 늙은이가 적지 않구나.

新臺有洒 河水浼浼
신 대 유 최　하 수 매 매

신대는 높고,
하수는 찰랑찰랑.

燕婉之求 籧篨不殄
연 완 지 구　거 저 부 진

아름다운 사람을 구했건만
추한 늙은이가 없어지지 않는구나.

魚網之設 鴻則離之
어 망 지 설　홍 즉 리 지

어망을 설치했는데,
기러기가 걸려들었네.

燕婉之求 得此戚施
연 완 지 구　득 차 척 시

아름다운 사람을 구했건만
이 추한 늙은이를 얻었네.

　　　〈신대〉와 다음에 나오는 〈이자승주〉는 충격적
실화를 배경으로 합니다. 약간의 사전 지식이 필요하지요.
우선 〈신대〉에 대한 주자의 주부터 볼까요?

구설에서 이렇게 말했다. 위나라 선공이 그 아들 급을 위하여 제나라 여자와 결혼을 추진했다. 하지만 며느릿감이 아름답다는 말을 듣고 자신이 그녀와 결혼하고 싶었다. 이에 황하가에 신대를 지어 그녀를 맞이하니, 나라 사람들이 그것을 추하게 여겨 이 시를 지어 그를 풍자하였다.

舊說, 衞宣公爲其子伋, 娶於齊. 而聞其美, 欲自娶之,
구 설   위 선 공 위 기 자 급   취 어 제   이 문 기 미   욕 자 취 지
乃作新臺於河上而要之, 國人惡之, 而作此詩以刺之.
내 작 신 대 어 하 상 이 요 지   국 인 오 지   이 작 차 시 이 자 지

주자도 「모서」처럼 〈신대〉를 위나라 선공(宣公)을 풍자한 작품으로 봅니다. 예비 며느리가 예쁘다고 자기가 취하다니. 어이가 없으시겠지만, 이런 일이 종종 일어나지요. 나중에 초 평왕(平王)도 며느릿감과 결혼하는 바람에 오자서의 대복수극에 단초를 제공했지요. 하긴 양귀비도 며느리였네요. 제후와 귀족들에게 상식적인 윤리 도덕을 기대하시면 안 됩니다. 대부분 인격이랄 것이 없어요. 광폭(狂暴)했지요. 절대권력을 제멋대로 휘둘렀으니까요.

선공은 장공(莊公)의 아들입니다. 네, 그렇습니다. 우리가 〈백주〉, 〈녹의〉, 〈연연〉, 〈종풍〉에서 봤던 비운의 여성 장강(莊姜)의 남편이지요. 〈연연〉에서 장강이 키운 공자 완(환공)이 주우에게 시해된 사건이 나왔는데요. 그 주우도 민심

을 얻지 못하고 죽지요. 그후에 세운 군주가 장공의 또 다른 아들 선공입니다. 이런 일이 있었으니, 민심을 잘 수습하고 나라를 안정시켰으면 좋으련만. 역사는 기대대로 되지 않지요. 위나라의 혼란은 장공의 두 아들(환공과 주우)이 죽이고 죽는 권력투쟁(BC 719)에서 시작됩니다. 그 후 선공, 혜공(惠公)을 거쳐 의공(懿公) 때에 적인(狄人)의 공격으로 군주가 죽고 나라가 멸망하는 것(BC 660)으로 일단락되지요. 혼란기가 무려 60여 년이나 계속되었습니다. 그 과정에서 〈북문〉, 〈북풍〉 같은 작품이 나왔고요. 그럼 위나라는 이렇게 역사에서 사라졌을까요? 아닙니다. 사위였던 송 환공, 패자였던 제 환공의 원조로 도읍을 옮기고 재건합니다. 위의 멸망과 재건 과정은 뒤에서 읽을 「용풍」의 〈정지방중〉, 〈재치〉에 나옵니다.

① 新臺有泚 河水瀰瀰 燕婉之求 籧篨不鮮

'신대유자'(新臺有泚)에서 '신대'는 위선공이 새 아내로 삼은 제나라 제후의 딸 선강(宣姜)을 위해 신축한 누각입니다. '맑을 자(泚)'는 '선명한 것'이니 누대의 규모가 대단하고 화려하군요. '하수미미'(河水瀰瀰)는 '물 넓을 미(瀰)'로 '미미'는 물이 성대하게 흐르는 모양입니다. 군주들은 부도덕한 일을 저지를 때에 꼭 어마어마한 건물을 지어 권력을 과시하지요. 우스운 일입니다.

'연완지구'(燕婉之求), '제비 연(燕)'은 '편안함'[安], '순할 완(婉)'을 '순함'[順]이라 하여 '편안한 결혼 생활'로 봤습니다. '연'을 '아름다울 연(嬿)'의 뜻으로 보아 '연완'(嬿婉)을 '아름답고 순한 사람', 즉 선공의 아들 급(伋)을 가리키는 말로 봐도 좋지요. 젊고 훌륭한 남편과의 편안한 결혼 생활을 원했지만…. '거저불선'(籧篨不鮮), '대자리, 새가슴 거(籧)', '대자리, 새가슴 저(篨)'인데, 낯선 단어입니다. '거저'는 원래 대나무 자리[竹席]를 말합니다. 이것을 엮어서 곳집을 만들기도 하지요. 그런데 그 곳집의 모양이 붓고 종기가 있는 사람이 몸을 굽히지 못하는 모습과 비슷한 거예요. 그래서 '거저'가 몸을 구부리지 못하는 병 이름이 되었답니다. 이렇게 대부분의 글자 용례는 우리의 생활 속에서 만들어지지요. 여기서 '거저'는 늙고 추한 사람, 즉 선공을 말합니다. '불선'(不鮮)의 '고울 선(鮮)'은 '적다'[少]는 뜻으로 '저런 추악한 인간이 적지 않구나, 여기에도 있구나' 정도의 의미가 됩니다. 꼭 집어 선공을 지목할 수 없어서 '거저'라 하고 그런 사람이 적지 않다고 한 것이죠. 당시 사람들이 제후 집안의 스캔들을 풍자하는 방식입니다. 내용은 신랄하게, 대상은 애매하게!

② 新臺有洒 河水浼浼 燕婉之求 籧篨不殄

'신대유최'(新臺有洒)의 '洒'는 '씻을 세', '물 뿌릴 쇄'인데 여기서는 '우뚝할 최'로 '높은 모양'입니다. 글자의 음과 뜻이 모두 바뀌었군요. 『시경』을 공부할 때는 알던 글자들이 다른 음, 다른 뜻으로 나와 힘들지요. 저의 경우에는 '시'의 용례는 그럴 수 있지, 하면서 받아들이니까, 그다음부터는 공부가 편해졌습니다. 이런 글자가 나오면 '그러려니' 하시는 것도 필요하답니다. 참고로 '최'(洒)는 '쇄'(灑)와 같은 글자입니다. '쇄소응대'(灑掃應對)는 물 뿌리고 비질하고, 손님 오시면 안으로 모시고, 응답하는 일인데, 어른들은 이것이 공부의 시작이라고 하셨지요. 지금은 이런 교육을 소홀히 하지만요. 꼼짝 말고 공부만 하라고 하잖아요. 꼼짝 않고 할 수 있는 건 게임이지 공부는 아니지요.^^ '하수매매'(河水浼浼)의 '매매'(浼浼)는 '물이 펀펀히 넘실넘실 흐르는 모양'입니다. '더럽힐 매' 자인데, 글자가 겹쳐져 의태어가 되었네요. '연완지구 거저부진'(燕婉之求 籧篨不殄)은 앞과 한 글자만 다르네요. '진'(殄)은 '다하다, 끊어지다'로 추악한 인간이 없어지지 않는다는 탄식, 풍자입니다.

③ 魚網之設 鴻則離之 燕婉之求 得此戚施

여기서부터는 더 직접적으로 비꼬는군요. '어망지설'(魚網之設)은 물고기 그물[魚網]을 펼쳐 놨다[設]는 거고요. '홍즉리지'(鴻則離之)는 큰기러기가 잡혔다는 겁니다. 이런 경우도 있나요? 물고기 그물에 기러기가 잡히다니. 있을 수 없는 일이 일어났다는 풍자지요. '홍즉리지'의 '이별할 리(離)'는 '걸릴 리(麗)'입니다. '리'에는 '떠나다, 만나다, 배반하다, 부착하다' 등등 뜻이 많아서 매번 맥락을 살펴야 하지요. 다음의 '연완지구'(燕婉之求)는 앞과 같고요. '득차척시'(得此戚施)에서 '척시'는 '친척 척', '베풀 시'인데 두 글자를 합치면 병이름이 됩니다. '고개를 들지 못하는 병'입니다. '거저'가 '고개를 숙이지 못하는 병'이었지요. '거저', '척시', 모두 늙고 추악한 사람을 말합니다. 물론 혼인의 상대도 아니었고요. 이후 선강은 어떻게? 혹시 불행, 우울을 예상하셨다면 한참 벗어납니다. 유향은 『열녀전』에서 「얼폐전」(孽嬖傳)에 <위선공강>(衛宣公姜)을 넣었답니다. 나라를 혼란, 망국으로 이끈 여인들을 모아 놓은 것이 「얼폐전」인데, 선강도 이런 여인이라고 본 것이죠. 역사를 보면 이런 여인들이 많이 나오죠. 그런데 여러분! 한 나라가 여인의 미모, 권력욕으로 망했다고 볼 수는 없지요. 하 걸왕과 말희, 은 주왕과 달기, 주 유왕과 포사, 당 태종과 양귀비…. 이렇게 무능하고 포악한 군주와 미모의 여인을 파트너로 묶어서 경국(傾國), 망국(亡國)의 스토리를 짜는 것일 뿐이죠. 모든 역사극은 '악녀'가 등장해야 재밌습니다. 만약 '악녀'가 없다면? 밋밋한 교훈극이지요. 저는 바로 채널 돌립니다.

19. 이자승주二子乘舟

二子乘舟 汎汎其景
이 자 승 주 범 범 기 영

두 공자 배를 타고 가니,
그림자 어른어른.

願言思子 中心養養
원 언 사 자 중 심 양 양

그리워하고 그대들을 생각하니,
마음이 울렁울렁.

二子乘舟 汎汎其逝
이 자 승 주 범 범 기 서

두 공자 배를 타고,
두둥실 가고 있구나.

願言思子 不瑕有害
원 언 사 자 불 하 유 해

그리워하고 그대들을 생각하니,
어찌 해가 있지 않았을까?

<이자승주>은 <신대> 이후의 이야기입니다. '이자'(二子)는 선공의 두 아들 급(伋)과 수(壽)입니다. 이복 형제인데요, 수의 어머니가 선강입니다. 주자가 인용한 '구 설'(舊說)을 먼저 읽을까요? 관련 자료를 요령껏 요약했네요.

구설에서 말하였다. "선공이 급의 아내와 결혼하니 이 사 람이 선강이다. 그녀는 수(壽)와 삭(朔)을 낳았다. 삭과 선

강은 선공에게 급을 참소했다. 선공이 아들 급을 제나라의 사신으로 보내고, 자객에게 먼저 좁은 길에서 기다리다가 그를 죽이도록 하였다. 수가 그것을 알아채고 급에게 알렸다. 급이 말하였다. "군주의 명령이니 도망칠 수 없다." 수는 그의 사신 깃발을 훔쳐서 형보다 먼저 가니 자객이 그를 죽였다. 급이 그 장소에 이르러 말했다. "군주가 나를 죽이려 명령했는데, 수가 무슨 죄가 있는가?" 자객이 또 그를 죽였다. 나라 사람들이 이를 슬퍼하여 이 시를 지었다.

舊說, 以爲宣公納伋之妻, 是爲宣姜. 生壽及朔.
구 설 이위선공납급지처 시위선강 생수급삭
朔與宣姜, 愬伋於公, 公令伋之齊,
삭여선강 소급어공 공령급지제
使賊先待於隘而殺之. 壽知之, 以告伋.
사적선대어애이살지 수지지 이고급
伋曰, "君命也, 不可以逃." 壽竊其節而先往, 賊殺之.
급왈 군명야 불가이도 수절기절이선왕 적살지
伋至曰, "君命殺我, 壽有何罪?" 賊又殺之. 國人傷之,
급지왈 군명살아 수유하죄 적우살지 국인상지
而作是詩也.
이 작 시 시 야

이게 뭔가요? 가족 막장극이 따로 없군요. 어머니와 동생이 형을 참소하고 아버지는 자객에게 아들을 죽이라고 지시를 내리고. 그 와중에 급과 수, 두 형제는 아름다운 형제의 의리를 보여 주고. 결국 이 시는 두 형제의 죽음을 슬퍼하는 애도시입니다. 선공과 선강 일가의 만행에 대한 분노, 풍자도 있지요.

위 글은 『춘추좌씨전』 '노 환공 16년'(BC 696)과 『사기』 권 37 「위강숙세가」의 내용을 축약한 것입니다. 〈용풍〉에도 이 가족의 연대기가 계속 나오니, 여기서 약간 더 설명을 하고 가겠습니다.

우선, 아내로 정해졌던 여인을 아버지에게 뺏긴 태자 급은 어떤 사람일까요? 급은 선공의 전(前)부인 이강(夷姜)의 아들입니다. 『춘추좌씨전』에는 '급'이 '급자'(急子)로 나옵니다. "위선공이 이강과 결혼하여 급자를 낳고 우공자에게 그를 맡겼다"[衛宣公烝于夷姜, 生急子, 屬諸右公子]고. 그런데 결혼을 '증'(烝)이라 표현했네요. '증혼'(烝婚)을 했다는 건데, '증혼제'는 '잉첩제'와 같이 당시의 결혼제도입니다. 다만 점차 사라지고 있었지요. '증'은 자신보다 위계가 높은 여인과 결혼하는 경우에 쓰는 글자인데요. '증혼제'는 생모가 아닌, 자기 아버지의 아내였던 여자와 결혼하는 것입니다. 결국 급의 어머니 이강은 위 장공의 아내였다가 다시 위 선공의 아내가 되어 급을 낳은 것이지요. 급의 입장에서 보면 선공은 이복형님이자 아버지가 됩니다.

지금 보기에는 이상한 일이지요. 그런데 이것은 아주 오래된 결혼 풍습이에요. 기원전 7세기, 춘추시대 초반까지 중국에 이런 결혼제도가 남아 있었던 거죠. 고구려 초기에 있었던 형사취수제(兄死娶嫂制)가 '증혼제'의 한 유형입니다. 『삼국사기』에 고국천왕의 비 우씨(于氏)가 시동생인 상산왕과 결혼하는 과정이 나와 있지요. 인류학자들은 부여, 고구려, 흉노, 선비 등 북방민족의 결혼 풍속이라고 하는데, 중원에도 이런 풍속이 있었답니다. 후대에는 당태종의 여자였던 측천무후가 아들인 고종의 아내가 된 경우도 있고요. 이런 결혼을 권력과 함께 여자를 포함한 모든 재산을 상속받는 것으로 볼 수도 있지요. '증'을 '간통했다'고 번역하기도 하는데, 그건 아닙니다. 몰래 하는 비정상적 결합이 아니라 공인된 제도였습니다. 온 나라 사람들이 당연한 것으로 받아들이는….

『사기』「위강숙세가」를 보면 선공이 이강을 사랑했고, 아들 급이 태어나자 태자로 삼았다고 합니다. 하지만 선강과 결혼하고 수와 삭이 태어나면서 상황이 변하지요. 더구나 급의 생모 이강은 자살합니다. 궁궐 권력 투쟁이 치열했던 겁니다. 두 세력이 죽음을 걸고 싸울 만큼.

이렇게 역사적 배경이 있는 시로 읽는 것이 전통적인 방식인데요. 현대의 우리는 이런저런 뒷이야기를 모두 버리고 <신대>를 원치 않는 강제 결혼을 하게 된 여인의 비탄의 노래로, <이자승주>는 형제가 배를 타고 여행을 떠나는 작품으로 보셔도 좋지요. 무방합니다. 하지만 여기서는 일단 주자의 주 내용에 따라 가며 시를 해석해 보도록 하겠습니다.

① 二子乘舟 汎汎其景 願言思子 中心養養

'이자승주'(二子乘舟)의 '이자'(二子)는 이복형제 급과 수를 가리키지요. 형제가 황하를 건너 제나라로 가네요. '범범기영'(汎汎其景)에서 '범'(汎)은 '뜰 범'으로 '범범'은 '둥둥 떠가는 모양'입니다. '볕 경(景)'은 여기서는 '그림자 영(影)'과 통용되는 글자로 음도 '영'으로 읽습니다. 두 사람의 그림자가 물에 어른거리는군요. 죽음의 그림자이지요. 아버지 선공은 도대체 어떤 사람이기에 아들을 죽이라고 자객을 보냈을까요?

위대한 역사가 사마천(BC 145~BC 86)은 「위강숙세가」에서 아들 급에 대한 선공의 불편한 심리를 짚어 냈어요. 아내 선강과 막내 삭의 참소만으로 이런 참극이 벌어진 것이 아니란 겁니다. 좀 길지만 읽어 보겠습니다.

태자 급의 어머니가 죽자 선공의 정부인(선강)과 삭이 태자 급을 참소하고 미워하였다. 선공은 태자의 아내를 빼앗은 이후 마음속으로 태자를 미워하였고 그를 폐하고 싶어 했다. 그에 대한 비방을 듣게 되자 크게 분노하여 태자 급을 제나라에 사신으로 보내고 도적에게 국경에서 태자 일행을 막고 그를 죽이게 하였다. 태자에게 백모(무소 꼬리털로 장식한 깃발)를 주고 국경의 도적에게 백모를 든 자를 보면 죽이라고 말했다.

太子伋母死, 宣公正夫人與朔共讒惡太子伋.
태 자 급 모 사   선 공 정 부 인 여 삭 공 참 오 태 자 급
宣公自以其奪太子妻也, 心惡太子, 欲廢之.
선 공 자 이 기 탈 태 자 처 야   심 오 태 자   욕 폐 지
及聞其惡, 大怒, 乃使太子伋於齊而令盜遮界上殺之,
급 문 기 악   대 로   내 시 태 자 급 어 제 이 령 도 차 계 상 살 지
與太子白旄, 而告界盜見持白旄者殺之.
여 태 자 백 모   이 고 계 도 견 지 백 모 자 살 지

그렇지요. 선공의 떳떳하지 못한 마음이 참소를 만나 폭발한 것입니다. 선강과 아들 삭은 그의 불편한 심리를 십분 자극한 것이고요. 그다음이 궁금하신가요? 선공은 삭을 태자로 봉하고, 그 삭이 혜공이 됩니다.

'원언사자'(願言思子)에서 '원'(願)은 '그리워하는 것'입니다. 나라 사람들[國人]이 부모에 의해 살해된 두 사람을 그리워하고 생각하는 것이지요. '중심양양'(中心養養)에서 '양양'(養養)은 '양양'(漾漾)의 뜻인데요. '출렁거릴 양'(漾)이 둘 겹친 '양양'은 '물이 출렁거리는 모양'입니다. 하지만 여기서는

'걱정으로 마음이 진정되지 않는 모습'으로 봅니다. 두 공자가 탄 배에는 물결이 일고, 그것을 바라보는 사람들의 마음은 연민과 슬픔으로 출렁이네요.

② 二子乘舟 汎汎其逝 願言思子 不瑕有害

'이자승주'는 앞과 같고요. '범범기서'(汎汎其逝)에서 '서'(逝)는 '가다'입니다. 죽음으로 향해 가는 두 사람의 처지가 애달프지요. 후대에 '이자승주'는 어려운 상황에서도 뜻을 같이하는 형제애를 말할 때 인용됩니다. '형제는 용감했다'의 고전 버전이지요. '원언사자'(願言思子)도 앞과 같고요. '불하유해'(不瑕有害)에서 '불하'(不瑕)는 의문사인데요. '옥의 티 하(瑕)'가 종종 '어찌 하(何)'로 쓰이기도 합니다. 그럼, '어찌 해가 있지 않았을까?'라는 뜻이 되지요. 반어입니다. 주자는 '두 사람이 돌아오지 않는 것을 보고 이렇게 의심했다'고 했습니다. 선공은 도적의 습격을 받은 것으로 꾸몄지만 모두 알게 되었지요. 이후 위나라는 민심이 이반되고 국론은 분열됩니다. 망국의 궤도에 진입하지요.

　〈이자승주〉는 2장 각 4구의 짧은 노래인데, 얽힌 사연은 복잡하고 가슴 아픕니다. 마지막으로 주자가 인용한 사마천이 「위강숙세가」에 붙인 사평(史評)까지 읽고 가겠습니다. 사마천에게 이 두 형제의 죽음은 강렬한 인상을 남겼거든요.

태사공이 말했다. "내가 세가를 읽다가 선공의 아들(급)이 부인(선강) 때문에 죽임을 당하고 동생 수가 형과 죽음을 다투어 모두 죽는 데 이르렀다. 이것은 진나라 태자 신생이 감히 여희의 잘못을 밝히지 않은 것과 같으니, 모두 아버지의 뜻을 상하게 하는 것을 싫어한 것이다. 그러나 끝내 죽었으니 어찌 이다지도 비참한가? 부자가 서로 죽이며 형제가 서로 죽임은 또한 어째서인가?"

太史公曰: "余讀世家言, 至於宣公之子以婦見誅,
태 사 공 왈　　여 독 세 가 언　　지 어 선 공 지 자 이 부 견 주
弟壽爭死以相讓. 此與晉太子申生,
제 수 쟁 사 이 상 양　　차 여 진 태 자 신 생
不敢明驪姬之過同, 俱惡傷父之志. 然卒死亡,
불 감 명 려 희 지 과 동　　구 오 상 부 지 지　　연 졸 사 망
何其悲也? 或父子相殺, 兄弟相戮, 亦獨何哉?"
하 기 비 야　　혹 부 자 상 살　　형 제 상 륙　　역 독 하 재

위나라 태자 급과 진(晉)나라 태자 신생(申生)의 죽음(BC 655)은 가족 잔혹극이지요. 진 헌공은 총희 여희의 계략에 빠져 아들을 자살로 내몰고 다른 두 아들 공자 중이(문공)와 이오(혜공)를 내칩니다. 그 이후 진나라도 20여 년 간 내란 상태에 빠지지요. 왜 이런 일들이 곳곳에서 반복되는가? 아버

지와 아들이 서로 죽이고, 형제끼리 철천지원수(徹天之怨讐)가 되기도 하지요. 권력 앞에서 '부자유친'은 무력합니다. 권력 욕망은 그 무엇보다 뜨거운 불길이니까요. 결국 자신을 태우고 부모 형제를 태운 다음에야 멈추지요. 이후로도 역사에서 가족 잔혹극, 가족 막장극은 계속됩니다. 지금도 다르지 않다고 말씀하시는 분도 계시겠지요? 하긴 그렇습니다. 인류의 수준은 별로 나아지지 않은 듯합니다.

패풍을 마치며

이것으로 「패풍」 19편(72장 369구)의 시를 다 읽었습니다. 여러분! 고생하셨습니다. 대부분의 작품이 위 장공, 위 선공 시대를 배경으로 하는데, 버림받은 여인과 살해당한 아들에 대한 시를 읽다 보면 마음에 연민, 슬픔이 가득 차오르지요. 시간을 거스르는 '시'의 힘이기도 합니다. 기쁘면 기쁜 대로 슬프면 슬픈 대로 자신의 삶에 충실한 인물들과 공감하고, 어느 때는 연대하게 되는 행복한 시간이었습니다. '시' 테라피(therapy)! '시'로 위안 받고 힘을 얻습니다. 지금이 코로나 귀신이 극성을 부리는 시대라서 더욱 그런가 봅니다. 이제 책의 후반부 「용풍」, 「위풍」에서 더욱 다양한 삶의 장면들을 기대해 주십시오. '시'의 힘으로 고고!

용풍
鄘風

용 지역의 노래

1. 백주柏舟

汎彼柏舟 在彼中河
범 피 백 주 재 피 중 하

두둥실 떠 있는 저 잣나무 배여,
황하의 가운데 있구나.

髧彼兩髦 實維我儀
담 피 량 모 실 유 아 의

양쪽으로 머리를 늘어뜨린 그 분,
실로 나의 배필이라.

之死矢靡他
지 사 시 미 타

죽을 때까지
딴마음 먹지 않겠노라 맹세하였네.

母也天只 不諒人只
모 야 천 지 불 량 인 지

어머님은 하늘이신데
내 마음을 알지 못하시나요?

汎彼柏舟 在彼河側
범 피 백 주 재 피 하 측

두둥실 떠 있는 저 잣나무 배여,
황하의 한쪽에 있구나.

髧彼兩髦 實維我特
담 피 량 모 실 유 아 특

양쪽으로 머리를 늘어뜨린 그 분,
실로 나의 배필이라.

之死矢靡慝
지 사 지 미 특

죽을 때까지
딴마음 먹지 않겠노라 맹세하였네.

母也天只 不諒人只
모 야 천 지 불 량 인 지

어머님은 하늘이신데
내 마음을 알지 못하시나요?

「패풍」(邶風) 다음으로 「용풍」(鄘風)이 이어집니다. '용'(鄘)도 나라 이름[國名]입니다. 주 무왕이 은을 멸한 뒤 은의 도성 조가(朝歌)를 중심으로 북쪽을 '패', 남쪽을 '용', 동쪽을 '위'로 나누어 제후를 봉했는데, 나중에 '위'로 통합되었지요. 그래서 「패풍」, 「용풍」은 모두 위나라의 노래입니다.

「용풍」의 첫번째 시 제목이 <백주>네요. 「패풍」의 첫번째 시도 장강의 노래 <백주>였지요. 『시경』 안에는 이렇게 같은 제목의 시들이 꽤 있습니다. 그래서 「패풍」의 <백주>, 「용풍」의 <백주>, 이런 식으로 불러서 구별한답니다. 「패풍」의 <백주>는 버림받은 아내 장강의 노래이고, 「용풍」의 <백주>는 남편이 죽고 홀로 남은 공강(共姜)의 노래로 두 편 모두 유명합니다. 우리나라에서는 「용풍」의 <백주>가 더 인용 빈도가 높지만요. 재가(再嫁)하라는 어머니의 권유를 완강하게 뿌리치고 절개를 지키는 여인이 나오니까요. 네, 여러분 예상대로입니다. '열녀'(烈女)를 칭송할 때 으레 인용하는 시랍니다.

「용풍」의 <백주>는 2장 각 7구의 작품인데, 우선 세 번 큰 소리로 읽고 시작하겠습니다. 여기에도 관련 자료가 있습니다. 먼저 읽겠습니다.

구설에서 말하였다. "위나라 세자 공백이 일찍 죽자, 그의 아내 공강이 절개를 지켰는데 부모가 그의 뜻을 빼앗아 개가시키려 하였다. 이 때문에 공강이 이 시를 지어 스스로 맹세했다."

舊說, 以爲衛世子共伯蚤死, 其妻共姜守義,
구 설   이 위 위 세 자 공 백 조 사   기 처 공 강 수 의
父母欲奪而嫁之. 故共姜作此以自誓.
부 모 욕 탈 이 가 지   고 공 강 작 차 이 자 서

이 작품을 공강이란 여성의 작품으로 보는군요. 위나라의 세자 공백(共伯)과 결혼했으나 일찍 홀로 되어, 〈백주〉로 자신의 마음을 밝혔다고 하니 공백과 공강에 대한 궁금증이 생깁니다. 이 정도면 유향의 『열녀전』에 이름이 나올 만한데, 예상 외로 없습니다. 「정순편」〈위과부인〉(衛寡夫人)에 비슷한 내용이 있긴 합니다. 이 내용을 간단히 말씀드리겠습니다. 제후(齊侯)의 딸이 위나라로 시집오는데 성문에 이르렀을 때 남편이 될 위나라 군주가 죽었답니다. 그녀는 친정으로 돌아가지 않고 남아서 삼년상을 치릅니다. 제후가 된 남편의 동생이 집요하게 구혼하지만 완강히 거절하면서요. 친정 오빠들까지 나서서 재가를 권할 때 거절하며 부른 노래가 나오는데, 바로 앞에서 읽었던 「패풍」〈백주〉의 한 구절입니다. "내 마음 돌이 아니니 굴릴 수 없고, 내 마음 돗자

리가 아니니 말 수 없다"고.「용풍」〈백주〉의 남편 공백에 대한 기록은 「위강숙세가」에 있습니다. 이것도 한번 볼까요.

42년에 희후가 죽고 태자 공백 여가 군주가 되었다. 공백의 동생 화는 희후의 총애를 받았고, 아버지에게 많은 재물을 받았다. 그는 그 재물로 무사들을 매수하여 아버지의 묘 부근에서 공백을 습격했다. 공백은 아버지 희후의 묘도로 들어가서 자살하였다. 위나라 사람들은 그를 희후의 묘 옆에다 매장하고 시호를 공백이라 하였다. 그리고 동생 화를 위후로 옹립하니 그가 무공이다.

四十二年, 釐侯卒, 太子共伯餘立爲君.
사 십 이 년   리 후 졸   태 자 공 백 여 립 위 군
共伯弟和有寵於釐侯, 多予之賂 ; 和以其賂賂士,
공 백 제 화 유 총 어 리 후   다 여 지 뢰   화 이 기 뢰 뢰 사
以襲攻共伯於墓上, 共伯入釐侯羨, 自殺.
이 습 공 공 백 어 묘 상   공 백 입 리 후 연   자 살
衛人因葬之釐侯旁, 謚曰共伯, 而立和爲衛侯,
위 인 인 장 지 리 후 방   익 왈 공 백   이 립 화 위 위 후
是爲武公.
시 위 무 공

그렇습니다. 이 기록에 의하면 공강은 동생의 공격에 몰려 자살한 공백의 아내입니다. 무공은 장강의 남편 장공의 아버지랍니다. 사실 무공은 『시경』 안에서 중요한 인물입니다. 「위풍」〈기욱〉(淇奧), 「소아」〈빈지초연〉(賓之初筵), 「대아」

<억>(抑)을 그와 관련된 작품으로 풀거든요. 무공은 백성들을 화합하고 결집시키는 능력을 발휘했고, 주 유왕이 견융에게 피살된 후에 주 평왕의 동천을 도왔던 핵심 인물입니다. 그래서일까요?『사기』의 3대 주석서 중의 하나인『사기색은』(史記索隱)의 편찬자인 당나라 사마정(司馬貞)은 '무공이 형을 죽였다는 것'은 사마천이 '잡설'(雜說)을 채집해서 쓴 것이다. 믿을 수 없다고 주장합니다. 「모서」에서 공백이 '일찍 죽었다'[蚤死]고 하지 않았냐고 하면서요. 하지만 권력욕으로 찬탈한 후에 발군의 정치력을 발휘한 인물도 있지요? 당 태종, 명 영락제, 조선의 태종 등. 그래서 공강에 대한 이런 추정도 가능하지요? 충분히『열녀전』에 이름이 남을 만한 여성이고 사연인데, 무공의 공이 워낙 커서 익명으로 남았나 하는 추정 말입니다. 이렇게 복잡한 사연을 담은 시이지만, 지금 우리 입장에서는 '홀로 된 여인의 노래'로 읽으면 됩니다.

① 汎彼柏舟 在彼中河 髧彼兩髦 實維我儀
  之死矢靡他 母也天只 不諒人只

'범피백주'(汎彼柏舟), '두둥실 떠 있는 저 잣나무 배', 익숙한 표현이네요. 여기서 중요한 것은 배가 '두둥실 떠 있는 것'[汎]입니다. 「패풍」〈백주〉의 장강은 남편에게 사랑받지 못했지만 굳건히 자기 자리를 지켰지요. 여기서는 '외로움과 회유를 견뎌 내는' 홀로 된 여인입니다. 두 작품은 후대에는 작중화자가 '남성'으로 전환되어 '충신의 노래'가 됩니다. 버림받아도 홀로 남겨져도 일편단심인 충신의 덕을 칭송할 때 '범피백주'라고 하지요. '재피중하'(在彼中河)의 '중하'는 '하중'(河中)으로 '황하의 한가운데'입니다. 드넓은 황하 가운데 덩그러니 떠 있다 하니 외로움이 그대로 전해집니다. 「심청가」의 '범피중류'도 다시 생각납니다.

'담피양모'(髧彼兩髦)의 '담'(髧)은 '머리를 늘어뜨린 모양'입니다. '모'(髦)는 사전에는 '다팔머리'로 나오는데, '양모'(兩髦)는 옛날 남자의 헤어스타일 중 하나랍니다. 머리의 숨구멍이 있는 곳(정수리)부터 머리카락을 땋아서 양쪽으로 내리지요. 머리 중 일부분을 땋아 내리는 겁니다. 부모님이 살아 계실 때 이 머리 모양을 하는데, '생명을 주신 숨구멍으로부터 땋아 내린다'는 의미가 담겨 있습니다. 부모님이 돌아가시면 그렇게 하지 않고요. '머리를 양쪽으로 땋아 내린 것'은 '부모님이 생존해 계신 표시'인데, '젊은 남자'를 말하기도 합니다. 공백이 '일찍 죽었다'[蚤死]는 주석은 이 머리모양 때문에 나온 것 같아요. 공백의 생전 모습을 표현한 것이지요. 우리는 사랑하는 사람을 그가 입었던 재킷이나 머리핀으로 기억합니다. 얼굴은 잊었는데도 그 사람의 패션이나 헤어스타일은 기억 속에 오래 남아 있지요. 시는 바로 그런 표현을 통해 관련된 기억들을 불러오고, 감정을 움직입니다. 그다음 '실유아의'(實維我儀)에서 '실'(實)은 '참으로' 라는 부사이고 '유'(維)는 해석하지 않습니다. '의'(儀)는 '의식'(儀式), '의전'(儀典)이란 단어로 익숙하시죠. 여기서는 '배필, 짝'이란 뜻으로 '참으로 나의 배필이다'로 풀면 됩니다. 나와 천생연분(天生緣分)이라는 것이지요.

'지사시미타'(之死矢靡他)는 '지사∨시미타'라고 끊어 읽습니다. '지사'의 '지'(之)는 여기서는 '~에 이르다'[至]로 해석합니다. '갈 지'는 대부분 '~의'란 조사로 쓰이고, 해석하지 않지요. 그래서 정작 '가다'(go)로 쓰일 때 놓치기 쉽습니다. 여기서 '지사'는 '죽을 때까지!'라는 뜻이고, '죽을망정'으로 풀 수 있겠네요. '시미타'(矢靡他)의 '화살 시'(矢)는 '여기서는 '맹세하다'입니다. 옛날에 화살을 앞에다 놓고 맹세를 했는데, '화살이 곧게 날아가듯, 나의 뜻도 변함이 없다'는 거지요. '쓰러질 미(靡)'는 '없을 무(無)'와 같습니다. '타'(他)는 '다른 사람'이지요? 재가(再嫁)를 강요하니, 이런 결기를 보인 것입니다. 차라리 죽고 말겠다고. 재가의 대상은 누구였을까요? 앞의 자료에 의하면 공백의 동생 무공입니다. 이 역시 '증혼' 이지요.

'모야천지'(母也天只), '지'(只)는 조사로 해석하지 않습니다. '불량인지'(不諒人只), '량'(諒)은 '믿는 것'[信]이지요. '인'(人)는 작중화자입니다. 해석해 보면, '모야천지'는 '어머니는 하늘과 같은 분이신데'라는 뜻이고, '불량인지'는 '나의 마음을 믿지 못하시나요' 하는 탄식입니다. 다른 사람은 몰라도 어머니만은 내 마음을 알아주셨으면, 하는 간절함이 담겨 있지요. 이렇게 '개가'를 당연하게 여겼던 시대에는 오히려 '수절'(守節)이 어려웠답니다.

② 汎彼柏舟 在彼河側 髧彼兩髦 實維我特
　　之死矢靡慝 母也天只 不諒人只

'범피백주'는 앞과 같죠. 앞에서는 황하 한가운데에 있었는데, 이제 '하측'(河側)에 있네요. '하측'은 황하의 물가입니다. '측' 자가 '옆 측'이지요. 다음 구절들도 구조가 비슷하니, 달라진 글자를 중심으로 보죠. '실유아특'(實維我特)에서 '특'(特) 자는 '특별할 특'인데, 여기서는 '배필'이란 뜻입니다. '지사

시미특'(之死矢靡慝)의 '사특할 특(慝)'은 본래 '간사하다'[邪]라는 뜻입니다. '사특(邪慝)하다'는 말이 있지요. 여기서는 문맥상 '딴마음을 먹다'입니다. '재가'를 사특한 일로 보고 수절을 맹서하는 거지요. '모야천지 불량인지'(母也天只 不諒人只)는 1장과 같네요. 딸이 젊은 나이에 혼자된 경우 친정 부모와 형제는 안쓰러운 마음에 재가를 권하지요. 하지만 이 시가 제나라 제후의 딸 공강의 노래라면 그녀의 재혼 여부는 제와 위, 두 나라의 외교문제가 됩니다. 이후 그녀는 어떻게되었을까요? 관련 자료가 없으니 추측은 금물이지만 두 가지 선택이 가능했을 겁니다. 친정인 제나라로 돌아가는 것이 하나고, 위나라에 남았다면 남편의 동생 무공의 아내가되지 않았을까요? 형식적 자리일지라도요.

자 이렇게 「용풍」의 <백주>를 보았습니다. 열녀(烈女)의 맹서, '죽을지언정 ~'이 나오는 작품이지요. 사실 혼자된 여인의 수절과 재가는 사회경제적 관점에서 봐야 하지요. 양반 집안으로 과거를 볼 아들이 있고 시가나 친정에 경제적 여유가 있는 경우에나 수절이 가능하기 때문입니다. 조선후기 가사 「덴동어미 화전가」의 덴동어미는 경상도 순흥의 아전 임이방의 딸로 태어났지요. 열여섯에 예천 장이방의 아들에게 시집가서 평탄하게 살 줄 알았는데, 남편의 죽음 이

후 결혼을 거듭하게 됩니다. 그 과정에서 넉넉한 집안의 딸, 며느리에서 하층 빈민이 되지요. 역병, 산사태, 화재로 남편들을 잃고 아들과 살아가는 덴동어미의 삶은 신산합니다. 이처럼 평민층 여인에게 수절은 언감생심이었지요. 예전에 홀로 된 여인이 새벽에 성황당 앞에 서 있다가 처음 지나가는 남자를 쫓아갔다는 이야기가 전해질 정도로…. 홀로 남겨진 가난한 여인이 남편이 죽었다고 살림살이가 빠듯한 친정으로 갈 수는 없었지요. '수절', '재가'도 먹고사는 일상적 삶의 조건 속에서 봐야 한다는 겁니다.

2. 장유자 牆有茨

牆有茨 不可掃也
장 유 자 불 가 소 야

담장의 납가새 넝쿨,
쓸어 내지 못하네.

中冓之言 不可道也
중 구 지 언 불 가 도 야

궁중의 이야기는
말할 수 없다네.

所可道也 言之醜也
소 가 도 야 언 지 추 야

말한다면
말이 추해지지.

牆有茨 不可襄也
장 유 자 불 가 양 야

담장의 납가새 넝쿨,
걷어 내지 못하네.

中冓之言 不可詳也
중 구 지 언 불 가 상 야

궁중의 이야기는
자세히 말할 수 없다네.

所可詳也 言之長也
소 가 상 야 언 지 장 야

자세히 하자면
말이 길어지지.

牆有茨 不可束也
장 유 자 불 가 속 야

담장의 납가새 넝쿨,
묶어 내지 못하네.

中冓之言 不可讀也
중 구 지 언 불 가 독 야

궁중의 이야기는
입에 올릴 수 없다네.

所可讀也 言之辱也
소 가 독 야 언 지 욕 야

전하자면
말이 욕되지.

풍자인 건 알겠는데, 도대체 누가 무슨 일을 했기에 '내 입이 더러워진다'[言之醜也]고까지 할까요? 「패풍」의 마지막 두 작품 〈신대〉와 〈이자주중〉에 나왔던 선강을 기억하실 겁니다. 여기에서도 그녀가 주인공입니다. 참고로 선강은 노나라 환공의 아내 문강(文姜)과 자매랍니다. 제 희공의 딸들이거든요. 문강이 친정 오빠인 제 양공과 사랑에 빠지고, 노 환공이 제나라에서 죽었으니, 두 여인이 모두 국제적 스캔들의 주인공이 되었지요. 장강이 고모가 되고 두 여인은 조카들이지요.

구설에서 말하였다. "선공이 죽고 혜공이 어리자, 서형 완이 선강과 결혼하였다. 그러므로 시인이 이 시를 지어서 풍자하였다."

舊說以爲, 宣公卒, 惠公幼, 其庶兄頑, 烝於宣姜.
구 설 이 위　선 공 졸　혜 공 유　기 서 형 완　증 어 선 강
故詩人作此詩以刺之.
고 시 인 작 차 시 이 자 지

이건 또 뭔가요? 위 선공의 죽음(BC 700) 이후에 일어난 일이군요. 선강은 남편이었던 선공의 아들 완(頑)과 다시 결혼합니다. 이런 경우도 '증혼'(烝婚)이라 합니다. '이런 막장이 어디 있나' 하면서 고개를 돌리시면 안 됩니다. 이런 결합

이 용인되던 시대였다니까요. 다만 선강이 이런 결혼을 선택한 이유는 알아야겠지요. 아들 혜공(삭)이 어려서 제후 자리를 유지하기 어려웠다고 볼 수 있습니다. 하지만 『춘추좌씨전』의 해당 기록을 보면 나이가 문제라기보다는 혜공이 어머니 선강과 한 짓 때문입니다. 이복형 태자 급을 모함하여 죽게 했고, 그 과정에서 동복형 수도 죽었잖아요? 평판이 형편없었겠지요. 세력 간의 갈등도 심했지요. 결국 혜공은 제후가 된 지 3년 만에 태자 급의 동생 검모에게 제후 자리를 빼앗기고 어머니의 나라 제나라로 도망갑니다(BC 696). 이 시의 배경은 혜공이 즉위한 초기의 상황이고요. 선강과 공자 완의 결혼은 혜공의 뒷배가 되어 줄 수 있었겠지요. 선강과 공자 완의 결혼으로 태어난 2남 3녀의 아들, 딸들에 대해서는 관련 작품이 나올 때 더 말씀드리겠습니다.

① 牆有茨 不可掃也 中冓之言 不可道也
　　所可道也 言之醜也

이 작품은 선강과 공자 완의 증혼을 풍자합니다. 규중의 일이 추악하여 입에 담을 수 없다고. 하지만 그러면서도 다 폭로하고 있는 것이죠. '장유자'(牆有茨)의 '장'(牆)은 담벼락이지요. 여기서는 궁궐의 담입니다. '자'(茨)는 '납가새'로 찔레와 비슷한데 넝쿨로 자라며 씨에 가시가 있습니다. 이렇게 궁궐 담에 납가새 넝쿨이 가득한 거죠. 그런데 '불가소야'(不可掃也), 그 담장의 넝쿨을 쓸어 없앨 수 없다고 합니다. '쓸 소(掃)'는 비질하여 없애는 겁니다. '중구지언'(中冓之言)의 '짤 구(冓)'는 '재목을 쌓다'라는 뜻이 있습니다. 주자는 '중구'를 '집에 재목이 쌓여 있는 곳'이라 했지요. 그런데 여기서 '중구'는 궁궐 안 여인들이 거처하는 은밀한 공간을 말합니다. '규중'(閨中)이지요, '불가도야'(不可道也)에서 '도'(道)는 '말하다'입니다. 궁궐 담 안 깊은 규중에서 오가는 말을 차마 입에 담을 수 없다는 거죠. 왜 그럴까요?

'소가도야 언지추야'(所可道也 言之醜也)라고 합니다. '소가도야'의 '도'(道)도 '말하다'이고요. '추할 추(醜)'는 '더러운 것'이지요. '내가 입을 열면, 말이 너무나 더러워질 거야'라고 하네요. 궁궐 안의 추악한 소문이 담벼락의 넝쿨처럼 매달려 있는데, 너무 추악해서 말로 옮길 수 없다는군요. 누구나 알지만 차마 말할 수 없는 추문인 겁니다. 당시의 제후 집안의 결혼 관례로 보면 선강과 공자 완의 결혼은 용납할 수 없는 것은 아니었지요. 하지만 그녀가 두 아들을 죽이고 권력을 잡았기 때문에 이런 비판, 풍자가 집중된 것이지요.

『시경』이나『춘추좌씨전』 같은 기록을 보면 궁궐에서 일어나는 일들이 현장 생중계되고 있어요. 구중궁궐(九重宮闕)이라고 하지만, 완전히 오픈되어 있는 곳이나 다름없지요. 예나 지금이나 사람들은 항상 권력의 중심을 주시하고 있지요. 지금도 청와대 소식에 관심이 많잖아요? 누구를 만나고 무엇을 먹었는지도 뉴스가 되고요.

② 牆有茨 不可襄也 中冓之言 不可詳也
　　所可詳也 言之長也

이어지는 2장과 3장은 1장과 표현법이 같네요. 바뀐 글자 위주로 살펴보면 될 듯합니다. '불가양야'(不可襄也)에서 '도울 양(襄)'은 여기서는 '제거하다'로 1장에서 나온 '쓸어 내다'와 같은 표현입니다. 담벼락 넝쿨을 없앨 수 없으니 추문도 감출 수 없는 거죠. '중구지언 불가상야'(中冓之言 不可詳也), 구중궁궐 소문을 '불가상야'라고 하고 있네요. '자세할 상'은 상세하게 말하는 것인데, 그렇게 할 수 없다는 겁니다. 왜죠? '소가상야 언지장야'(所可詳也 言之長也)라고 합니다. '소가상야'는 '내가 자세히 말하려면'이라는 뜻이고, '언지장야'는 말이 길어진다는 겁니다. 우리도 하고 싶지 않은 말을 하라고 하면 '말이 길어져서 할 수 없다'고 핑계를 대기도 하죠. 같은 경우입니다. 화자는 '지저분하고 추해서 말할 수 없다'라는 말을 돌려서 '말이 길어질 텐데…' 하면서 뜸을 들이는 것이죠. 궁금증과 상상력을 증폭시키면서요. 이럴 경우 우리는 '분명 대단한 추문이구나' 하면서 폭풍 검색을 하지요. 작중화자는 말이 길어져서 자세히 설명할 수 없다고 했지만 우리는 「패풍」,「용풍」,「위풍」을 읽으면서 선강과 관련된 이야기를 길게, 계속 할 수밖에 없답니다.

③ 牆有茨 不可束也 中冓之言 不可讀也
　　所可讀也 言之辱也

'불가속야'(不可束也)의 '속'(束)은 '묶는다'는 뜻이지요. 넝쿨을 없애려면 다발로 묶어서 없애야 하지요. 그런데 그럴 수 없다고 하네요. '중구지언 불가독야'(中冓之言 不可讀也)에서 '읽을 독(讀)'은 여기서는 '외워서 말하는 것'입니다. 추문을 외워서 전할 수 없다고 합니다. 왜죠? '소가독야 언지욕야'(所可讀也 言之辱也). 이 구절이 압권이지요. 본인이 말을 하면, 그 말이 '욕되다'[辱]는 거예요. 요새 우리도 "내 입이 더러워질까봐 말 못하겠다"라고 하지요.

이렇게 궁중의 추문을 풍자한 〈장유자〉를 읽었습니다. 여기서 자주 일어나는 의문이 한 번 더 고개를 들지요? 『시경』은 공자님이 3,000편을 300편으로 과감히 정리하셨다는데, 왜 이런 시를 남기셨을까, 하는 의문입니다. 주자가 우리의 이런 의문을 예상하고 남긴 글이 있습니다. 좀 길지만 읽고 넘어가겠습니다. '왜 음란한 작품이 남았는가?', 공자의 『시경』 편찬에 관한 오래된 질문과 모범답안입니다.

양씨는 말하였다. "공자 완이 군주(혜공)의 어머니 선강과 간통하여 규중의 말을 전할 수 없을 정도에 이르렀으니 그 더러움이 심한 것이다.

그런데 성인은 어찌하여 이것을 취하여 경서에 남기셨나? 예로부터 음란한 군주들은 스스로 규중의 은밀한 일은 세상에 아는 자가 없을 것이라고 생각한다. 그렇기 때문에 스스로 제멋대로 행동하고 바른 길로 돌아오지 않는다. 그러므로 성인이 이러한 일을 경전에 실은 이유는 후세에 악행을 행하는 자들로 하여금 비록 규중의 말이라도 또한 숨겨져 드러나지 않는 일이 없다는 것을 알도록 하신 것이다. 그 훈계로 삼으신 이유가 매우 깊도다."

楊氏曰, "公子頑, 通乎君母, 閨中之言,
양 씨 왈　　　공 자 완　　통 호 군 모　　규 중 지 언

至不可讀, 其汚甚矣. 聖人何取焉而著之於經也.
지 불 가 독   기 오 심 의   성 인 하 취 언 이 저 지 어 경 야

蓋自古淫亂之君, 自以爲密於閨門之中,
개 자 고 음 란 지 군   자 이 위 밀 어 규 문 지 중

世無得而知者. 故自肆而不反. 聖人所以著之於經,
세 무 득 이 지 자   고 자 사 이 불 반   성 인 소 이 저 지 어 경

使後世爲惡者知雖閨中之言, 亦無隱而不彰也.
사 후 세 위 악 자 지 수 규 중 지 언   역 무 은 이 불 창 야

其爲訓戒深矣."
기 위 훈 계 심 의

북송의 학자 양시(楊時)의 말로 대신했군요. 성인(공자)께
서 이런 더러운 내용의 시를 남기신 이유는? 후세에 악행을
일삼는 자들에게 훈계하기 위한 것이라고 하네요. 구중궁궐
에서 일어난 은밀한 일도 세상 사람들이 다 안다. 악행을 숨
길 생각은 꿈도 꾸지 말라는, 강한 경계의 의도가 있었다고
보는 겁니다. 양시, 주자와 같은 성리학자들은 이런 견해를
말합니다. '사무사'(思無邪), 시를 읽으면 생각에 사악함이 없
어진다는 공자 이래의 교화론을 계승한 것이죠.

저의 의견을 물으신다면? 조심스럽지만 제가 보기엔
정황상 어쩌다 남은 것 같아요. 공자님 당시에 '시삼백'은 통
상 하던 말로 모두 오랫동안 불러 오던 노래, 인기곡이었을
것 같아요. 특히 유명인이 관련된 노래들은 더 인기가 높았
겠지요. 지금 우리도 유명 인사의 스캔들에 귀가 솔깃하잖
아요. 이렇게 보면 단순명료한데, 공자님이 특수 목적을 갖

고 『시경』을 300편으로 산정하셨다고 전제해서 문제가 심각해진 것이죠. 공자님의 '심오한 의도'를 읽어 내야 하니까요. 더구나 공자께서 분명히 "시 삼백 편을 한마디로 요약하자면, '생각에 사악함이 없다'"(『논어』「위정」)라고 하셨기 때문에 그 기준에 맞춰 논리를 마련해야 했지요.

그런데 엄밀히 말하면 공자님이 "내가 시를 삼백 편으로 편집했다"고 말씀하신 적도 없어요. 그냥 공자님이 고대 문헌에 해박하시니, 『시』·『서』·『역』, 삼경도 정리, 편집했다고 보는 겁니다. '그분 정도의 수준이 아니면 누가 이런 엄청난 일을 했겠는가'라는 전제가 앞선 것이지요. 공자님이 제자를 가르칠 때, 『시』, 『서』를 교재로 삼아 가르친 것은 확실하니까요. 『시경』을 읽는다는 것은 동양의 '시의 역사, 해석의 역사'와 맞닿아 있다는 것을 생각하면서 다음 시로 넘어가도록 하겠습니다. 우리의 감각으로 재미있게 읽으면 그것으로 충분하지요.

3. 군자해로君子偕老

君子偕老 副笄六珈
군 자 해 로 부 계 육 가

그대와 함께 늙어 가리니.
머리장식 여섯 개가 달랑거리는구나.

委委佗佗 如山如河
위 위 타 타 여 산 여 하

걷는 모습 편안하고 아름다워
산과 같고 하수와 같도다.

象服是宜
상 복 시 의

의전 의상이
잘 어울리는데

子之不淑 云如之何
자 지 불 숙 운 여 지 하

그대의 선하지 않음은
어째서인가?

玼兮玼兮 其之翟也
자 혜 자 혜 기 지 적 야

곱고 아름다운
그대의 제복이여.

鬒髮如雲 不屑髢也
진 발 여 운 불 설 체 야

윤기 나는 검은 머리 구름과 같아
붙임머리 필요 없구나.

玉之瑱也 象之揥也
옥 지 진 야 상 지 체 야

옥 귀막이며
상아로 만든 빗.

揚且之皙也
양 저 지 석 야

하얀 넓은 이마가
빛나니,

胡然而天也 胡然而帝也
호 연 이 천 야 호 연 이 제 야

어찌 그리도 하늘과 같으며,
어찌 그리도 상제와 같은가.

瑳兮瑳兮 其之展也
차 혜 차 혜　기 지 전 야

곱고 아름다운
그대의 예복이여.

蒙彼縐絺 是紲袢也
몽 피 추 치　시 설 번 야

저 갈포 옷을 덧입고
허리를 묶었구나.

子之淸揚 揚且之顔也
자 지 청 양　양 저 지 안 야

그대의 맑은 눈, 넓은 이마,
이마 모서리도 넓구나.

展如之人兮 邦之媛也
전 여 지 인 혜　방 지 원 야

참으로 이 같은 사람이여,
나라의 미인이로다.

〈군자해로〉는 총 3장으로 구성되어 있는데요. 장 구성이 다양하군요. 7구, 9구, 8구로 이뤄져 있으니까요. 글자도 복잡하고 낯선 것들이 많고요. 찬찬히 살펴보죠. 이 시에도 선강의 남자 관계가 암시되어 있습니다. 여인이라면 마땅히 남편과 해로해야 하는데, 현실에서는 그렇지 못하다는 것이죠. 제목과 내용의 엇박자! 예복을 갖춰 입은 모습과 행동의 불일치! 풍자와 애석함이 함께 들어 있습니다.

① 君子偕老 副笄六珈 委委佗佗 如山如河
　象服是宜 子之不淑 云如之何

'군자해로'(君子偕老)에서 '군자'는 '남편'으로 '남편과 함께 늙어 간다'는 것인데, 주자는 유난히 길게 주석을 달았습니다. 왜일까요? 깊은 의도가 있지요. '해로'는 부부 사이의 '당위' 인데, 작품 속 여인은 정면으로 배치되는 행동을 하니까요. 좀 불편한 내용도 있지만 읽겠습니다.

해로는 함께 살고 함께 죽는 것을 말한다. 여자의 일생은 몸으로 남편을 섬기는 것이니, 마땅히 남편과 함께 살고 함께 죽어야 한다. 그러므로 남편이 죽으면 '아직 죽지 못한 사람'이라 말하니 이것은 죽음을 기다릴 뿐이요, 다른 곳으로 시집 갈 마음을 두는 것은 마땅하지 않다고 말하는 것이다.

偕老, 言偕生而偕死也. 女子之生, 以身事人,
해로 언해생이해사야 여자지생 이신사인
則當與之同生, 與之同死. 故夫死, 稱未亡人,
즉당여지동생 여지동사 고부사 칭미망인
言亦待死而已, 不當復有他適之志也.
언역대사이이 부당부유타적지지야

주자는 선강이 증혼(烝婚)이 용납되던 시대의 인물이라는 것을 싹 무시하고 12세기의 결혼 관념으로 보고 있군요. 의도적 편파 해석이죠. '해로'는 같이 나이 들어 가는 거죠. 그런데 같이 살고 같이 죽는 것이라 하면서 홀로 된 아내를 '미망인'이라 하는 것은 불편하네요. 다행히 지금은 이 단어를 사용하는 분들이 별로 없지요. '아직 죽지 못한 사람'이라니! 아내를 앞세운 남편에게도 쓴다면 모르겠지만, 남편을 '미망인'이라 하지는 않지요. 이런 관념이 강해지면 '수절'(守節), '종사'(從死)로 이어지면서 '열녀'(烈女) 되기를 강요하게 됩니다. 부당한 사회적 압력이지요. 주자 주의 핵심도 여성의 '개가'(改嫁)는 절대 불가하다는 데 있지요. 만약 선강에게 후대에 당신을 이렇게 보고 있다고 전해 준다면 불 같이 화를 내며 어이없어 할 겁니다. "늙은 남편(선공)은 죽고 어린 아들(혜공)의 자리는 흔들리는데. 더구나 친정인 제나라에서는 죽은 태자(급)의 동생(완)과 결혼하여 권력을 장악하라고 압력을 가하는데, 나보고 어쩌라는 거냐"고 항변을 하겠지요. 사실이기도 하고요. 권력의 핵심에 있는 여인의 삶은 종종 우리의 평범한 삶과는 다르게 펼쳐지지요. 후대 사람들이 어떤 일면을 보고 성모(聖母), 현모양처(賢母良妻)라 하고 또 어떤 이들은 악녀(惡女)라고 딱지를 붙여 비난하는가가 모두 당대의 맥락을 보면 어긋날 수 있지요.

'부계육가'(副笄六珈)에서 '부계'(副笄)는 '머리꾸미개'로 번역했는데, '도울 부(副)'는 여기서는 '제사 복장의 머리꾸밈'으로 장식용 가발이지요. '계'(笄)는 '비녀 계'로 '부'의 양옆에 꽂는 가로로 된 비녀를 말하고요. '육가'(六珈)에서 '가'는

'떨잠'인데, 그녀의 비녀에 무려 여섯 개의 흔들리는 떨잠이 꽂혀 있군요. 화려하죠. 시에서는 성대한 여성의 차림을 말할 때 이렇게 머리 장식, 옷소매 등 특정 부분을 클로즈업합니다. 나머지 부분은 우리의 상상으로 채워 넣어야지요. 예나 지금이나 시를 읽는 즐거움 중의 하나랍니다.

'위위타타'(委委佗佗)에서 '위위', '타타'는 모두 의태어인데, 온화하면서도 품위가 있는 자태이지요. '맡길 위(委)'는 사전을 찾아보면 '옹용하다', '마음이 화락하고 조용하다'라는 뜻도 나옵니다. '다를 타(佗)'에도 '아름답다, 우아하다'라는 뜻이 있고요. 글자가 겹쳐서 형용사가 되면 뜻이 변하는 경우가 많지요. 역사극을 보면 대왕대비나 왕비 같은 궁궐의 여인들이 성대하게 차려입고 천천히 우아하게 걷잖아요? '위위타타'는 바로 그런 모습입니다. '여산여하'(如山如河), 산처럼 편안하고 무게감 있고, 황하처럼 크고 넓다고 하네요. 멋지네요. '상복시의'(象服是宜)에서 '상복'은 '법도에 맞게 입은 옷'으로 지금 그녀가 입고 있는 옷차림이 '상복'인 겁니다. 2장에서 나올 '적의'[翟], 3장의 '전의'[展]와 같은 뜻이고요. 모두 의전용 예복이지요. '코끼리 상(象)'에는 '법제'란 뜻이 있답니다. 이 의례용 예복이 마땅하다[宜]고 하네요. 감탄이 나올 정도로 잘 어울린다는 겁니다.

이렇게 아름다운 여인의 모습을 묘사하다가 마지막 두 구절에서 반전이 생기는군요. 품위 있고 아름다운 그녀, 선공의 부인이자 혜공의 어머니인 그 여인을 바라보는 시인의 시선이 흔들리고 있습니다. '자지불숙'(子之不淑)의 '자'(子)는 '그대'입니다. '맑을 숙'은 '착하다'인데, '그대의 선하지 않음'으로 해석할 수 있겠지요. '운여지하'(云如之何)은 '왜 그런가'라고 묻는 거죠. '그대가 선하지 않은 것은 왜 그런 것인가'라는 탄식입니다. 여기서 '운'은 어조사입니다. '여지하'는 '하여'[何如]의 도치구문으로 '어째서인가?'로 풉니다.

'저런 여자에게는 입고 있는 예복이 아깝다!'는 비난이 들리는 듯하죠. 완벽한 외모와 추한 행실의 대비, 이러한 표현법은 후대에 패턴이 됩니다. 두보의 「여인행」(麗人行)을 한 번 읽어 주세요. 거기서도 이런 방식으로 양귀비의 두 언니 괵국부인과 진국부인의 호사(豪奢)스러운 파티 속에 숨겨진 은밀한 관계를 말하고 있습니다.

② 玼兮玼兮 其之翟也 鬒髮如雲 不屑髢也

玉之瑱也 象之揥也 揚且之皙也 胡然而天也

胡然而帝也

2장에서도 여인의 화려하고 완벽한 차림새를 말합니다. '자혜자혜'(玼兮玼兮)의 '옥티 자(玼)'는 여기서는 '옥빛처럼 깨끗하다, 곱다'는 뜻입니다. '기지적야'(其之翟也)의 '적'(翟)은 '꿩'인데, 여기서는 의전용 제사 복장[祭服]입니다. 꿩 문양의 장식이 있는 화려한 옷이지요. 옥빛처럼 깨끗하고 아름다운 적의(翟衣)를 입었군요. 어떤 신화 연구자는 꿩이 사자(死者)를 불러오는 매개자이기 때문에 '제복'에 꿩 깃털이 들어간다고 하시던데요. 여기서는 화려한 옷과 그 옷을 입은 사람의 불일치를 극대화시키는 장면입니다.

1장이 머리에서 옷으로 갔다면 여기서는 옷에서 머리로 가는군요. '진발여운'(鬒髮如雲)에서 '진발'은 '검은 머리'입니다. 숱이 많고 윤기가 흐를 때 '진'(鬒) 자를 쓰지요. '진발여운'은 '윤기 나는 검은 머리가 구름 같은 것[如雲]'이지요. 윤기는 바라지도 않고 숱이라도 많았으면, 하고 부러워하는 분들이 많이 계시겠지요. 동병상련의 처지랍니다. '불설체야'(不屑髢也)에서 '설'은 '달가워할 설', '체'는 '다리 체'입니다. '다리'는 '가발'이라는 뜻이고요. 사극 같은 데에서 '가체'(加髢)가 많이 나오죠. '큰머리'를 꾸밀 때 머리 위에 높게 올리는 가발을 말합니다. 조선 후기 풍속화를 보면 모든 여인들이 엄청난 '큰머리'를 하고 있는데, 많이 불편해 보이지요. 지나치게 비싸고 건강에도 문제가 생겨 나라에서는 여러 차례 금지했지만 지켜지지 않았습니다. 영·정조 시대에도 가체 금지령을 내렸다는 기록이 있지만, 소용없었지요. 풍성한 머리는 모든 여자의 꿈이니까요. 나중에 폐백드릴 때 쓰는 족두리 형태로 간소화되었지요. '불설체야'에서 '불설'은 '달갑지 않다', '필요 없다'라는 뜻이니, 풍성한 검은 머리를 지닌 이 여인에게는 가체가 필요없다는 말입니다.

'옥지진야'(玉之瑱也)에서 '진'(瑱)은 귀까지 드리운 머리 장식 끈에 달린 '귀막이 옥'입니다. '모든 소리를 가려서 들어라'라는 상징적 의미의 장식이지요. '상지체야'(象之揥也)의 '상'(象)은 여기서는 코끼리 상아이고, '체'(揥)는 머리빗입니다. 중국 영화나 드라마를 보면 빗 모양으로 된 장식을 핀처럼 꽂은 여인들이 나오지요. 이 빗 모양의 머리장식이 '체'입니다. 제 기억에 우리나라에서도 80년대 유행했던 것 같은데요. 여성들이 머리에 빗을 꽂고 다녔지요. '양저지석야'(揚且之皙也)의 '양'(揚)은 '이마 위가 넓은 것'을 말합니다. 여기서 '오를 양'은 앞머리를 내리는 '이마'라고 보시면 됩니다. 이마와 머리 경계선을 가지런하고 넓어 보이게 하려고 그 부분의 머리털을 뽑기도 하지요. 예전에는 미인을 '넓은 이마' '아미 같은 긴 눈썹'으로 표현했지요. '아미'(蛾眉)는 「위풍」〈석인〉(碩人)에 나옵니다. '또 차(且)'는 어조사이고 여기서는 '저'로 읽습니다. '밝을 석(晳)'은 '희다'인데 그녀의 이마가 훤하면서 희군요.

'호연이천야'(胡然而天也)는 '어찌 그렇게[胡然] 하늘과 같은가!'라는 뜻이고, '호연이제야'(胡然而帝也)는 '어찌 그렇게[胡然] 상제와 같은가!'라는 뜻입니다. 그녀의 이 세상 사람 같지 않은 미모에 놀라는 것이죠. 마치 귀신을 본 듯이. 예복을 입고 국가 의례에 참석한 그녀가 아름답고 품위를 갖춘 것을 칭송하는 것 같지만 행동은 왜 그다지도 추하냐는 비난이 담겨 있는 구절입니다.

③ 瑳兮瑳兮 其之展也 蒙彼縐絺 是紲袢也
　　子之清揚 揚且之顔也 展如之人兮 邦之媛也

'차혜차혜'(瑳兮瑳兮)에서 '깨끗할 차(瑳)'는 '선명하고 성대한 모습'입니다. '기지전야'(其之展也)에서 '펼 전(展)'은 여기서는 '전의'(展衣)로 군주와 빈객을 만날 때 입는 의전용 예복이지요. 그다음 '몽피추치'(蒙彼縐絺)의 '입을 몽'(蒙)은 여기서는 옷 위에 다른 옷을 한 겹 덧입은 것을 말합니다. 물론 '몽' 자는 '덮다', '어리석다', '어린아이'라는 뜻으로 쓰일 때도 있지요. '추치'(絺綌)는 촘촘하게 짠 갈포 옷입니다. '추'와 '치' 모두 가늘게 짠 갈포 옷을 말합니다. '전의'를 여름용 갈포 옷 위에 덧입은 것이지요. '시설반야'(是紲袢也)에서 '설반'은 '동여매다'[束縛]라는 뜻입니다. '맬 설', '묶을 반'이 한 단어가 되었고요. 덧입은 전의를 옷매무새가 흐트러지지 않게 동여맨 걸 표현한 것이죠. 다른 해석도 있는데요. 속옷을 입고 그 위에 갈포 옷을 덧입었다고 보는 것이지요. 그러면 갈포 옷차림이 전의가 됩니다.

그다음 구절은 '자지청양 양저지안야'(子之淸揚 揚且之顔也)인데, 두 구에 모두 '오를 양(揚)' 자가 있군요. 앞 구절의 '청양'(淸揚)은 한 글자씩 풀어 주십시오. '청'은 눈이 '맑고 깨끗한 것'이고, '양'은 '이마 위가 넓은 것'입니다. '양저지안야'(揚且之顔也), 여기서 '얼굴 안(顔)'은 '이마 모서리가 풍만'한 것인데, 이마가 넓으면서 이마 옆 부분이 풍만하군요. 미인의 이마를 섬세하게 표현했습니다. 이런 걸 보면 예전 '미인'은 '이마'에서 승부가 났던 모양입니다. 요즘은 어디가 승부처인가요? 눈과 코에 성형을 많이들 하죠. 그런데 한시(漢詩)에는 코에 대한 언급은 별로 없습니다. 눈과 눈썹, 입매, 이마에 집중하지요. 이런 표현은 앞으로 계속 나올 겁니다. 이 부분은 '그대의 맑은 눈, 넓은 이마, 이마 모서리도 넓구나' 정도로 해석하고 가겠습니다.

'전여지인혜'(展如之人兮)에서 '전'은 여기서는 '참으로'라는 부사입니다. '참으로[展] 이와 같은 사람[如之人]이여!' 정도로 해석할 수 있겠지요. '방지원야'(邦之媛也)의 '원'(媛)은 '미인'이지요. 한때 능력 있는 젊은 여성을 '재원'(才媛)이라 했는데, 지금은 거의 사용하지 않더군요. 그냥 '인재'라고 하면 될 것을 '재원'이라 하는 순간 예쁜 여자가 되거든요. 선강이 나라의 미인이라는 건데, 이 시는 미모를 찬미하는 것이 아니지요. 미색은 넘치지만 제후의 아내, 어머니다운 미덕은 없다는 반어적 표현입니다. 주자는 친교가 깊었던 대학자 여조겸(呂祖謙, 1137~1181)의 논평으로 이 시를 마무리를 했군요.

동래여씨[여조겸]가 말하였다. "1장의 끝에 '그대의 착하지 못함은 어찌해서인고'라 한 것은 꾸짖은 것이요, 2장의 끝에, '어쩌면 그리도 하늘과 같으며, 어쩌면 그리도 상제와 같은가'라 한 것은 물은 것이요, 3장의 끝에, '진실로 이와 같은 사람이여, 나라의 아름다운 분이로구나'라 한 것은 그를 애석하게 여긴 것이다. 말이 더욱 완곡해지면서 뜻은 더욱 깊어졌다."

東萊呂氏曰, "首章之末云, '子之不淑, 云如之何.',
동래여씨왈　수장지말운　자지불숙　운여지하
責之也. 二章之末云, '胡然而天也, 胡然而帝也.',
책지야　이장지말운　호연이천야　호연이제야
問之也. 三章之末云, '展如之人兮, 邦之媛也.',
문지야　삼장지말운　전여지인혜　방지원야
惜之也, 辭益婉而意益深矣.
석지야　사익완이의익심의

동의하시나요? 시인의 시선이 질타에서 의문으로 그리고 안타까움으로 이동했다는 거군요. '풍자'보다는 약한 어조라는 건데, 글쎄요? '군자해로'가 여성에게 주어진 당위의 삶인데, 작품 속 이 여인은 그렇지 못하다는 전제를 갖고 있으면, 이렇게 해석할 수밖에 없겠지요. 그런데 선강의 증혼에 대한 풍자의 시선을 버리면 어떨까요? 해로하고 있는 여성의 고귀한 덕과 미모를 찬미한 작품으로 볼 수 있지요. 남편과 동고동락하고 있는 귀족 여성이 대단한 미모와 품격까지 갖췄다면 많은 사람들이 감탄했을 테니까요. 그런데 이렇게 해석하면 1장의 '불숙'이 걸리긴 하는군요. 이것도 다른 해석이 가능하답니다. '불'(不)을 '클 비(丕)'로 볼 수 있거든요. 그러면 '불숙'은 '비숙'(丕淑), 매우 정숙하고 단아한 것이 되지요. 복습을 하시면서 이렇게 뒤집어 읽기를 시도해 보는 것도 소소한 재미가 있습니다. 내 스타일로 『시경』을 즐기면 몇 배 더 즐거울 수 있지요. 과감히 시도해 주십시오.

4. 상중桑中

爰采唐矣 沬之鄉矣
원 채 당 의 매 지 향 의

토사를
매의 들판에서 뜯노라.

云誰之思 美孟姜矣
운 수 지 사 미 맹 강 의

누구를 그리워하는가?
아름다운 맹강이라네.

期我乎桑中 要我乎上宮
기 아 호 상 중 요 아 호 상 궁

나를 상중에서 만나기로 하고
상궁에서 맞이했지.

送我乎淇之上矣
송 아 호 기 지 상 의

기수에서 나를 전송했네.

爰采麥矣 沬之北矣
원 채 맥 의 매 지 북 의

보리를
매의 북쪽에서 베노라.

云誰之思 美孟弋矣
운 수 지 사 미 맹 익 의

누구를 그리워하는가?
아름다운 맹익이라네.

期我乎桑中 要我乎上宮
기 아 호 상 중 요 아 호 상 궁

나를 상중에서 만나기로 하고
상궁에서 맞이했지.

送我乎淇之上矣
송 아 호 기 지 상 의

기수에서 나를 전송했네.

爰采葑矣 沫之東矣
원 채 봉 의 매 지 동 의

순무를
매의 동쪽에서 캐노라.

云誰之思 美孟庸矣
운 수 지 사 미 맹 용 의

누구를 그리워하는가?
아름다운 맹용이라네.

期我乎桑中 要我乎上宮
기 아 호 상 중 요 아 호 상 궁

나를 상중에서 만나기로 하고
상궁에서 맞이했지.

送我乎淇之上矣
송 아 호 기 지 상 의

기수에서 나를 전송했네.

　　〈상중〉을 읽을 차례군요. 단순하고 아름다운
연애시입니다. 일을 하면서도 누군가를 그리워하고, 만나고
헤어지는군요. 생활 밀착형 연애입니다. 그런데 주자의 주
석이 심상치 않네요. '위나라의 풍속이 음란하여 대대로 높
은 자리에 있는 귀족 집안들이 서로 처첩을 도둑질하였다'.
처첩을 도둑질하다니, 풍기문란의 강도가 세군요. 이 정도
면 불륜 끝판 왕이지요. 이런 입장을 취하면 이 시는 음란한
행동을 하면서도 부끄러움을 모르는 귀족 남성이 자신의 연
애사를 노래한 것이 됩니다. 계속 막장극인가요? 여기서 '상
중'은 '매'라는 위나라 고을의 지명입니다. 물론 '뽕나무'가
많은 곳이지요. 지금 입가에 웃음이 감도는 분들 계시는군
요. 그렇지요. 밀회의 장소지요. 뽕나무 아래, 보리밭 사이,
물레방앗간. 우리는 그냥 연인을 그리워하는 민요로 봐도

됩니다. 후대에는 소박한 연애시로 인용하기도 하니까요.

다만 〈상중〉은 『예기』(禮記) 「악기」(樂記) 편에서 '망국의 음악'[亡國之音]으로 꼭 짚어 지적하는 바람에 수천 년 간 '음란한 노래'란 딱지가 붙어 있습니다.

『예기』「악기」에서 말하였다. "정나라와 위나라의 음악은 난세의 음악이니 방종함에 가깝다. 상간과 복상의 음악은 망국의 음악이니, 그 정치는 혼란하며 백성은 흩어져서 윗사람을 속이고 사사로운 행동을 해도 중지시킬 수가 없다". 〈상간〉이라고 한 것이 바로 이 작품[〈상중〉]이다. 그래서 『모시』「소서」에서도 「악기」의 말을 인용한 것이다.

樂記曰: "鄭衛之音, 亂世之音也, 比於慢矣.
악 기 왈   정 위 지 음   난 세 지 음 야   비 어 만 의
桑間濮上之音, 亡國之音也, 其政散, 其民流,
상 간 복 상 지 음   망 국 지 음 야   기 정 산   기 민 류
誣上行私而不可止也. 按桑間卽此篇.
무 상 행 사 이 불 가 지 야   안 상 간 즉 차 편
故小序亦用樂記之語."
고 소 서 역 용 악 기 지 어

'정위지음'(鄭衛之音)은 『시경』의 「정풍」, 「패풍」, 「용풍」, 「위풍」을 말합니다. 단정적으로 '난세지음', 어지러운 세상의 노래라고 말하는군요. 「악기」에서는 음악을 사람의 마음에서 우러나는 것으로, 내면의 '정'이 소리가 되고 소리가 구

조를 이룬 것이라고 합니다. 맞는 말이지요. 어디 음악뿐인가요? 발생론적으로 모든 예술은 내면 정서의 표현이지요. 예술에 대한 이런 시각을 '표현론'이라고 합니다. 그런데 음악이 정치현실을 반영한다고 보는 것은 '반영론'입니다. 표현론과 반영론, 즉 '예술은 개인의 감정 표현일 뿐이다'라는 입장과 '개인의 감정도 사회 정치 상황 속에서 생기는 것으로, 누구나 영향을 받을 수밖에 없다'는 입장은 예술을 보는 대표적인 두 시선이기도 합니다. 아무튼 「악기」에서는 이 세상의 음악을 '치세지음', '난세지음', '망국지음'으로 나눕니다. 워낙 많이 인용되는 글이니 읽고 갈까요? 전근대시대 『시경』을 해석했던 모든 지식인들은 이 입장에서 벗어날 수 없었답니다.

치세의 음악은 편안하고 즐거우니, 그 정치가 윗사람과 아랫사람이 화합하고 있는 상황이다. 난세의 음악은 원망하고 분노하니. 그 정치가 윗사람과 아랫사람의 마음이 괴리된 상황이다. 망국의 음악은 슬프고 생각이 많으니 그 백성의 삶이 고단하다.

治世之音安以樂, 其政和. 亂世之音怨以怒, 其政乖.
치 세 지 음 안 이 락　　기 정 화　　난 세 지 음 원 이 로　　기 정 괴
亡國之音哀以思, 其民困.
망 국 지 음 애 이 사　　기 민 곤

이런 전제를 가지고 '정위지음'은 '난세의 음악'이고 그 중에서도 〈상간〉, 〈복상〉의 음악은 '망국의 음악'이라고 했으니, 지금 우리가 읽을 〈상중〉은 변명의 여지없이 '망국의 음악'이 된 것이지요. 〈상중〉을 〈상간〉으로 본 이유를 물으신다면? '가운데 중(中)' 자와 '사이 간(間)' 자가 뜻이 같기 때문이지요. 주자도 〈상간〉이 바로 〈상중〉이라 했습니다. 「모서」도 〈상중〉을 위나라 공실(公室)의 음란함을 풍자한 시로 보고요. 다만 주자는 풍자시가 아니라 자유분방한 연애를 즐기는 귀족층 남성의 노래로 봅니다. 그런데, 어쩌다가 정나라와 위나라의 노래가 난세의 음악이란 말까지 듣게 되었을까요? 정나라와 위나라는 중국 안에서도 중앙에 있는 문명국입니다. 귀족문화가 발달했지요. 귀족문화의 끝은 어디인가요? 향락과 탐닉, 그리고 호기(好奇)! 이런 방향으로 갑니다. 모든 제국의 문화도 그렇지요. 말기가 되면 약물중독, 주색잡기, 섹스 중독이 만연하지요. 당연히 이런 현상은 위에서부터 시작되고요.

① 爰采唐矣 沬之鄕矣 云誰之思 美孟姜矣
　　期我乎桑中 要我乎上宮 送我乎淇之上矣

'원채당의'(爰采唐矣)에서 '이에 원'은 '~에서'[於]의 뜻이죠. '당나라 당(唐)'은 여기서는 한해살이 기생 식물입니다. '토사'(菟絲), '새삼'이라고도 하는데 잎은 없고 누런 갈색의 줄기만 있습니다. 그 열매 토사자(菟絲子)는 약재로 쓰인답니다. 도시의 귀족 남성이 굳이 들판에 나가 토사를 뜯고 있네요. 왜일까요? 밀회를 기다리는 거지요. '매지향의'(沫之鄕矣)는 '매'라는 곳에서 연인을 기다리고 있다는 말입니다. 이 시는 세 장으로 이뤄져 있는데, 매 장마다 '땅이름 매'가 나옵니다. 이 매라는 곳은 '위나라의 읍'[衛邑]입니다. 이 당시 '읍'은 중심 도시를 말하는 거고요. '매' 자는 '물거품 말'(沫) 자와 혼동하기 쉬우니 한 번 더 눈여겨 보시고요. 그다음 '운수지사'(云誰之思)는 '누구를[誰] 그리워하는가[思]?'라는 뜻입니다. '미맹강의'(美孟姜矣), 아름다운 맹강이군요. '맹강'은 '강씨 집안의 맏딸'이라는 뜻인데, 제나라 출신으로 위나라로 시집 온 귀족 여인이지요. 장공과 결혼한 장강, 선공과 결혼한 이강, 선강, 모두 제나라 출신입니다. 그래서 주자가 '세족'(世族), 즉 대대로 유력한 집안사람들이 서로 처첩을 도둑질했다고 한 겁니다. 물론 평민층 남성이 귀족층 여인을 만난 것이거나, 자신의 연인을 맹강처럼 아름답다고 노래한 것일 수도 있지요. 사랑에 빠진 평민 남성이 뽕잎 따는 맹강이라는 연인을 만난 노래로 보면 민간가요가 되겠지요.

그다음 부분은 반복되는 후렴구입니다. '기아호상중'(期我乎桑中)에서 '기'(期)는 '기약할 기'이니 뽕나무 사이[桑中]에서 만나기로 약속했군요. 물론 뽕나무가 많은 곳이지요. '요아호상궁'(要我乎上宮)의 '요'(要)는 '맞이하다'로 나를 '상궁'에서 맞이했다는 말이고요. '송아호기지상의'(送我乎淇之上矣)은 나를 '기수'에서 전송[送]했다는 말입니다. 주자는 '상중', '상궁', '기상'을 모두 매읍 안의 작은 지역 이름으로 봅니다. 이렇게 밀회를 약속하고 기다리고 헤어졌다는 연애 노래인데, '망국지음'이라 하네요. 왜 그럴까요? 상상력으로 빠진 부분을 채워 주세요.

② 爰采麥矣 沬之北矣 云誰之思 美孟弋矣
　　期我乎桑中 要我乎上宮 送我乎淇之上矣

'원채맥의'(爰采麥矣), '캘 채(采)'지만 보리는 벤다고 하는 게 좋겠지요. 어디에서 이러고 있죠? '매지북의'(沬之北矣), 매읍의 북쪽이네요. 약간의 변화를 주었죠. '운수지사'(云誰之思)는 앞과 같습니다. '미맹익의'(美孟弋矣)에서 여인의 이름이 바뀌네요. 이번에는 아름다운 '맹익'을 기다리고 있습니다. 여인의 성이 '익'인데 주자는 '주살 익(弋)'이 『춘추』에는 '동서 사(姒)'로 되어 있고, 기(杞)나라 출신이라고 봤어요. '기우'(杞憂)라는 고사로 유명한 기나라는 하(夏)의 후손에게 봉해 준 작은 나라입니다. '맹강'과 마찬가지로 귀족이지요. 그다음 후렴구는 1장과 같습니다. 이런 노래는 합창으로 불렀을 것 같죠. 선창, 후창으로 부르는 모습이 눈에 선하네요.

③ 爰采葑矣 沬之東矣 云誰之思 美孟庸矣
　　期我乎桑中 要我乎上宮 送我乎淇之上矣

'원채봉의'(爰采葑矣)에서 '봉'(葑)은 〈곡풍〉에서 나왔던 순무죠. '매지동의'(沬之東矣), 이번에는 순무를 매읍 동쪽에서 뽑고 있습니다. '미맹용의'(美孟庸矣), '아름다운 맹용'을 기다리고 있네요. '맹용' 역시 귀족 여성입니다. 뒤에는 동일한 후렴구가 이어집니다. 이렇게 음란한 망국의 노래라는 〈상중〉을 살펴보았습니다. 그런데 '악명'에 비해 예상 외로 소박하네요. 그래서 저는 공자님이 삭제하신 2,700여 수 중에 〈상간〉이란 별도의 작품이 있었나, 이런 생각도 합니다. 뽕나무가 나오는 비슷비슷한 노래가 많았겠지요. 여성들이 삼삼오오 모여서 노래 부르며 뽕잎을 땄을 테니까요.

5. 순지분분_{鶉之奔奔}

鶉之奔奔 鵲之彊彊
순 지 분 분 작 지 강 강

메추라기 나란히 다니고,
까치는 사이좋게 지내네.

人之無良 我以爲兄
인 지 무 량 아 이 위 형

사람이 선량치 않은데
내가 형이라 해야 하는가.

鵲之彊彊 鶉之奔奔
작 지 강 강 순 지 분 분

까치는 사이좋게 지내고
메추라기 나란히 다니네.

人之無良 我以爲君
인 지 무 량 아 이 위 군

사람이 선량치 않은데
내가 어머니라 해야 하는가

① 鶉之奔奔 鵲之彊彊 人之無良 我以爲兄

〈순지분분〉은 2장에 각 장이 4구로 된 단출한 작품입니다.
두 개의 장에서 '메추라기 순(鶉)'과 '까치 작(鵲)' 자가 순서를
바꿔 가며 등장하고 있네요. '분분'(奔奔), '강강'(彊彊)은 모두
메추라기와 까치가 정해진 짝이 있고, 날아다닐 때도 '서로
따르는 모습'이라고 합니다. '달아날 분(奔)', '굳셀 강(彊)'이지

만 겹쳐 써서 의태어가 된 것이지요. 이렇게 의태어로 된 구절은 풀기 어렵지요. '나란히 날고 사이가 좋다'는 정도로 해석하겠습니다. 그런데 사실 메추라기와 까치를 금슬 좋은 일부일처의 모델로 보는 것은 실제와는 상관없는 화자의 시선일 뿐이죠.

'인지무량'(人之無良)은 '선량하지 못한 사람'이라는 뜻이지요. 누굴 가리키는 걸까요? '선강'과 증혼(烝婚)한 공자 완(頑)을 가리킨다는 것이 전통적인 해석입니다. 그런데 '아이 위형'(我以爲兄), 그 사람을 내가 형이라고 하네요. 그렇다면 '나'는 누구일까요? 네, 그렇습니다. 선공과 선강의 아들로 제후가 된 삭(朔: 혜공)이지요. 어머니와 같이 형 급을 참소하여 동복형 수까지 죽음으로 내몬 문제적 인물이었죠. 관계가 좀 복잡한데, 주자의 입장을 볼까요?

위나라 사람이 선강과 완이 서로 정해진 배필이 아닌데도 어울리는 것을 풍자하였다. 이 때문에 혜공이 말하는 것으로 하여 그들의 관계를 풍자한 것이다.

衛人刺宣姜與頑, 非匹耦而相從也.
위 인 자 선 강 여 완　비 필 우 이 상 종 야
故爲惠公之言以刺之.
고 위 혜 공 지 언 이 자 지

풍자시라고 보았군요. 아들이자 아우인 혜공의 목소리로 선강과 공자 완의 관계를 폭로했다고 본 겁니다. 혜공에게 완은 이복형이자 '이부'(異父)가 되니까요. 상황 설정이 대단합니다. 이 작품의 묘미이지요. 메추라기, 까치만도 못한 저 사람(완)이 나의 형이라니! 당시에는 아들이 어릴 경우 사실 군주의 아내가 남편의 동생이나 이복 아들을 후견인으로 삼는 것은 새삼스러운 일이 아니었습니다. 위나라에만 있었던 일도 아니구요. 노(魯), 송(宋), 진(晉) 등 모든 제후국에서 후계자의 어머니는 다양한 방식으로 아들의 권력을 강화합니다. 매수, 참소, 애인 만들기 등등. 아들을 사랑해서일까요? 저는 사랑보다는 권력욕이라고 봅니다.

② 鵲之彊彊 鶉之奔奔 人之無良 我以爲君

'작지강강 순지분분'(鵲之彊彊 鶉之奔奔)은 1장에서 구절의 순서만 바꿨군요. 다음 구절 '인지무량 아이위군'(人之無良 我以爲君)에서는 선량하지 못한 사람이 변합니다. 이번에는 공자 완이 아니라 어머니 선강이 대상이군요. '군'(君)은 '소군'(小君)으로 제후의 정처(正妻)에 대한 공식 명칭이거든요. 혜공이 자신의 처지를 탄식하는 노래인데, 물론 풍자를 위한 설정이지요.

작품 뒤에 성리학자 범조우(范祖禹, 1041~1089)와 호인(胡寅, 1098~1156)의 분노, 저주의 말이 길게 붙어 있습니다. '인도'(人道)가 사라져 금수와 다름없이 되었으니 위나라가 망할 수밖에 없었다는…. 음란한 사람들은 집안을 망치고 나라를 멸망에 이르게 한다는…. 글쎄요? 혜공의 아들 의공(懿公) 때에 위나라가 망한 것은 사실이지만 그것이 선강 때문이었다고 할 수는 없지요. 호인의 글을 보면 '근세에 경연(經筵)에서 국풍을 진강(進講)하지 말 것을 요청하는 사람'이 있었다네요. '국풍'에 음란한 내용이 곳곳에서 나오니까요. 군주 앞에서 설명하기 곤란했겠지요. 『시경』의 교육적 효과에 대해서는 의문이 있어 왔으니까요. 하지만 호인은 단호하게 말합니다. '수계'(垂戒), 후대인에게 경계할 것을 알려주는 것, 이것이 '성경지지'(聖經之旨), 곧 성인이 남기신 경전의 참된 뜻이라고요. '공자님은 왜?'라는 의문이 내내 문제가 되었던 건데요. 우리는 이런 의문을 일단 접어 두고 계속 읽어 보도록 하겠습니다.

6. 정지방중定之方中

定之方中 作于楚宮
정 지 방 중 작 우 초 궁

정성이 바야흐로 중앙에 뜰 때
초궁을 짓노라.

揆之以日 作于楚室
규 지 이 일 작 우 초 실

해 그림자 헤아려
초실을 짓고

樹之榛栗 椅桐梓漆
수 지 진 률 의 동 재 칠

개암나무, 밤나무, / 의나무, 오동나
무, 가래나무, 옻나무를 심노라.

爰伐琴瑟
원 벌 금 슬

이를 베어
거문고와 비파를 만들리라.

升彼虛矣 以望楚矣
승 피 허 의 이 망 초 의

옛 성터에 올라,
초구를 바라보았지.

望楚與堂 景山與京
망 초 여 당 영 산 여 경

초구와 당읍 바라보고,
산과 언덕을 해 그림자로 헤아렸지.

降觀于桑
강 관 우 상

내려와 뽕나무가 자랄 수 있나
살폈었지.

卜云其吉 終焉允臧
복 운 기 길 종 언 윤 장

점괘에 길하다더니
마침내 참으로 좋구나.

靈雨旣零 命彼倌人
령 우 기 령 명 피 관 인

때맞춰 고마운 비 내리거늘,
마부에게 수레를 준비시키노라.

星言夙駕 說于桑田
성 언 숙 가 세 우 상 전

일찍 별을 보며 수레를 달려
뽕밭에 멈추네.

匪直也人 秉心塞淵
비 직 야 인 병 심 색 연

사람이 진실하고
깊을 뿐만 아니라

騋牝三千
래 빈 삼 천

키 큰 암말이 삼천 필이구나.

위나라는 혜공의 아들 의공 때에 적인(狄人)의
침입으로 멸망합니다. 기원전 660년 12월의 일이지요. 의공
은 '호학'(好鶴)의 군주로도 유명합니다. 학(鶴) 사랑이 유별
났지요.

겨울 12월, 적인이 위나라를 공격했다. 위 의공은 학을 좋
아하여 학 중에는 귀족이 타는 초헌(軺軒)을 타는 경우도
있었다. 출전할 때 국인들이 갑옷을 받고 이렇게 말했다.
"학을 시키시오! 학이 녹봉과 작위를 가지고 있는데 내가
어찌 싸우겠소."(『춘추좌씨전』노 민공 2년)

冬, 十二月, 狄人伐衛. 衛懿公好鶴, 鶴有乘軒者.
동   십 이 월   적 인 벌 위   위 의 공 호 학   학 유 승 헌 자
將戰, 國人受甲者, 皆曰使鶴. 鶴實有祿位, 余焉能戰?
장 전   국 인 수 갑 자   개 왈 사 학   학 실 유 록 위   여 언 능 전

어이가 없지요. 나라가 위태한데, 싸우겠다고 나서는 사람이 없군요. 군주가 아무리 특이한 취미를 가졌다 해도, 이 정도면 국가의 기강이 없는 것이지요. 결국 의공은 대패하고 죽습니다. 이 상황에서 나온 노래가 「용풍」 마지막에 있는 허나라 목공 부인이 지은 〈재치〉입니다. 뒤에서 읽도록 하고요.

이렇게 도성 조가(朝歌: 지금의 하남성 기현[淇縣])를 빼앗기고 유민이 된 남녀가 730여 명뿐이고, 주변의 백성을 더해 5천 명 정도가 되었다 하니 위나라는 땅도 군주도 없는 '망국'이 되었지요. 이때 송 환공과 제 환공이 적극적으로 나서서 피난민이 머물 땅을 마련해 주고 생활용품을 지원합니다. 이때 송 환공은 위나라의 제후로 대공(戴公)을 세웁니다. 하지만 대공은 곧 죽고 동생 문공(文公)이 제후가 되어 위나라를 재건하지요. 〈정지방중〉에는 그 과정이 담겨 있습니다. 참고로 대공과 문공은 모두 선강과 공자 완의 아들입니다.

① 定之方中 作于楚宮 揆之以日 作于楚室
　　樹之榛栗 椅桐梓漆 爰伐琴瑟

'정지방중'(定之方中)의 '정'(定)은 북방의 별로 '영실성'(營室

星)을 뜻합니다. 음력 10월에 저녁 하늘 중앙에 뜨는 별로 이 때가 집짓기에 적합한 시기이지요. 농한기이니까요. 별 이름도 '집을 짓는다'는 뜻이군요. '정지방중'은 '정성이 바야흐로 하늘 중앙에 뜰 때'로 푸시면 됩니다. '작우초궁'(作于楚宮)에서 '초궁'(楚宮)은 '초구에 짓는 궁'[楚丘之宮]이지요. '초구'는 제 환공이 위나라의 유민에게 마련해 준 새 도읍지이고요.

'규지이일'(揆之以日), '규'(揆)는 '헤아리다'라는 뜻으로 이 때는 여덟 자 되는 나무를 세워 놓고 해가 뜨고 질 때의 그림자를 헤아려 동서를 정하고, 한낮의 그림자를 재서 남북을 정했습니다. 해 그림자로 궁궐의 동서남북을 정한 것이지요. '작우초실'(作于楚室)에서 '초실'은 '초궁'과 같이 '초구'에 새로 짓는 궁실이지요.

'수지진률 의동재칠'(樹之榛栗 椅桐梓漆)에서는 이때 심은 나무 이름이 나열되어 있네요. 개암나무[榛], 밤나무[栗], 의나무[椅], 오동나무[桐], 가래나무[梓], 옻나무[漆]'입니다. 이런 나무들을 심었다[樹之]는 것이죠. 이 중에서 개암나무와 밤나무 열매는 제사에 씁니다. 나머지 나무들은 생활 가구를 만들고 옻칠을 하지요. '원벌금슬'(爰伐琴瑟), 이 나무를 베어 거문고[琴]와 비파[瑟]를 만든다고 하네요. '칠 벌(伐)'이지만

나무를 벨 때도 쓰지요. 지금 위나라의 유민들이 문공과 힘을 모아 새 도읍지에서 궁궐을 짓고 나무를 심고 있습니다. 지금은 힘들고 비참하지요. 하지만 이 나무들로 금슬을 만들어 이전처럼 즐겁고 안락하게 살 날이 올 겁니다. 이 구절은 이런 희망을 말하고 있는 것이지요. 망국의 유민이지만 재건의 에너지가 넘칩니다.

② 升彼虛矣 以望楚矣 望楚與堂 景山與京
　　降觀于桑 卜云其吉 終焉允臧

1장에서는 궁궐을 짓고 나무를 심었지요. 2장에서는 '초구' 땅에 처음 왔을 때를 말하네요. '승피허의'(升彼虛矣)의 '허'는 '터 허'(墟)로 '옛 성터'[古城]입니다. 옛 성터에 오른다[升]는 말이지요. '이망초의'(以望楚矣)는 '초구[楚丘]를 바라본다[望]'이니, 화자는 지금 옛 성터에 올라 초구를 바라보고 있는 겁니다. 앞으로 터를 잡고 살 곳이니 지세(地勢)를 살펴봐야지요. '망초여당 영산여경'(望楚與堂 景山與京)에서 '당'(堂)은 초구 주변의 땅 이름입니다. 초구와 당 읍을 바라보며 산과 언덕을 해 그림자로 헤아려 보는 것이지요. '별 경'(景)은 '그림자 영'(影)으로 해 그림자로 사방을 헤아려 보는 것입니다.

'서울 경(京)'은 '높은 언덕'이지요. 이쪽저쪽 지형을 바라보고 방위를 헤아리고 있네요. 터전을 잡을 때는 최대한 신중해야지요.

'강관우상'(降觀于桑)에서 '강'은 올라갔던 옛 성터에서 내려오는 것입니다. 그리고 '상'(桑), '뽕나무'가 자랄 만한 토질인가를 살펴봅니다. 뽕나무가 제대로 자라야 누에를 칠 수 있으니까요. 지금의 IT산업처럼 양잠은 당시 모든 제후국의 고부가가치 주력 사업이었습니다. 중국의 양잠, 비단 기술은 일급비밀이기도 했죠. 로마에서 비단 수요가 급증하여 경제적 부담이 되자, 기술을 빼오려 했지만 실패했다고 합니다. 당 태종 때 문성공주가 티베트의 군주 송찬간포와 결혼할 때(640년) 누에고치를 가져갔다고도 전해지는데, 알 수 없지요. 이렇게 지형과 토질을 살폈으니, 그다음엔 어떻게 했을까요? '복운기길'(卜云其吉), '점을 치니 길하다'는 점사(占辭)가 나왔군요. '종언윤장'(終焉允臧), '마침내 종(終)', '진실로 윤(允)', '선할 장(臧)'입니다. '이곳에 터를 잡고 살면 좋다'라는 결론을 얻은 것이지요.

③ 靈雨旣零 命彼倌人 星言夙駕 說于桑田

　　匪直也人 秉心塞淵 騋牝三千

‘령우기령’(靈雨旣零)의 ‘신령 령(靈)’은 여기서는 ‘좋다’는 뜻으로, ‘령우’는 ‘때맞춰 내리는 고마운 비’, 단비를 말합니다. 두보는 「춘야희우」(春夜喜雨, 봄밤의 반가운 비)라는 시에서 ‘호우지시절, 당춘내발생’(好雨知時節 當春乃發生)이라 했지요. ‘반가운 비가 시절을 알아 봄이 되자 바로 내린다’고 했네요. ‘령우’, ‘호우’, 같은 뜻이지요. 두보의 시를 이야기하니 영화 「호우시절」(2009)이 떠오르네요. 이 영화의 무대도 두보가 살던 사천성 성도의 ‘초당’(草堂)이었지요. ‘떨어질 령(零)’은 ‘비가 내린다’라는 동사입니다. 봄에 단비가 내리면 본격적으로 농사일이 시작되니 들판으로 나가야겠지요. ‘명피관인’(命彼倌人)에서 ‘관인’은 ‘수레를 관리하는 사람’입니다. 수레를 준비하라는 명을 내리는 것인데, 여기서 명령하는 사람은 누구일까요? 주자는 이 인물을 초구에 도성을 세운 위문공이라고 봅니다.

　‘성언숙가’(星言夙駕)의 ‘성’(星)은 ‘별을 본다’는 뜻의 동사인데요. 봄비가 내리자 서둘러 수레를 준비하라고 명하여 새벽부터 들판으로 나가는군요. ‘숙’(夙)은 ‘일찍 숙’입니다.

'가'(駕)는 '멍에 가'로, '가거'(駕車)는 말에 수레를 매어 탈 준비를 하는 것을 말합니다. 문공이 부지런하고 성실했군요. 새벽부터 움직여서 백성들을 권면(勸勉)한 것이지요. 하긴 망한 나라를 새로 만들던 때이니 오죽 일이 많았겠어요? 그 다음 '세우상전'(說于桑田)에서 '말할 설'(說)을 '세'로 읽겠습니다. '멈추다'라는 뜻의 동사로 쓸 때는 음이 '세'가 됩니다. '상전'은 '뽕나무 밭'이니 역시 뽕나무가 중요했군요. 군주가 솔선해서 부지런히 일하면서 백성들을 위로하는 상황인데, 〈장유자〉, 〈순지분분〉과는 분위기가 완전히 달라졌군요.

'비직야인 병심색연'(匪直也人 秉心塞淵), 이 두 구절은 '단지 이 사람이 ~할 뿐만이 아니다'라고 연결해서 풉니다. '비'(匪)는 '~가 아니다'[非]라는 부정사이고 '직'(直)은 '단지'라는 부사입니다. 대상 인물은 당연히 문공이지요. '병심색연'(秉心塞淵), '병심'은 '마음가짐'으로 '색연'한 마음상태를 가지고 있다네요. '잡을 병(秉)'을 '지킬 수(守)'로 보셔도 좋습니다. '막을 색(塞)'은 여기서는 '성실한 것'이고, '연못 연(淵)'은 '마음이 깊은 것'입니다. '색연'은 '성실하고 깊이가 있는 사람'을 말하지요. 문공의 마음가짐이 이렇게 훌륭할 뿐만이 아니라고 하네요. 그럼 또 뭐가 있나, 궁금해집니다.

'래빈삼천'(騋牝三千), 갑자기 큰 암말이 3천 필이라니. 이게 무슨 소린가요? '래'(騋)는 키가 7척 이상이 되는 큰 말을 말합니다. '빈'(牝)은 '암컷 빈'이고요. 좋은 암말이 3천 필이나 되었다는 건, 나라가 부유해진 겁니다.『예기』에는 '군주의 재산을 물으면 말의 숫자로 대답한다'라는 말이 있지요. 좋은 품종의 암말이 3천 필이면 부유한 나라인 겁니다.『논어』에서 제 경공(景公)의 부유함을 말하면서 '말 4천 마리를 소유했다'고 했으니까요(「계씨」).

〈정지방중〉에는 권력투쟁으로 사분오열되었던 위나라가 멸망당한 이후에 새로운 국가로 자리 잡아 가는 과정이 나옵니다. 당시의 패자 제 환공이 제후들과 연합하여 초구에 성을 쌓고 위나라의 도읍을 옮기게 했지만 그 이후가 중요하지요. 자력으로 일어나야 하니까요. 이때 문공이 역량을 보여 준 것이지요. 이에 관한 자료가『춘추좌씨전』에 남아 있습니다.

위나라는 망국의 아픔을 잊게 되었다. 위 문공은 거친 삼베옷을 입고 거친 명주비단 관을 썼다. 백성의 재물을 늘리는 데 힘쓰고 농사를 가르치며, 상품을 유통시키고 공인들에게 혜택을 주었다. 교육에 힘쓰고 학문을 권장하며, 정책을 제시해 주고 능력이 있는 자를 임명하였다. 즉위한

원년에는 전투용 수레가 30승이었는데, 말년에는 마침내 3백 승에 이르렀다.(『춘추좌씨전』노 민공 2년)

衛國忘亡. 衛文公大布之衣, 大帛之冠. 務材,
위국망망 위문공대포지의 대백지관 무재
訓農, 通商, 惠工. 敬教, 勸學, 授方, 任能. 元年,
훈농 통상 혜공 경교 권학 수방 임능 원년
革車三十乘, 季年, 乃三百乘.
혁거삼십승 계년 내삼백승

'위국망망'(衛國忘亡)은 망국의 상처를 딛고 일어선 것을 말합니다. 초구에서 자리를 잡고 재건에 성공한 것이지요. 위 문공이 소박한 차림새로 백성에게 다가가 실행한 정치가 자세히 나와 있군요. 역시 급선무는 백성(농민, 상공인)의 생계이지요. 그다음이 교육입니다. 맹자는 말하죠. '항산'(恒産)이 있어야 '항심'(恒心)을 갖고 살 수 있다고요. <정지방중>에서는 피난민들이 초구에서 정착하는 과정과 위 문공의 정치력을 예찬합니다. 아무래도 암말이 3천 필이 되었다는 것은 시적 과장이라고 봐야겠지요. 문공 말년에 이르러서야 전투용 수레가 3백 승이 되었다고 하니까요. 하지만 대단하죠. 빠른 속도로 위나라가 재건에 성공한 것은 인정해야 합니다. 사족을 붙이자면 위 문공을 '성군'(聖君)이었구나, 하시면 곤란합니다. 그는 25년 간 재위하면서 정치적 책략에 뛰어났고, 큰 실수를 하기도 했습니다. 도움을 기대하고 찾아

온 '중이'(重耳: 晉文公)를 홀대하는 바람에 그의 후계자 성공(成公)은 이런저런 고초를 겪게 됩니다. 물론 성공의 인격과 정치력이 아버지 문공에 한참 떨어져서 생긴 일이지만. 이때 성공의 측근으로 나라를 안정시키는 인물이 『논어』「공야장」에 나오는 영무자(甯武子)입니다. 영무자의 아버지 영장자(甯莊子)는 학을 사랑했던 의공의 중신이었지요. 의공이 마지막 전쟁에 나갈 때 화살촉을 주면서 뒷일을 부탁했다고 전해집니다(『춘추좌씨전』노 민공 2년).

7. 체동蝃蝀

蝃蝀在東 莫之敢指
체 동 재 동 막 지 감 지

무지개가 동쪽에 있으니
손가락질할 수도 없구나.

女子有行 遠父母兄弟
여 자 유 행 원 부 모 형 제

여자가 결혼하는 것은
부모형제를 떠나온 것이라네.

朝隮于西 崇朝其雨
조 제 우 서 숭 조 기 우

아침에 무지개가 서쪽에서 뜨니,
비가 그쳤구나.

女子有行 遠兄弟父母
여 자 유 행 원 형 제 부 모

여자가 결혼하는 것은
부모형제를 떠나온 것이라네.

乃如之人也 懷昏姻也
내 여 지 인 야 회 혼 인 야

이런 사람들은
정욕으로 가득 찬 사람들이라,

大無信也 不知命也
대 무 신 야 부 지 명 야

참으로 믿을 수 없도다.
도리를 모르는 사람들이구나.

　　　〈정지방중〉 다음에 나오는 〈체동〉, 〈상서〉, 〈간모〉 세 편은 위 문공 때의 작품으로 봅니다. 문공의 리더십으로 위나라의 풍속이 일변했고 그런 상황이 반영된 노래라는 건데, 글쎄요, 고개를 갸우뚱하게 되지요. 이렇게 보는 것이 우리의 생기발랄한 시 해석에 장애가 될 때도 있지만, 『시경』 공부는 해석의 관습을 익히는 것도 중요하지요. 『시경』 이해는 바로 이 지점에서 시작해야 합니다. 그래야 시 해석에서 허용되는 범위, 용례까지 알 수 있으니까요. 우리가 지금 『시경』 완독에 도전하고 있는 이유이기도 합니다.

〈간모〉 뒤에 있는 주자의 해석을 읽고 진도 나가겠습니다.

① 이상 세 편(〈체동〉, 〈상서〉, 〈간모〉)의 시는 「소서」에서 "모두 문공 때의 시다"라고 하였다. 이는 〈정지방중〉과 〈재치〉 사이에 배열되어 있는 것을 보았기 때문일 뿐이고, 다른 근거가 없다.

② 그러나 위나라는 본래 음란하고 무례하며 선도를 좋아하지 않아 나라가 망했는데, 이제 파멸한 후에 인심이 두려워하니, 바로 지난 일을 경계하고 선의 단서를 일으킬 수 있는 시기이다. 그러므로 이러한 시를 지은 것이다.

③ 이것이 이른바 맹자가 말한 "우환에서는 살고 안락에서는 죽는다"라는 것이다. 「소서」의 말이 아마도 근거한 바가 있는 듯하다.

① 此上三詩, 小序皆以爲文公時詩,
　　차 상 삼 시　　소 서 개 이 위 문 공 시 시
　　蓋見其列於定中載馳之間故爾, 他無所考也.
　　개 견 기 렬 어 정 중 재 치 지 간 고 이　　타 무 소 고 야
② 然衛本以淫亂無禮不樂善道而亡其國,
　　연 위 본 이 음 란 무 례 불 락 선 도 이 망 기 국
　　今破滅之餘人心危懼,
　　금 파 멸 지 여 인 심 위 구
　　正其有以懲創往事而興起善端之時也.
　　정 기 유 이 징 창 왕 사 이 흥 기 선 단 지 시 야
　　故其爲詩如此,
　　고 기 위 시 여 차
③ 蓋所謂生於憂患, 死於安樂者.
　　개 소 위 생 어 우 환　　사 어 안 락 자
　　小序之言疑亦有所本云.
　　소 서 지 언 의 역 유 소 본 운

　　논지를 정리하게 위해 번호를 붙였습니다. ① 주자도 이 세 작품을 문공 때의 정치를 반영한 작품으로 보는『모시』「소서」의 입장에 의문을 갖습니다. <정지방중>과 <재치> 시 사이에 있다는 것 말고는 다른 근거를 찾을 수 없다고요. 더구나 시간상으로 보면 <재치>가 먼저랍니다. ② 하지만 주자는 생각을 바꿔『모시』의 해석을 받아들입니다. 주자도 위나라 멸망의 원인을 지배층에서 시작된 풍기문란과 민심의 이반으로 보기 때문이지요. 주자는 나라가 멸망한 후에 비참한 피난민의 처지가 된 사람들이 두려움에 떨었고, 위 문공이 재건 과정에서 교화를 통해 '선단'(善端, 선한 마음의 단서), 즉 건전하고 상식이 통하는 사회를 만들 귀한 기회를 잡

았다고 본 겁니다. 그리고 이 세 작품에서 그러한 성과를 볼수 있다는 것이지요. 저는 주자가『모시』보다 더 적극적으로 이 세 작품을 반영론으로 풀고 있다고 봅니다.

③ 주자가 근거로 삼은 것은 세 작품의 위치가 아니라 맹자의 말입니다. "우환에서는 살고 안락에서는 죽는다"(『맹자』「고자 하」). 맹자는 순임금부터 백리해까지 고난의 과정을 거쳐 입신한 여섯 명을 거론한 후에 개인뿐 아니라 국가도 무사안일에 빠지면 망하게 된다는 결론을 내립니다.『모시』의 논지를 강화시키고 있지요. 물론 주자의 이런 입장은 정강(靖康)의 변(1127년)으로 금나라에 의해 북송이 멸망한 사실과 관련이 깊습니다. 휘종, 흠종이 포로가 되고 수많은 사람이 죽은 후에 임안(항주)에 세워진 남송. 주자의 아버지 주송(朱松, 1097~1143)도 피난민이었지요. 이곳저곳을 전전하며 살았고 주자도 피난지에서 태어나 성장했습니다. 이런 개인적 경험과 시대인식이 춘추시대 위나라의 상황과 오버랩된 것입니다.

시의 배경을 살펴보았으니, 이제 〈체동〉부터 읽어 볼까요? 이 시의 주제는 '음분(淫奔)을 풍자한 시'입니다. 부도덕한 인물의 추한 행동을 노래로 비난하는 것이지요.

① 蝃蝀在東 莫之敢指 女子有行 遠父母兄弟

'체동재동 막지감지'(蝃蝀在東 莫之敢指)에서 '체'(蝃)와 '동'(蝀)은 '무지개 체', '무지개 동'입니다. 무지개가 동쪽에 떴는데[在東] 감히[敢] 가리키지[指] 못한답니다[莫之]. 우리는 무지개가 뜨면 길조로 여기고 모두 손가락으로 가리키며 좋아하지요. 하지만 이전에는 무지개를 '천지의 음기'[天地之淫氣]로 보았습니다. 음과 양의 잘못된 만남으로 생긴 것이 무지개입니다. 그래서일까요? 옛 어른들은 무지개를 손가락으로 가리키면, '손가락이 썩는다'고 말씀하셨지요. 흉조니까요. 무지개는 아침에는 서쪽에, 저녁에는 동쪽에 뜨는데, 지금 저녁 무렵 동쪽에 뜬 무지개를 사람들이 가리킬 수 없다니, 무슨 소릴까요? 여기서 무지개는 음분, '남녀의 도리에 어긋난 만남'을 비유한 것입니다. 그런 행동은 쳐다보기도 지적하기도 싫다는 것이지요. 앞의 〈장유자〉에서는 '말하면 내 입이 더러워진다'고 했는데, 같은 뜻입니다.

'여자유행 원부모형제'(女子有行 遠父母兄弟), 여자가 '행'이 있다는 건, 여자의 결혼을 말합니다. 이 표현은 「패풍」의 〈천수〉(泉水)에도 나왔는데요. 여자가 시집가면 부모 형제를 떠나게 되지요. 이렇게 읽고 말면 무지개와 무슨 상관이지,

하는 의문이 생깁니다. 주자도 같은 의문을 갖고 계셨군요. 이렇게 연결시킵니다. '부모형제를 멀리 떠나 시집온 여인이 그런 처지를 돌아보지 않고 멋대로 행동하면 되겠냐'라고요. 본분을 잊지 말라는 건데, 불륜커플의 귀에는 들리지 않겠지요?^^

② 朝隮于西 崇朝其雨 女子有行 遠兄弟父母

'조제우서'(朝隮于西)의 주어는 무지개입니다. 1장과 연결해보면 무지개가 저녁에 동쪽에 뜨더니, 아침에는 서쪽에 뜬 것이죠. '제'(隮)는 '오르다'라는 뜻으로 주로 높은 곳을 오를 때 씁니다. '숭조기우'(崇朝其雨)의 '높을 숭(崇)'은 여기서는 '마칠 종(終)'의 뜻으로 '종조'는 새벽부터 아침 먹을 때까지를 말합니다. 비가 내리더니, 아침에 무지개가 뜨면서 멈춘 것이지요. 그럼 이건 또 무엇을 비유한 것인가요? 무지개의 사악한 기운이 음양의 조화를 해친 거라고 본 겁니다. 음분, 불륜은 정상적 남녀 결합이 아니라는 겁니다. '여자유행 원형제부모'(女子有行 遠兄弟父母)는 1장과 비슷하지요. 부모형제를 생각해서라도 그렇게 살지 말라는….

③ 乃如之人也 懷昏姻也 大無信也 不知命也

'내여지인야'(乃如之人也)에서 '내여'(乃如)는 '이와 같다'는 뜻이니, '내여지인야'는 '이와 같은 사람들'입니다. 바로 1장, 2장에 나온 무지개가 상징하는 '음분지인'(淫奔之人), 자유분방한 만남을 즐기는 분들이시죠. '회혼인야'(懷昏姻也)의 '혼인'(昏姻)은 '혼인'(婚姻)으로, 여기서는 남녀 사이의 욕망입니다. 음분한 행동을 하는 사람들은 '정욕'(情慾)만을 좇는다는 거지요. '품을 회'는 오직 정욕만을 생각하고 추구하는 것을 말합니다.

'대무신야'(大無信也), 이렇게 사는 사람들은 '크게 신의가 없다'는 뜻이고, '부지명야'(不知命也), 하늘의 바른 이치'[正理]도 모른다는 겁니다. 이렇게 말하면 음분한 사람들은 무개념에 사람의 도리를 모르는 부류가 됩니다. 『모시』에서 이 작품에 붙인 서문[『小序』]에는 '위나라 문공이 도로써 그 백성들을 교화시키니, 음분을 부끄럽게 여겨 그런 사람들을 나라사람들이 상종하지 않았다'고 했는데, 사람 취급을 하지 않은 것이죠. 혐오하고 배제한 것입니다. 주자는 이천선생 정이(程頤)의 말로 이 작품에 대한 자신의 입장을 대신했군요. 정욕을 절제하지 못하면 바로 금수가 된다고요.

인간과 금수의 분기점이 정욕의 절제 여부에 있군요.

이천 선생은 말하였다. 사람은 비록 정욕이 없을 수는 없으나 마땅히 절제할 줄 알아야 한다. 절제함이 없고 오직 정욕만을 좇는다면 사람의 도리가 폐하여 금수의 지경에 들어가게 된다. 도리로써 정욕을 절제한다면 천명을 따를 수 있다.

程子曰:"人雖不能無欲, 然當有以制之, 無以制之,
정자왈 인수불능무욕 연당유이제지 무이제지
而惟欲之從, 則人道廢而入於禽獸矣, 以道制欲,
이유욕지종 즉인도폐이입어금수의 이도제욕
則能順命."
즉능순명

8. 상서相鼠

相鼠有皮 人而無儀
상 서 유 피 인 이 무 의

쥐를 봐도 가죽이 있는데,
사람이면서 올바른 행실이 없구나.

人而無儀 不死何爲
인 이 무 의 불 사 하 위

사람이면서 올바른 행실이 없으니
죽지 않고 무엇하는가?

相鼠有齒 人而無止
상 서 유 치 인 이 무 지

쥐를 봐도 이빨이 있는데,
사람이면서 행동거지가 좋지 않구나.

人而無止 不死何俟
인 이 무 지 불 사 하 사

사람이면서 행동거지가 좋지 않으니
죽지 않고 무엇을 기다리는가?

相鼠有體 人而無禮
상 서 유 체 인 이 무 례

쥐를 봐도 몸이 있는데,
사람이면서 예의가 없구나.

人而無禮 胡不遄死
인 이 무 례 호 불 천 사

사람이면서 예의가 없으니
어찌 빨리 죽지 않는가?

① 相鼠有皮 人而無儀 人而無儀 不死何爲

〈체동〉에서 시의 배경을 충분히 살폈으니, 바로 시로 들어
가 보도록 하지요. '상서유피'(相鼠有皮)에서 '상'(相)은 '본다'

는 뜻의 동사이고 '서'(鼠)는 '쥐'입니다. 쥐는 모든 사람이 하찮게 여기고 싫어하는 짐승이지요. 그런데 쥐를 보니 가죽[皮]이 있더랍니다. '인이무의'(人而無儀), '의'는 '예의'로 올바른 행동거지이지요. 사람이면서 행동거지가 바르지 못한 겁니다. 쥐의 가죽에 해당되는 것이 사람에게는 예의인데, 그것이 없다네요. '인이무의', 앞 구절을 반복해서 강조하는군요. '불사하위'(不死何爲), 사람의 모습을 하고서 예의가 없으면 '죽지 않고 무엇하는가'라는 극단적 표현이지요. 이런 사람은 살 가치가 없다는…. <체동>에서 상종하지 않겠다고 했는데 여기서는 비난을 넘어 욕을 하는 거죠. 그런데 이 구절이 얼마나 많이 인용되는지!

② 相鼠有齒 人而無止 人而無止 不死何俟

'상서유치'(相鼠有齒), 쥐를 보니까 이빨[齒]도 있네요. 당연히 있지요. '인이무지'(人而無止) 그런데 사람이면서 '지'(止)가 없다고 하네요. '멈출 지'는 여기서는 '용지'(容止), 바른 행동거지(行動擧止)입니다. 사람으로서 가져야 할 예의가 없는 것이지요. '인이무지', 강조하면서 한 번 더 반복했고요. '불사하사'(不死何俟)에서 '사'(俟)는 '기다릴 사'입니다. '죽지 않고 무엇을 기다리냐?'라고 합니다. 말이 세지요. 문공의 교화정책이 강도가 셌구나, 이런 생각도 듭니다. 망국 이후 비상상황에는 이런 강압도 일어나곤 하니까요. 혹시 70년대 새마을운동 기억하시나요? 온 국민이 일찍 일어나서 뭔가를 해야 했지요. 저처럼 아침잠이 많거나 게으른 사람은 공공의 적이 되었고요. 변명의 여지 없이.

③ 相鼠有體 人而無禮 人而無禮 胡不遄死

'상서유체'(相鼠有體)에서 '몸 체'(體)는 여기서는 '지체'(肢體), 팔다리라고 보시면 됩니다. 쥐도 인간도 사지(四肢)를 움직여 살지요. '인이무례'(人而無禮), 여기서 '예'(禮)는 '예의'(禮儀)로 1장의 '의'(儀), 2장의 '지'(止)와 같은 뜻입니다. 왜 이렇게 글자를 바꿔 가며 비유했을까요? 운을 맞춰 부르기 쉽게 한 것인데요. 皮(pí)와 儀(yí), 齒(chǐ)와 止(zhǐ), 體(tǐ)와 禮(lǐ), 이렇게 운을 맞춰 글자를 바꿔 쓴 것이지요. 중국어를 하신 분들은 『시경』을 읽으실 때 운율의 묘미를 십분 맛보실 겁니다. '인이무례 호불천사'(人而無禮 胡不遄死)라고 하네요. '호불천사', '어찌 호'(胡), '빠를 천(遄)' 자로 '어찌 빨리 죽지 않느냐?'가 됩니다. 사실 〈상서〉 3장은 같은 뜻이 반복되고, 긴

설명이 필요없지요. 사회 분위기를 일신하려 해도 따르지 않는 사람이야 어느 시대에나 있으니까요. 그런 시대에는 규범에서 조금이라도 일탈하면 주변의 시선이 차갑지요. 사회적 제재도 강하고요. 이 시가 이후에 여러 곳에서 인용되는 이유이기도 합니다. 누군가가 예의가 없다고 비난하고 싶으면 바로 '쥐도 낯짝이 있는데…' 하며 이 시를 읊습니다. 수업시간에 이런 단어 써도 되는지 모르겠네요.

9. 간모干旄

子子干旄 在浚之郊
혈 혈 간 모 재 준 지 교

눈에 띄는 깃발을 단 수레,
준 땅의 교외에 있도다.

素絲紕之 良馬四之
소 사 비 지 양 마 사 지

흰 비단실로 깃발을 묶고
좋은 말 네 마리가 달리는구나.

彼姝者子 何以畀之
피 주 자 자 하 이 비 지

저 아름다운 이여,
무엇으로 보답해 주시려나.

子子干旟 在浚之都
혈 혈 간 여 재 준 지 도

눈에 띄는 깃발을 단 수레,
준 땅의 도읍에 있도다.

素絲組之 良馬五之
소 사 조 지 양 마 오 지

흰 비단실로 깃발을 묶고
좋은 말 다섯 마리가 달리는구나.

彼姝者子 何以予之
피 주 자 자 하 이 여 지

저 아름다운 이여,
무엇으로 보답해 주시려나.

子子干旌 在浚之城
혈 혈 간 정 재 준 지 성

눈에 띄는 깃발을 단 수레,
준 땅의 도성에 있도다.

素絲祝之 良馬六之
소 사 축 지 양 마 육 지

흰 비단실로 깃발을 묶고
좋은 말 여섯 마리가 달리는구나.

彼姝者子 何以告之
피 주 자 자 하 이 고 지

저 아름다운 이여,
무엇으로 말해 주시려나.

① 孑孑干旄 在浚之郊 素絲紕之 良馬四之
　　彼姝者子 何以畀之

'혈혈간모'(孑孑干旄), 시 제목 <간모>가 첫 구절에 나오는군요. '방패 간(干)'은 여기서는 '장대 간(竿)'의 뜻입니다. '모'(旄)는 '깃대 장식 모'로 '물소 꼬리를 깃대 머리에 매달아서 수레 뒤에 꽂은 것'이지요. 이 시에는 다양한 형태의 깃발이 나오는데, 어쩔 수 없이 모두 '깃발'로 풀었습니다. '외로울 혈'이 겹쳐진 '혈혈'은 '특별히 눈에 띄는 모습'입니다. 눈에 띄는 간모가 '재준지교'(在浚之郊), 준읍의 교외에 나타났군요. 누군가 탄 화려한 수레가 등장한 것이죠. '깊을 준(浚)'은 여기서는 지명입니다.

　　준읍 교외를 내달리는 멋진 수레에 다가가 볼까요? 앞의 두 구가 교외에서 달리는 수레를 멀리서 본 거라면, 다음 두 구절은 카메라를 줌 인(zoom in) 하듯이 수레를 묘사합니다. 시에서 많이 쓰는 기법이지요. '소사비지'(素絲紕之)에서 '소사'(素絲)는 흰 비단실이고, '비'(紕)는 실을 합쳐 짠 것입니다. '간모'를 가까이서 보니 흰 비단실로 짠 끈으로 묶었군요. '양마사지'(良馬四之), 수레를 끄는 말 네 필은 '양마'(良馬), 뛰어난 말이군요. 참고로 수레는 네 필의 말이 끄는데, 가운데 두 마리를 '복마'(服馬)라고 하고, 양쪽 가장자리에 있는 두 마리를 '참마'(驂馬)라고 하지요. '복마', '참마'는 계속 나옵니다.

'피주자자'(彼姝者子)의 '주'(姝)는 '예쁠 주'인데, 해석하면 '저 아름다운 그대'가 되겠네요. 여기서 '자'(子)는 지금 수레를 타고 가서 만날 사람이랍니다. '하이비지'(何以畀之)의 '비'(畀)는 '줄 비'로 '줄 여(與)'와 같습니다. 여기까지 읽어도 누가 수레를 타고 가고 누구를 만난다는 건지 애매하군요. 시를 읽다 보면 이렇게 '생략'된 부분이 나타나고 상상력으로 채워 넣어야 하지요. 우리는 멋있는 승용차를 타고 애인을 만나러 가나 보다, 이렇게 생각해도 됩니다. 다만 주자의 해석은 봐야겠지요.

이 시는 위나라 대부가 이러한 수레를 타고 이러한 깃대를 세우고서 현자를 만나러 가는 것이다. '저 만나 볼 현자는 장차 무엇을 주어서 예의를 갖춘 군주의 진정에 보답하려는가?'라고 말한 것이다.

言衛大夫乘此車馬, 建此旌旄, 以見賢者.
연 위 대 부 승 차 거 마 건 차 정 모 이 견 현 자

彼其所見之賢者, 將何以畀之而答其禮意之勤乎?
피 기 소 견 지 현 자 장 하 이 비 지 이 답 기 례 의 지 근 호

주자에 의하면 지금 수레에는 대부가 타고 있군요. 그는 위 문공의 지시로 재야의 현자를 만나러 가는 거고요. <정지방중>에서 위 문공의 정치를 말하는 부분에서 '경교, 권학, 수방, 임능'(敬教, 勸學, 授方, 任能)이란 말이 있었지요. 백성들을 교화하면서 인재를 찾아서 그들에게 국정을 맡겼다는 건데, 이 시를 그런 맥락 속에서 푼 것이지요. 인재를 발굴하고 그들을 예우하는 정치. '존현'(尊賢), '상현'(尙賢)은 정국을 쇄신하려는 지도자의 정치술이지요. 이때 예방을 받은 현자가 능력이 없다면 허명(虛名)이고 부끄러운 것이겠죠. 시에서는 새로운 인물, '아름다운 인재'에게 거는 기대가 크군요. 이럴 때가 있지요. 우리도 이번에는 '새로운 인물'이 등장하려나 기대하곤 하지요.

② 孑孑干旟 在浚之都 素絲組之 良馬五之
　　彼姝者子 何以予之

'혈혈간여'(孑孑干旟)에서는 '간모'가 '간여'(干旟)로 바뀌었군요. '여'(旟)는 '새매그림 깃발 여'로 깃발에 날랜 매 문양을 그려 넣은 겁니다. 번역은 그냥 '깃발'로 하겠습니다. '재준지도'(在浚之都), 이런 깃발을 펄럭이며 준읍의 '도'(都)로 가는군요. '도읍 도'는 지금이야 '도시'(都市)로 알고 있지만 이 당시에는 제후에게 소속된 하읍(下邑)을 '도'라고 했답니다.

'소사조지'(素絲組之)의 '조'(組)는 '짤 조'로 화려한 깃발이 흰 비단실로 묶여 있군요. '양마오지'(良馬五之), 이번에는 좋은 말이 다섯 필이군요. 왜 다섯 필일까요? 주석에는 없지만 우리의 상상력을 발휘해 볼까요? 네 마리 말이 모는 수레 뒤에 말 한 마리가 별도로 있는 건 아닐까? 그 말에 현자에게 줄 예물이 가득 실려 있겠구나 등등으로 상상해 보는 것도 좋겠네요. '피주자자 하이여지'(彼姝者子 何以予之)는 1장과 '여'(予) 자만 바뀌었네요. '여'는 '주다'[與]로 1장의 '줄 비(畀)'와 같습니다. '여'는 '나'라는 뜻으로 쓰이지만 '주다'라는 동사 용법도 있답니다.

③ 孑孑干旌 在浚之城 素絲祝之 良馬六之
　　彼姝者子 何以告之

'혈혈간정'(孑孑干旌), 이번에는 '간정'이군요. '기 정(旌)'은 새의 깃털을 잘라 만든 것입니다. '간정'은 '꿩의 깃털을 잘라 깃대의 머리를 장식한 것'이고요. 화려하지요. 눈에 띌 수밖에 없겠네요. '재준지성', 그 화려한 '간정'을 매단 수레가 준의 도성을 달리는군요.

'소사축지'(素絲祝之)의 '빌 축(祝)' 자를 봐 주세요. '축'에는 '매달다', '장식하다', '옷감을 짜다'라는 뜻이 있습니다. 여기서는 '짤 조(組)'의 뜻입니다. 이번엔 '양마육지'(良馬六之), 좋은 말이 여섯 마리가 되었군요. '피주자자 하이고지'(彼姝者子 何以告之)에서 '알릴 고(告)'에는 '깨우쳐 준다'는 뜻도 있지요. 지금 대부가 누구나 볼 수 있는 깃발을 날리며 현자를 찾아 가는 것은 군주가 치국의 방책을 구하기 때문이죠. 공개 채용입니다. 인재를 발탁하여 새 정치를 할 거라는 홍보 효과도 노리구요. 저렇게 화려한 수레를 타고 티를 내고 가니, 예나 지금이나 정치는 홍보죠.

10. 재치 載馳

載馳載驅 歸唁衛侯
재 치 재 구 귀 언 위 후

말을 달리고 말을 몰아,
돌아가 위후를 위로하리라.

驅馬悠悠 言至於漕
구 마 유 유 언 지 어 조

말을 몰아 멀리 가서
조 땅에 이르려는데,

大夫跋涉 我心則憂
대 부 발 섭 아 심 즉 우

대부들이 산 넘고 물 건너 쫓아오니
내 마음 근심이 가득하구나.

旣不我嘉 不能旋反
기 불 아 가 불 능 선 반

이미 나를 좋아하지 않으니
바로 찾아갈 수 없겠구나.

視爾不臧 我思不遠
시 이 부 장 아 사 불 원

네가 좋지 않게 보지만,
나의 걱정은 사라지지 않노라.

旣不我嘉 不能旋濟
기 불 아 가 불 능 선 제

이미 나를 좋아하지 않으니
바로 강을 건널 수 없겠구나.

視爾不臧 我思不閟
시 이 부 장 아 사 불 비

네가 좋지 않게 보지만,
나의 생각은 멈출 수가 없어라.

陟彼阿丘 言采其蝱
척 피 아 구 언 채 기 맹

저 언덕에 올라서
패모를 캐노라.

女子善懷 亦各有行
여 자 선 회 역 각 유 행

여자가 걱정이 많다고 하나
각자의 도리가 있는 법.

許人尤之 衆稱且狂
허 인 우 지 　 중 치 차 광

허나라 사람들이 나를 탓하지만,
그들은 어리석고도 지나치도다.

我行其野 芃芃其麥
아 행 기 야 　 봉 봉 기 맥

내가 그 들판을 가면
보리가 무성할 텐데.

控于大邦 誰因誰極
공 우 대 방 　 수 인 수 극

큰 나라에 하소연하고 싶지만
누구를 통하고 누구를 찾아갈까.

大夫君子 無我有尤
대 부 군 자 　 무 아 유 우

대부 군자들이여
나를 탓하지 말라.

百爾所思 不如我所之
백 이 소 사 　 불 여 아 소 지

그대들이 생각을 백방으로 하지만
내가 가는 것만 못하리라.

　　〈재치〉는 작가와 작시의 배경이 알려져 있는 유명 작품입니다. 『춘추좌씨전』 노 민공 2년(BC 660)에 위 의공의 죽음과 위나라의 멸망을 기록하면서, '허목부인(許穆夫人)이 〈재치〉를 지었다'라는 기사가 있거든요. 허목부인은 누구일까요? 선강과 공자 완(頑)의 딸입니다. 2남 3녀 중의 막내지요. 주자 주에는 이런 관계가 생략되어 있군요. 우리가 채워 읽어야지요.

　　이전에 혜공이 즉위했을 때 나이가 어렸다. 제나라에서 소백(완)으로 하여금 선강과 결혼하게 하였다. 소백이 거절했으나 강요했다. 제자, 대공, 문공, 송 환공 부인, 허 목공 부인을 낳았다.

初, 惠公之即位也, 少. 齊人使昭伯烝於宣姜, 不可,
초 혜공지즉위야 소 제인사소백증어선강 불가
強之, 生齊子, 戴公, 文公, 宋桓夫人, 許穆夫人.
강지 생제자 대공 문공 송환부인 허목부인

공자 완이 여기서는 소백으로 되어 있군요. 두 사람의 결혼이 강대국 제의 강요에 따른 것이라 되어 있고요. 혜공의 어머니 선강은 제 희공의 딸이고 제 양공, 제 환공, 노 환공의 부인 문강과 형제 자매 사이입니다. 위 혜공 즉위 초(BC 699)면 아버지 제 희공(재위 BC 730~BC 698) 때였군요. 이런 말씀을 드리는 것은 제후 딸의 결혼은 국제 관계에 의해 결정되는 정치적 결정이었다는 겁니다. 개인의 선택이 아닙니다. 선강의 증혼(烝婚)을 음란으로 보는 것은 후대의 시선이지요.

① 載馳載驅 歸唁衛侯 驅馬悠悠 言至於漕
   大夫跋涉 我心則憂

'재치재구'(載馳載驅)의 '실을 재(載)'는 '곧'[則]의 뜻으로 행동, 상황의 연속을 표현합니다. 해석하지 않는 경우가 더 많지요. '말 달릴 치(馳)'는 말을 급하게 몰아 어딘가로 향하는 겁니다. '귀언위후'(歸唁衛侯), '친정에 가서 위나라 제후[衛侯]를 위로하겠노라'라고 합니다. '언'(唁)은 위문하는 겁니다. 지금 이 여인은 친정 위나라의 변고를 들은 겁니다. 마음이 급하지요. 구마유유(驅馬悠悠)에서 '유'(悠)는 '멀 유'인데, '유유'는 '멀어서 이르지 못하는 모양'으로 급하게 서둘러 가지만 길이 멀어서 아직 도착하지 못한 것이죠. '언지어조'(言至於漕)의 '언'(言)은 해석하지 않습니다. '조'(漕)는 지명으로 이때 위의 피난민이 천막을 세우고 살던 곳을 말합니다.

위나라가 패하자 송 환공은 위나라의 피난민들을 황하에서 맞이하여 밤에 강을 건너게 도왔다. 이때 위나라의 유민들은 남녀 730명이었고 공(共)과 등(滕)의 백성을 더하여 5천 명이 되었다. 대공을 세워 조 땅에 임시로 머물게 하였다.

及敗, 宋桓公逆諸河, 宵濟. 衛之遺民,
급 패 송 환 공 역 저 하 소 제 위 지 유 민

男女七百有三十人, 益之以共滕之民, 爲五千人,
남 녀 칠 백 유 삼 십 인 익 지 이 공 등 지 민 위 오 천 인

立戴公以廬于曹.
입 대 공 이 려 우 조

기원전 660년 12월, 이때 적인은 의공이 이끈 군대를 대

패시키고 의공도 죽이지요. 도성에 진입했고, 도망가는 사람들을 황하까지 쫓아갑니다. 이때 도움의 손길을 내민 제후가 선강의 또 다른 딸이 시집간 송나라의 환공입니다. 그리고 선강과 공자 완의 아들(대공)을 위나라의 제후로 세웁니다. 이때 위나라의 유민들이 피난살이를 하던 곳이 '조' 땅이고, 허목부인은 '조' 땅으로 말을 달려가고 싶은 겁니다. 죽은 의공을 조문하고 오빠인 대공과 유민들을 위로하기 위해서.

'대부발섭'(大夫跋涉)의 '대부'(大夫)는 허나라 관리죠. '발섭'(跋涉)이 한 단어로 쓰였군요. '밟을 발(跋)'은 '짓밟다'라는 뜻으로, 여기서는 '풀이 무성한 길을 걷는 것'입니다. 이 글자는 책 뒤에 붙이는 글을 '발문'(跋文)이라고 할 때도 쓰지요. '건널 섭(涉)'은 '강을 건너는 것'이고요. '발섭'은 풀숲과 강을 건너 바쁘게 움직이는 것을 말합니다. 우리는 이럴 때 '산 넘고 물 건너'라는 말을 쓰지요. 같은 표현입니다. 그런데 왜 허나라의 대부가 급하게 왔을까요? 그렇습니다. 당시의 예법으로는 제후의 부인은 친정에 초상이 나고 심지어 친정이 망했더라고 직접 갈 수 없지요. '귀녕'(歸寧) 불가! 「패풍」〈천수〉에서 봤듯이 당시의 관례였습니다. '아심즉우'(我心則憂), 마음에 근심이 가득하군요. 허목부인도 '친정에 갈 수 없다'는 예법을 모르는 것이 아닙니다. 급한 마음에 수레를 몰고 출발했지만 조 땅은 아득히 멀고, 급하게 대부는 쫓아오고 있으니, 근심이 가득할 수밖에요. 주자는 '그녀가 끝내 친정을 가지 못하고 이 시를 지어서 자신의 뜻을 말한 것'이라고 봅니다. 안타깝지요. 예법이 뭐라고.

② 旣不我嘉 不能旋反 視爾不臧 我思不遠
　　旣不我嘉 不能旋濟 視爾不臧 我思不閟

2장은 구성이 좀 특이하죠. 거의 같은 글자로 된 네 구절이 반복됩니다. 주자는 이전에 5장으로 읽던 〈재치〉를 4장으로 바꾸었는데요, 소동파의 입장을 받아들여 이전의 2장과 3장을 합쳤다고 하네요. 그래서 이런 구성이 되었습니다.

　'기불아가'(旣不我嘉)의 '아름다울 가(嘉)'는 '좋아하다'입니다. 나를 이미 좋게 여기지 않는다는 것은, 대부가 만류하는 상황을 말합니다. 급하게 쫓아와 예법으로 설득하고 있겠지요. '불능선반'(不能旋反), '돌 선(旋)'인데 여기서는 '곧바로, 즉시'로 풉니다. 부사지요. '되돌릴 반(反)'은 '돌아갈 반(返)'입니다. 지금 대부의 반대를 무릅쓰고 친정에 갈 수는 없는 상황이 된 것입니다. 허목부인이 급한 마음에 출발은 했지만 누구보다 그녀 자신이 관례를 어길 수 없다는 것을 잘 알고 있으니까요.

'시이부장'(視爾不臧)의 글자들을 볼까요? '볼 시(視)', '너 이(爾)', '착할 장(臧)'인데, '장'은 '좋아하다'입니다. '네(대부)가 나를 좋게 여기지 않는다'로 풀어 주십시오. '아사불원'(我思不遠), 여기서 '멀 원(遠)'은 '잊을 망(忘)'의 뜻입니다. '나의 생각은 잊을 수 없다'는 뜻인데, 결국 나의 걱정과 그리움을 멈출 수 없다는 것이죠. 그 마음이 오죽하겠어요?

다시 '기불아가'(旣不我嘉)가 나옵니다. 그다음에는 '불능선제'(不能旋濟)랍니다. '제'(濟)는 물을 건너는 것이지요. 허나라에서 위나라로 가려면 강물을 건너야 하는데, 지금 건널 수 없게 된 것입니다. '시이부장'(視爾不臧)은 앞과 같고요. '아사불비'(我思不閟)에서 '문 닫을 비(閟)'는 '멈추는 것'[止]인데, 지금 이 여인은 걱정, 근심을 멈출 수 없지요. 산 넘고 물건너 쫓아온 대부의 시선이 따갑지만 어쩔 수 없습니다. 대부는 아실 만한 분이 왜 이러시냐고, 예법을 앞세워 만류했겠지요. 이제 그녀는 갈 수 없습니다.

③ 陟彼阿丘 言采其蝱 女子善懷 亦各有行
　　許人尤之 衆穉且狂

『시경』에서는 마음이 답답한 사람들은 어디로 올라가나요? 그렇지요, '언덕'으로 올라갑니다. '척피아구'(陟彼阿丘)에서 '척'은 '오를 척(陟)'이지요. 그다음 글자들은 '언덕 아(阿)', '언덕 구(丘)'로 '아구'는 비탈진 높은 언덕입니다. 답답한데 갈 수는 없고 우선 언덕에 올라 친정 쪽을 바라보는 겁니다. '언채기맹'(言采其蝱), 그런데 뭔가를 캐네요. 웅크리고 앉아서 우는 우리와는 다르군요. '맹'(蝱)을 캡니다. '맹'은 '등에 맹'이지만 여기서는 '패모'(貝母)로 '울결'(鬱結), 우울증 치료에 효과가 있는 약초이지요.

　　'여자선회'(女子善懷)의 '품을 회'(懷)는 그리움이고 걱정이지요. '선회'(善懷)는 근심 걱정이 많은 것입니다. '선'이 동사가 되면 '잘하다'[能], '많다'[多]의 뜻이 있답니다. '역각유행'(亦各有行), '행'(行)은 '도리'(道理)인데요. 내가 이렇게 근심이 많은 것은 각자 도리가 있기 때문이지요. 자신의 입장에서는 친정을 걱정하고 위문하는 것이 당연한 도리라는 겁니다. 다만 지금 법도에 막혀 갈 수 없을 뿐이죠.

　　'허인우지'(許人尤之)의 '더욱 우(尤)'는 뜻이 많은데요, 동사가 되면 '탓하다, 책망하다'입니다. 지금 허나라 사람들이 부인의 행동을 질타하는군요. 경솔했다고, 왜 법도를 어겼 냐고…. '중치차광'(衆穉且狂)은 이런 비난에 대한 허목부인 의 강한 반론, 항의입니다. '어릴 치(穉)' 자인데 '유치(幼稚)하 다'의 '치'(稚)와 같은 글자입니다. '미칠 광(狂)'을 어떻게 풀까 요? '나를 비난하는 많은 사람들이 어리석고 미쳤다'라고 풀 면 될까요? 좀 강하죠. '미쳤다'보다는 '지나치다', '심하다' 정도가 어떨까요? 자신을 탓하는 사람들을 이해 못하는 것 이 아니니까요. 자신의 슬픔, 그리움을 몰라주는 것이 야속 할 뿐이지요.

④ 我行其野 芃芃其麥 控于大邦 誰因誰極
　　大夫君子 無我有尤 百爾所思 不如我所之

'아행기야 봉봉기맥'(我行其野 芃芃其麥), 대부의 만류로 돌 아오는 길에서 들판[野]에 무성하게 자란 보리[麥]를 보았군 요. '봉봉기맥'의 '봉봉'(芃芃)은 풀이 무성할 때 씁니다. 여기 서는 보리가 무성하군요. 위나라는 망해 폐허가 되었는데, 보리는 무성합니다. 이제 허목부인은 생각합니다. '공우대 방'(控于大邦), 친정을 도울 수 있는 '대방'(大邦), 큰 나라는 어

딜까? 시집 온 허나라는 약소국으로 그럴 힘이 없었거든요. '당길 공(控)'은 여기서는 '도움을 호소하는 것'입니다. '수인 수극'(誰因誰極), '누구를 통하고[因] 누구에게 가야 할까[極]?'라고 하네요. '인할 인'은 '통하다'로 유력자의 힘을 빌리는 것인데, 역사서를 읽다 보면 이런 용법이 꽤 많이 나옵니다. 대통령을 만나려면 청와대의 누군가와 인맥이 닿아야겠지요? 그 '누군가'가 바로 '인'입니다. '다할 극(極)'은 '이르다[至]'라는 뜻으로, 누군가를 찾아가는 것이죠. 지금 허목부인은 갈 수는 없지만 누군가에게 도움을 호소하고 싶은 겁니다.

'대부군자'(大夫君子)는 허나라의 대부와 군자, 즉 중인(衆人)을 말합니다. 그들에게 '무아유우'(無我有尤), 수레를 달려 조 땅으로 가려는 '나를 탓하지 말라!'고. '우'(尤)는 '허물 우' 자고요. '있을 유(有)'를 '또 우(又)'로 본다면 '나를 또 비난하지 말고'가 되겠지요. '백이소사'(百爾所思)의 '백'(百)은 동사입니다. '백방으로 대처하다'로 허나라의 대부와 군자들[爾]도 방법을 강구하고[所思] 이렇게 저렇게 움직이고 있는 거죠. 모든 인맥, 외교 라인을 총동원하고 있겠죠. 하지만 '불여아소지'(不如我所之)라고 합니다. '내가 가는 것만 못하다'고 하네요. '지'(之)를 '직접 가다'로 해석하셔도 좋습니다.

유향의 『열녀전』에는 허목부인의 이야기가 「인지」(仁智)편에 실려 있습니다. 그 내용을 간략히 언급하고 가겠습니다. 그런데 『춘추좌씨전』의 기록과는 달리 허목부인이 위 의공의 딸로 되어 있습니다. 아무래도 선강과 공자 완에 대한 부정적 이미지를 의도적으로 감춘 것 같군요. 그녀에게 허나라와 제나라에서 동시에 구혼을 했는데, 아버지 의공이 작은 나라인 허나라로 결정하자 이렇게 말했다고 하네요.

"지금 허나라는 작고 위와 멀리 떨어져 있고, 제나라는 크고 위와 가깝습니다. 지금 세상은 강한 자가 영웅이 됩니다. 만약 변경에 적이 쳐들어오는 일이 생기면 이것은 사방 제후의 나라들과 관계된 일로 대국에 급하게 알려야 합니다. 그때 제가 대국에 있다면 상황이 더 낫지 않겠습니까? 지금 가까운 나라를 버리고 먼 나라로 가고, 큰 나라를 버리고 작은 나라를 선택했다가 하루아침에 전쟁이 일어나면 누구와 더불어 사직을 걱정할 수 있겠습니까?" 위후는 듣지 않고 그녀를 허나라에 시집보냈다.

"言今者許小而遠, 齊大而近. 若今之世, 強者爲雄.
如使邊境有寇戎之事, 維是四方之故, 赴告大國,
妾在, 不猶愈乎! 今舍近而就遠, 離大而附小,

一旦有車馳之難, 孰可與慮社稷?”衛侯不聽,
일 단 유 거 치 지 난　숙 가 여 려 사 직　　위 후 불 청
而嫁之於許.
이 가 지 어 허

'지금은 약육강식의 시대다. 나는 강대국으로 가서 친정에 도움이 되겠다'라는 의견을 말한 거죠. 하지만 의공은 딸의 의견을 무시하고 허나라로 혼처를 결정했고, 나중에 위나라에 위기가 닥치자, 허목부인의 말을 듣지 않은 것을 후회했다고 합니다. 결국 위나라는 패자 제 환공의 도움으로 재건하게 되니까요. 군자가 그녀의 '자애로운 마음과 원대한 식견'을 칭송했다는 평가도 붙어 있습니다. 물론 〈재치〉를 소재로 후대에 만들어진 이야기이지요. 『열녀전』에는 허목부인이 달려가서 오빠를 위로하고 아버지의 죽음을 애도하며 〈재치〉를 지은 것으로 변형되어 있습니다. 이런 방식으로 『시경』의 시들은 후대에 스토리텔링(Storytelling)의 소재가 되기도 한답니다. 지금도 드라마, 영화에서 무한 변신 중이지요.

용풍을 마치며

이렇게 「용풍」 10편 29장 176구를 모두 읽었습니다. 다시 말씀드리자면 「패풍」, 「용풍」, 「위풍」은 모두 춘추시대 제후국 위나라 지역(지금의 하북성 남부·하남성 북부 일대)에서 불렸던 노래입니다. '정위지음'(鄭衛之音)이 '난세의 노래'라고 할 때, 모두 포함되는 노래들입니다. 하지만 장강의 〈백주〉, 공강의 〈백주〉, 〈곡풍〉, 〈천수〉처럼 그런 범주에 속하지 않는 작품도 상당수 있어서 그런 비난에 그냥 고개를 끄덕일 수는 없지요. '시를 꼭 정치적 맥락으로 읽어야 하나, 그때 그런 감정이 생긴 것을 표현한 것뿐이지'. 이렇게 생각하면서 여러 번 읽고 외우고 즐기시면 됩니다. 가끔은 주자의 해석을 보면서 '아! 옛날 분들은 이렇게 읽고 이렇게 느끼셨구나', 공감도 할 수 있으면 좋겠지요.

위풍
衛風

위 지역의 노래

「위풍」을 읽겠습니다. 그런데 주자는『시경집전』에서 「위풍」에 대한 별 설명 없이 바로 첫번째 시 〈기욱〉으로 들어가는군요. 좀 허전하지요. 그래서『사기』권37「위 강숙세가」를 중심으로 위나라의 세계(世系)를 간략히 보려 합니다. 「패풍」, 「용풍」, 「위풍」을 읽으면서 작품에 등장하는 인물들의 관계가 복잡해서 혼란스러울 때가 있거든요. 어떻게 이어져 온 나라인지를 살펴보고 위나라의 노래 마지막인 「위풍」으로 들어가 보겠습니다.

위나라의 시조는 강숙(康叔: 이름 封)으로 그는 주나라를 건국한 주 무왕(武王)의 동모제(同母弟), 즉 어머니가 같은 형제입니다. 문왕의 비 태사(太姒)의 아들이지요. 무왕의 사후 어린 후계자 성왕이 즉위하자 은(殷)의 유민들이 들고 일어났는데요, 섭정을 하고 있던 주공이 힘겹게 진압하고 그 땅에 동생 봉(강숙)을 제후로 봉합니다.『서경』을 보면 「강고」(康誥), 「주고」(酒誥), 「재재」(梓材)라는 글들이 있는데 주공이 어린 동생에게 당부하는 말들로 가득합니다.

강숙의 아들 강백으로 이어진 위나라는 희후(僖侯, 9대)의 사후 후계자 문제로 진통을 겪습니다. 생전에 희후가 사랑했던 아들 화(和)가 형 공백(共伯)을 공격한 것이지요. 「용풍」〈백주〉의 공강이 공백의 아내고요. 형을 죽음으로 몰고

『시경』에 등장하는 위나라 인물들의 세계도(世系圖)

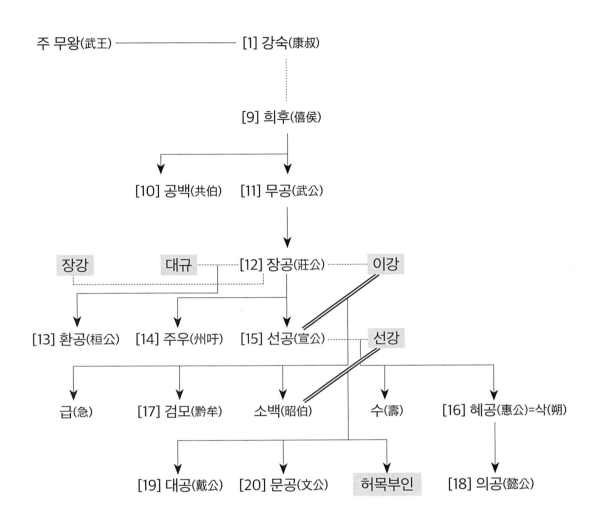

범례

제후가 된 화(和)가 바로 무공(11대)인데, 개혁에 성공하고 주 평왕의 동천(東遷: BC 772)에 큰 공을 세우지요. 「위풍」의 〈기욱〉이 그의 인격을 찬미한 시로 전합니다. 이 무공의 아들이 장강의 남편 장공입니다. 「패풍」〈백주〉, 〈녹의〉, 〈일월〉, 〈종풍〉에서 장공과 장강이 등장했습니다. 장강은 앞으로 나올 「위풍」〈석인〉의 주인공이기도 합니다.

장공 이후 선공 대가 되면 후계자들이 옆으로 왔다 갔다 합니다. 대혼란의 시대가 시작된 것이죠. 장공이 총애했던 아들 주우(14)가 환공(13)을 시해하고 얼마 지나지 않아 자신도 죽으면서 장공의 또 다른 아들 선공(15)이 즉위한 것이지요. 선공과 그의 아내 선강과 관련된 작품들이 가장 많군요. 「패풍」의 〈신대〉, 〈이자승주〉, 「용풍」의 〈장유자〉, 〈군자해로〉, 〈순지분분〉이 있었지요. 선강의 아들 혜공은 형인 급와 수의 죽음 등으로 민심을 잃고 태자 급의 동생 검모(17)에 의해 쫓겨났다가 귀국하는 등, 장공에서 시작된 후계자 리스크는 수십 년 동안 이어집니다.

혜공은 아들 의공에게 자리를 물려주지만, 의공은 학을 지나치게 사랑하는 등의 기행으로 민심 수습에 실패하지요. 그리고 적인(狄人)의 공격으로 위나라는 멸망합니다. 그때 선강과 소백의 딸인 허목부인의 〈재치〉가 나왔고 선강의 아들 문공(20)의 재건과정을 그린 작품이 <정지방중>입니다. 앞 그림의 세계도(世系圖)를 보시면서 작품과 관련된 인물들을 연결해 보셔도 좋겠네요. 장공과 장강, 선공과 선강 등등의 관계가 정리되지요.

「패풍」, 「용풍」, 「위풍」은 이렇게 관련 인물로 연결되어 있습니다. 위 무공(11)때부터 문공(20) 때까지의 시기에 집중되어 있고요. 이 시기는 춘추시대 초기부터 제 환공의 시대까지이지요. 이후 우리에게 익숙한 위나라 제후는 『논어』에 등장하는 영공(靈公, 28)이지요. 영공은 공자에게 진법을 묻고, 공자가 영공의 부인으로 권력자였던 남자(南子)를 만나기도 하지요. 사실 『논어』에는 노나라보다 위나라 정치 상황이 더 많이 나와 있지요. 공자가 14년 동안 천하를 주유하실 때 베이스캠프로 삼았던 곳이 위나라니까요. 영공의 아들인 장공 괴외(蒯聵)와 손자 출공 첩(輒)에 관한 기록도 흥미진진하죠. 장공이 아들 출공에게서 권력을 빼앗는 과정에서 자로가 죽었고요. 자, 이제 「위풍」의 첫번째 작품 <기욱>을 읽겠습니다.

1. 기욱 淇奧

瞻彼淇奧 綠竹猗猗
첨 피 기 욱 녹 죽 의 의

有匪君子
유 비 군 자

如切如磋 如琢如磨
여 절 여 차 여 탁 여 마

瑟兮僩兮 赫兮咺兮
슬 혜 한 혜 혁 혜 훤 혜

有匪君子 終不可諼兮
유 비 군 자 종 불 가 훤 혜

기수의 물굽이를 바라보니
대나무 어린 잎이 아름답구나.

빛나는
아름다운 군자여.

끊어 낸 듯, 갈아 낸 듯,
쪼아 낸 듯, 다듬은 듯하구나.

엄숙하고 위엄 있으며
빛나고 점잖구나.

빛나는 아름다운 군자여.
끝내 잊을 수가 없도다.

瞻彼淇奧 綠竹靑靑
첨 피 기 욱 녹 죽 청 청

有匪君子
유 비 군 자

充耳琇瑩 會弁如星
충 이 수 영 회 변 여 성

瑟兮僩兮 赫兮咺兮
슬 혜 한 혜 혁 혜 훤 혜

有匪君子 終不可諼兮
유 비 군 자 종 불 가 훤 혜

기수의 물굽이를 바라보니
대나무 푸르르구나.

빛나는
아름다운 군자여.

옥돌 귀막이에 구슬 장식
가죽 모자가 아름답구나.

엄숙하고 위엄 있으며
빛나고 점잖구나.

아름다운 군자여.
끝내 잊을 수가 없도다.

瞻彼淇奧 綠竹如簀
첨 피 기 욱 녹 죽 여 책

기수의 물굽이를 바라보니
대나무 무성하구나.

有匪君子
유 비 군 자

빛나는
아름다운 군자여.

如金如錫 如圭如璧
여 금 여 석 여 규 여 벽

금인 듯, 주석인 듯,
규옥인 듯, 규벽인 듯하구나.

寬兮綽兮 猗重較兮
관 혜 작 혜 의 중 각 혜

너그럽고 여유 있으니,
아, 대부의 수레를 타셨도다.

善戲謔兮 不爲虐兮
선 희 학 혜 불 위 학 혜

농담을 잘하시니
지나치지 않으시네.

　　　〈기욱〉이란 제목의 시인데요. 우선 여러 번 큰
소리로 읽어 주십시오. '절차탁마'라는 단어가 만들어진 구
절이 나오네요. 『논어』「학이」에서 자공이 이 시의 '여절여
차, 여탁여마' 구절을 인용해서 공자님께 칭찬을 받지요.
"사(자공)야, 이제 너와 시를 말할 만하구나. 지나간 일을 말
해 주니 다가올 것을 아는구나"라는…. 자공이 얼마나 기뻤
을까요? 심장이 튀어나오는 줄 알았을 겁니다. 매번 안회만
칭찬하시던 스승이 칭찬을 해 주시니까요. 『대학』 전 3장에
서는 〈기욱〉 1장 전체를 인용해서 '지어지선'(止於至善)을 설
명합니다. 물론 모두 '단장취의'(斷章取義)이지요.

제목 〈기욱〉(淇奥)에서 '기'(淇)는 '기수'(淇水)로 위나라의 도성 조가(朝歌)를 흐르고 있지요. '욱'은 '모퉁이'로 '움푹 들어간 물굽이, 기슭, 벼랑'으로 풉니다.

① 瞻彼淇奧 綠竹猗猗

有匪君子 如切如磋 如琢如磨 瑟兮僴兮 赫兮咺兮

有匪君子 終不可諼兮

1장은 아홉 개 구로 구성되어 있는데, 낯선 글자가 많군요. 글자 먼저 살펴보겠습니다. '첨피기욱'(瞻彼淇奧)의 '볼 첨(瞻)'은 '바라보다'인데 위를 쳐다보는 것입니다. 여기서는 시적 화자가 저 기수의 물굽이를 바라보는 것이지요. '녹죽의의'(綠竹猗猗)의 '녹죽'(綠竹)은 '푸른 대나무'죠. 기슭가에 대나무가 울창하게 자라고 있었던 모양이네요. '의의'(猗猗)는 '아름다울 의' 자를 겹쳐 쓴 형용사이지요. 대나무 잎이 처음 나와서 연약하고 아름다운 모습입니다. 번역은 어렵네요. 야들야들하다고 해야 하나요? 초봄에 새싹, 새잎들을 보면 그렇게 예쁠 수가 없지요.

1장과 2장에서는 '유비군자'(有匪君子)가 두 번씩 나옵니다. '유비군자'에서 '비'(匪)는 물건을 담는 대나무 상자인데,

'아니다'[非]라는 부정사로 쓰인 경우도 있었지요. 하지만 여기서는 '문채날 비'(斐) 자와 통용됩니다. 사람에게서 문채(文彩), 아름다운 광채가 난다네요. 내면의 덕으로 빛이 나는 거죠. 인격이 아름다운 사람을 '문질빈빈'(文質彬彬)(『논어』「옹야」)이라 하는데, '빈'(彬)도 '빛나다'입니다. 그런데 주석을 보시면 여기서 말하는 '군자'가 무공(武公)이라고 나옵니다. 이 시를 '무공의 덕'을 찬미한 작품으로 보는 겁니다. 앞에서도 말씀드렸지만, 이 무공은 형에게서 제후의 자리를 빼앗은 인물이지요. 제후가 된 후에는 정치를 잘했다고 전해집니다. 다음 두 구절 '여절여차 여탁여마'(如切如磋 如琢如磨)의 '갈을 여'(如)는 '~인 듯하다'입니다. 이 구절은 줄여서 '절차탁마'라고 쓰지요. 무엇을 '절차'하고 '탁마'하는가? '절차'(切磋)는 뼈와 뿔을 다듬는 과정[治骨角]이고, '탁마'(琢磨)는 옥과 돌을 다듬는 과정[治玉石]입니다. '절차'는 '끊을 절', '갈 차'인데요, 뼈나 뿔을 다룰 때 칼과 도끼로 적당하게 끊어 내고 줄로 갈아서 형태를 잡아가는 겁니다. '탁마'는 '쫄 탁', '갈 마'로 옥석을 다듬을 때는 우선 망치나 끌로 쪼아 내지요. 그다음 사석(沙石)으로 곱게 다듬습니다. 저는 어릴 때 가장자리를 '삐빠'로 곱게 갈아야 한다는 말을 듣고 자랐는데요. 지금은 '사포'(沙布)라고 하지요. 이 두 구절은 이렇게 옥이나 돌을 세공하는 과정을 말하는데요. 이런 비유로 '덕을 연마하여 앞으로 나아감에 멈춤이 없는 것'을 표현한 것이지요. 공자님이 자공을 칭찬한 것도 이런 과정을 안 것이 기특해서고요. '절차탁마'란 말을 하지만 이렇게 덕을 연마한다는 것이 얼마나 어려운 일인가요? 일생의 과업이지요.

다음에도 낯선 글자가 많이 나옵니다. '슬혜한혜'(瑟兮僩兮)에서 '거문고 슬(瑟)'이 '엄숙한 모습'로 쓰였습니다. '굳셀 한(僩)'은 '위엄이 있는 모양'이지요. 절차탁마의 내공이 품위 있는 모습으로 나타난 것이고요. '혁혜훤혜'(赫兮咺兮)의 '붉을 혁(赫)'은 '빛나는 모습'으로 지금도 '공로가 혁혁하다'고 하지요. '섧게 울 훤(咺)'은 여기서는 용모와 위엄이 드러나는 모습입니다. 점잖은 것이죠. 주자는 위나라 무공의 덕을 찬미한 것이라 했지만, 사랑에 빠진 여인이 자신만의 멋진 애인에게 주는 최대의 찬사로도 볼 수 있지요. 어쩜 저렇게 훤칠하고 멋있을까, 하고요. 저를 가르치셨던 선생님들은 제가 이런 말하는 걸 아시면, '내가 잘못 가르쳤나? 쟤가 어찌 저런 소리를 하나' 하실 겁니다.

'유비군자'(有匪君子)는 앞과 같이 '빛나는 아름다운 군자여'라는 뜻이고요. '종불가훤혜'(終不可諼兮)의 '속일 훤(諼)'은 여기서는 '잊을 망(忘)'과 통합니다. '빛나는 아름다운 군자여, 그대를 오래도록 잊을 수 없다'라고 해석해 주십시오.

1장을 다 보았는데요. 주자는 길게 자신의 입장을 밝힙니다.

① 위나라 사람들이 무공의 덕을 찬미하여 푸른 대나무가 처음 자랄 때 아름답고 무성한 것으로 그의 학문과 스스로 닦음이 점차로 성장하는 것을 일으킨 것이다.

②『대학』「전」에서 말하였다. "'여절여차'는 학문(學問)을 말한 것이고, '여탁여마'는 자수(自修)를 말한 것이다. '슬혜한혜'는 마음으로 두려워함이고 '혁혜훤혜'는 위의이며 '유비군자 종불가훤혜'는 성대한 덕과 지극한 선을 백성들이 잊지 못함을 말한 것이다".

① 衛人, 美武公之德, 而以綠竹始生之美盛,
　위인　미무공지덕　이이록죽시생지미성
　興其學問自修之進益也.
　흥기학문자수지진익야

② 大學傳曰, 如切如磋者, 道學也, 如琢如磨者,
　대학전왈　여절여차자　도학야　여탁여마자
　自修也, 瑟兮僴兮者, 恂慄也, 赫兮咺兮者,
　자수야　슬혜한혜자　순률야　혁혜훤혜자
　威儀也, 有斐君子終不可諼兮者, 道盛德至善,
　위의야　유비군자종불가훤혜자　도성덕지선
　民之不能忘也.
　민지불능망야

①은 일단『모시』의 입장을 받아들인 겁니다.『모시』에

서는 무공의 덕을 찬미한 것이라고 한 후에 무공이 주 평왕을 도운 것을 찬미하여 이 시를 지었다고 했는데, 주자는 그것보다는 무공의 학문과 자수(스스로 연마함)에 주목했습니다. 『시경』에서 위 무왕과 관련된 작품은 〈기욱〉 외에도 「소아」의 〈빈지초연〉(賓之初筵)과 「대아」의 〈억〉(抑)이 있습니다. 모두 인용 빈도가 높은 중요 작품이랍니다.

②주자는 1192년 63세에 '사서'(四書)를 수정하여 간행했지요. 『대학』, 『논어』, 『맹자』, 『중용』을 관통하는 정합적 해석의 구도가 완성된 것입니다. 주자 필생의 과업이었지요. '사서'의 탄생! 주자 이전에 '사서'는 없었습니다. 그리고 이것이 곧 주자학의 성립이죠! 주자학은 『사서집주』(四書集註)를 통해 확립되고 전승되었으니까요.

주자학의 출발에 『대학』 3강령 8조목이 자리잡고 있지요. 그래서일까요? 『대학』 「전」 3장의 내용을 그대로 옮겨 왔군요. 「전」 3장은 3강령 중 '지어지선'(止於至善)에 대해 풀이하는 부분입니다. 배우고 물은 후에 자수, 스스로를 닦는 것으로 나아가고 그런 사람은 신중하고 위의가 있다는, 그리고 그런 사람을 백성들은 오랫동안 잊지 않는다는 내용이 담겨 있지요. 주자의 『시경』 해석에서 이렇게 '사서'의 일부분을 그대로 가지고 들어오는 경우는 없는데요, 저는 주자가 '절차탁마'를 위 무공에 한정하지 않고 동양 지식인의 '수신'으로 일반화시키고자 하는 의도가 있었다고 봅니다. 우리 모두 절차탁마! 우리 모두 수신(修身)!

② 瞻彼淇奧 綠竹靑靑

　　有匪君子 充耳琇瑩 會弁如星 瑟兮僴兮 赫兮咺兮

　　有匪君子 終不可諼兮.

'첨피기욱'은 앞 장과 같습니다. '녹죽청청'(綠竹靑靑), 이번에는 푸른 대나무가 푸르고 푸르군요. 주석에는 '단단하고 무성한 모습이다'라고 했습니다. 1장의 여린 새 잎이 단단해진 것이지요. 대나무의 성장 과정에 인간의 수신, 연마를 투사(投射)한 겁니다. 물론 대나무에는 불굴의 지조(志操), 고고함이라는 뜻도 있습니다.

　'유비군자'(有匪君子)가 또 나왔고요. 여기서는 아름다운 군자의 복식 차림새가 나옵니다. '충이수영'(充耳琇瑩)에서 '충이'(充耳)는 '귀막이 옥'[瑱]입니다. 귀족층 남성들이 귓가에 늘어뜨렸던 장식이지요. 좋은 소리를 가려 듣는다는 뜻이 있고요. 그다음 '수영'(琇瑩)은 '옥돌 수', '귀막이옥 영'인데, 옥돌을 귀막이 옥으로 썼다면 제후의 차림을 말하고 있는 것입니다. '회변여성'(會弁如星), '모일 회(會)'가 여기서는 '솔기'[縫], 꿰맨 이음새 부분을 말합니다. '변'(弁)은 '피변'(皮弁), 즉 가죽 고깔모자인데, '회변'은 옥으로 피변의 솔기를 장식한 것이지요. 그것이 별처럼 아름답게 빛나는 것입니다. 입은 사람의 덕에 걸맞은 화려한 복식입니다. 그다음 뒤의 네 구절은 1장과 동일하니 넘어가도 되겠지요.

③ 瞻彼淇奧 綠竹如簀
　有匪君子 如金如錫 如圭如璧 寬兮綽兮 猗重較兮
　善戲謔兮 不爲虐兮.

'첨피기욱'(瞻彼淇奧)은 동일하고요. '녹죽여책'(綠竹如簀)에서 '책'(簀)은 '살평상 책'으로 대나무를 엮어 만든 평상인데, 여기서는 대나무가 빽빽하게 자란 모습이지요. 무성한 대나무로 군자가 덕을 이룬 것을 비유한 것입니다. '유비군자', 계속해서 아름다운 군자의 모습을 묘사하고 있습니다. '~와 같다'[如]가 반복되어 사용되고 있고요. '여금여석'(如金如錫)에서 '석'(錫)은 주석인데, 금과 같고 주석과 같다는 것은 단단히 단련된 모습이지요. 그의 덕이 쉽게 흔들리지 않는 것을 표현한 겁니다. '여규여벽'(如圭如璧)에서 '규'(圭)는 옥으로 된

홀(笏)로 천자가 제후를 봉할 때 내립니다. '벽'(璧)은 둥근 옥인데, 가운데 구멍이 뚫려 있지요. 이것은 무슨 뜻일까요? 타고난 자질이 온화하고 넉넉한 것을 말합니다. 모두 군자가 성덕을 갖춘 것을 말합니다. 반짝반짝 빛나는군요.

'관혜작혜'(寬兮綽兮)에서 '관'(寬)은 너그러운 것이고, '작'(綽)은 넉넉한 것입니다. '너그러울 작'이거든요. '여유작작'(餘裕綽綽)에도 쓰지요. 여기서 '관작'은 지나치게 긴장하지 않고 여유 있는 것입니다. '의중각혜'(猗重較兮)의 '의'(猗)를 봐주세요. 1장의 '녹죽의의'에서 '의'(猗)는 새잎이 여린 모습이었지요. 여기서는 '아!'라는 감탄사입니다. 또는 '의' 자를 '기댈 의'(倚)의 뜻으로 보는 주석도 있습니다. 그러면 '의중각혜'는 '수레에 기대어 타신 분'이 됩니다. '중각'은 '경사의 수레'[卿士之車]이니 귀족이 타고 있겠네요. '경대부'(卿大夫)는 국가의 고위직이지요. '비교할 교(較)'는 여기서는 '수레의 몸체'를 말하고 음은 '각'입니다. '수레의 양쪽 끝'을 말하기도 하는데, 그래서 '중각'이라 한 것입니다. 수레에 탄 멋진 사람을 '중각'이라고 표현한 것이죠.

'선희학혜'(善戲謔兮), '희학'은 농담입니다. '놀 희(戲)', '희롱 학(謔)'으로 농담을 잘하는 것이지요. 지금은 '희학질'이란 말을 쓰지 않지만, 실없는 말로 농지거리하는 것을 '희학질

한다'고 했답니다. 그런 행동을 하는 사람을 부정적 시선으로 낮추어 보는 것이죠. 하지만 여기서는 가벼운 농담을 즐기는 것입니다. 사람이 너무 딱딱하고 근엄하면 매력이 없지요. '불위학혜'(不爲虐兮)의 '학'은 '학대'(虐待)라는 단어에 쓰이는 글자지요. 잔인하게 해치는 것이 '학'입니다. 하지만 여기서는 '심하다'란 뜻입니다. 농담을 잘 하지만 절도를 지켜 지나치지 않는 것이지요. 근엄한 것만이 아니라 이런 이완의 매력도 있다는 건데, 농담을 하면서 정도를 넘지 않는 것은 어렵지요. 약간만 지나쳐도 옆 사람을 불쾌하게 만들고 분위기가 어색해지니까요. 또 중요한 포인트 하나! 이 구절은 '아랫사람'이 농담할 때는 사용하지 않습니다. 어떤 모임의 주빈이나, 연장자가 가벼운 농담을 할 때 쓸 수 있습니다. 그런데 솔직히 높은 분들이 아무리 농담을 해도, 재미있지는 않지요. 긴장이 안 풀립니다.^^

그럼 '희학'은 '절차탁마'와 어떻게 연결될까요? 주자는 이 부분을『예기』를 인용하여 설명합니다.

『예기』「잡기」에서 말했다. "당기기만 하고, 풀어 놓지 않는 것은 문왕, 무왕도 할 수 없고, 풀어 놓기만 하고 당기지 않는 것은 문왕, 무왕이 하지 않은 것이다. 한 번 당기고 한 번 풀어 놓는 것이 문왕, 무왕의 도이다." 이것을 말한 것이다.

禮曰, "張而不弛文武不能也, 弛而不張文武不爲也,
예왈　　장이불이문무불능야　　이이불장문무불위야
一張一弛文武之道也". 此之謂也.
일장일이문무지도야　　차지위야

군자의 농담을 어떻게 봐야 할까요? '절차탁마', '여금여석'은 수학(修學)과 수신(修身)의 과정이지요. 단련의 시간입니다. 긴장의 연속이겠지요. 하지만 그런 강도와 긴장을 계속해서 유지하기는 어렵습니다. '장이불이'(張而不弛)는 활시위를 한껏 당기기만 하고 풀지 않는 것입니다. '장'(張)은 활시위를 매는 것이고 '이'(弛)는 활시위를 늦추고 푸는 것을 말합니다. 이렇게 당기기만 하고 풀지 않는 것은 문왕과 무왕 같은 성인도 하지 못하셨다고[不能] 하네요. 하고 싶어도 불가능한 것이 '불능'(不能)이지요. 이완 없는 긴장 상태를 계속 유지할 수 있는 사람은 없다는 겁니다. '이이불장'(弛而不張)은 어떨까요? 계속 느슨한 상태로 자신을 방기하는 것, 이것은 문왕과 무왕이 하지 않으셨던 일이지요.

결국 '일장일이'(一張一弛), 한 번 긴장했다가 한 번은 느슨하게 여유를 갖는 융통성이 필요합니다. 문왕과 무왕이 취한 방법이고, 〈기욱〉에서 '희학'이 나오는 이유이지요. '일장일이'는 동양의 예술론이기도 합니다. 왜 예술이 필요하나는 질문을 받을 때, 항상 삶의 여백, 여흥을 위한 예술의 필요성을 말하지요. 우리 삶에는 긴장(일)과 이완(휴식)의 적절한 조합이 있어야 한다고요.

2. 고반考槃

考槃在澗 碩人之寬
고 반 재 간 석 인 지 관

움집이 시냇가에 있으니,
석인은 여유롭네.

獨寐寤言 永矢弗諼
독 매 오 언 영 시 불 훤

홀로 자고 깨어 말하니 / 길이 이 즐
거움 잊지 않겠노라 맹세하네.

考槃在阿 碩人之薖
고 반 재 아 석 인 지 과

움집이 언덕에 있으니,
석인은 굶주리네.

獨寐寤歌 永矢弗過
독 매 오 가 영 시 불 과

홀로 자고 깨어 노래하니 / 길이 이
생활을 버리지 않겠노라 맹세하네.

考槃在陸 碩人之軸
고 반 재 륙 석 인 지 축

움집이 높은 곳에 있으니,
석인은 병들었네.

獨寐寤宿 永矢弗告
독 매 오 숙 영 시 불 곡

홀로 자고 깨어 누워 있으나
길이 말하지 않겠노라 맹세하네.

〈고반〉을 읽게 되어 기쁩니다. 이 작품은 '은
자'의 노래입니다. 후대에 '고반'은 '은자의 삶'을 말하는 단
어가 되었는데요. 현자의 은거는 부도덕한 시대에 대한 소

극적 저항이지요. 다른 선택이 없으니까요. 쓸쓸하고 가슴 아프지만 아름다운 작품입니다. 한 구절씩 살펴볼까요.

① 考槃在澗 碩人之寬 獨寐寤言 永矢弗諼

'고반재간'(考槃在澗)에서 '살필 고'는 '이룸'[成]입니다. '반'(槃)은 '쟁반 반'인데, 여기서는 '반'(盤) 자와 같고, '반환'(盤桓)이라는 의미로 쓰였습니다. '반환'은 '일정한 곳을 떠나지 못하고 서성인다'는 뜻이지요. '굳셀 환'(桓)에도 '서성이다'라는 의미가 있답니다. 주자는 '고반'을 '은거하는 집'이라고 했는데요. 그렇다면 '반환'을 떠나지 못하고 머물러 사는 집으로 본 것이지요. '반'(槃)에는 나무를 얼기설기 엮어 엉성하게 지어 놓은 집이란 뜻도 있는데, 움막 같은 걸 말하는 거죠. 지금도 '자연인'들 보시면 깊은 산속에 컨테이너 박스 하나 두고 사시고 그러잖아요?

그런데 주자는 다른 해석도 소개하고 있습니다. '고'를 '두드리다'[扣]로 보고 '반'을 동이나 질장구 같은 그릇으로 보는 겁니다. 이러면 '고반'은 질장구를 두드리고 노래하며 사는 은자의 즐거움이 됩니다. 주자는 두 설 중에 어느 것이 옳은지 모르겠다고 했지만 대부분 은자의 움집으로 봅니다.

'간'(澗)은 계곡물이니, 은자의 집이 깊은 계곡에 있군요.

그런데 '석인지관'(碩人之寬)이랍니다. '클 석(碩)', '너그러울 관(寬)' 자가 쓰였네요. '석인'(碩人)은 '키가 큰 사람'을 말하기도 하지만 여기서는 '은자'를 가리키지요. 비좁고 허름한 움집에 살면서도 마음이 편하고 넉넉하군요. 자신의 선택에 대해 '확신'이 있는 거지요.

'독매오언'(獨寐寤言)의 '독'(獨)을 유심히 봐 주세요. <고반>의 시안(詩眼)이지요. 지금 이 사람은 모든 것을 '혼자' 합니다. 홀로 선택하고 홀로 사는 삶. 그리고 '잠잘 매(寐)', '잠깰 오(寤)'니까, 홀로 자고 홀로 깨어나 말하는[言] 겁니다. 중얼거린다고 해야겠네요. 여기서 '언'은 '말하다'로 해석해 주십시오. 다른 곳에서는 주로 어조사로 쓰여서 해석하지 않는 경우가 많았지요. '영시불훤'(永矢弗諼), '길 영(永)'은 '오래도록'이고 '화살 시(矢)'는 '맹세하다'이지요. '불훤'(弗諼)은 잊지 않는 것[不忘]이니 이곳에서 이렇게 사는 즐거움을 잊지 않겠다고 맹서하는 겁니다. 후회하며 바꾸지 않겠다는 건데, 이렇게 혼자만의 쓸쓸함을 풀어내는군요. 은자의 안빈낙도(安貧樂道)이지요.

② 考槃在阿 碩人之薖 獨寐寤歌 永矢弗過

'고반재아'(考槃在阿), 이번에는 움집이 물가가 아닌 언덕[阿]에 있군요. '석인지과'(碩人之薖)에서 주자는 '풀이름 과(薖)'의 의미가 상세하지 않다고 합니다. 주자가 이런 말을 할 때는 기존의 해석은 마음에 들지 않지만 대안이 마땅하지 않을 때이죠. '과'에는 '굶주리다'와 '관대하다'라는 뜻이 있는데, 모두 여기에서 파생된 것입니다. 주자는 '넉넉하다'를 택했지만 저는 '굶주리다'로 하고 싶습니다. 굶주릴 수밖에 없지요. 노동에 익숙하지 않으니까요.

'독매오가'(獨寐寤歌), 여전히 혼자 잠들고 혼자 깹니다. 외로운 생활을 노래로 달래기도 하네요[歌]. '영시불과'(永矢弗過)에서 '지날 과(過)'는 여기서는 '넘어가다'입니다. '스스로 원하는 것이 이런 생활'이니 오래도록 이런 생활을 벗어나지 않겠다, 떠나지 않겠다고 맹세하는 겁니다. 아! 이 사람은 여기에서 종신토록 살겠군요. 외로움을 감수하면서….

③ 考槃在陸 碩人之軸 獨寐寤宿 永矢弗告

'고반재륙'(考槃在陸)의 '륙'(陸)은 언덕인데, 높고 위가 평평한 곳입니다. 움집을 높고 평평한 곳에 만들어 놓았는데, '석인 지축'(碩人之軸)이랍니다. '축'(軸)은 '차축'(車軸)이란 단어 용례가 있지요. 물론 여기서는 다른 뜻이지요. '머뭇거리고 떠나지 않는 것'입니다. 〈고반〉의 '반'에도 '반환', 일정한 곳을 빙빙 돌며 떠나지 않는다는 뜻이 있지요. 석인이 집 주변을 천천히 거닐며 자신의 시대를 걱정하고 자신의 불가피한 선택에 대해 생각하는 겁니다. 여전히 지식인으로 살고 있는 것이지요.

다른 해석도 있습니다. '축'에 '병들다'란 뜻이 있거든요. 1장에서 여유가 있던 석인이 2장에서 굶주리고, 3장에 이르면 병들게 됩니다. 영양실조, 우울증 …. 혼자 살다 보면 이렇게 되기 십상이죠. 하지만 우리의 주자 선생님께서는 이렇게 보지 않으시죠. '석인이 여유가 있다', '석인이 넉넉하다', '석인이 서성거리다, 산책을 하다'라고 하십니다. 지식인이 굶주리고 병든 모습이 싫으셨던 모양입니다. 나약해 보이니까요. 하지만 저는 '병들다'에 더 마음이 갑니다.

'독매오숙'(獨寐寤宿)의 '묵을 숙(宿)'은 홀로 잠들었다가 깬 후에 '숙'하는 것이지요. '이미 깨었지만 여전히 누워 있는 것'입니다. 우리도 그렇지요. 잠에서는 깼지만 그대로 누워 있는 것을 좋아합니다. 이 사람의 경우 급한 일도 없지요.

만날 사람이 있는 것도 아닙니다. '영시불곡'(永矢弗告), '알릴 고(告)'를 특정인에게 말한다는 의미로 쓸 때는 '곡'이라 읽습니다.『예기』「곡례」에 '출필곡, 반필면'(出必告, 反必面)이란 말이 있는데, '외출할 때는 부모님께 어디로 간다고 말씀드리고 돌아와서는 반드시 얼굴을 보여드려야 한다'는 뜻이지요. 잘 다녀온 모습을 보여드려야 부모님이 안심하십니다. 아! 지금은 식구들이 언제 나가고 언제 들어오는지 알 수 없는 세상이 되고 말았지요. 이야기가 좀 샛길로 빠졌네요. 다시 돌아가서 지금 이 사람은 무엇을 말하지[告] 않겠다는 건가요? 이 경우도 '告'를 '곡'으로 읽습니다. '여기서 사는 즐거움'이죠. 홀로 가는 길이지만 자신의 선택에 대한 강한 자부심! 타락한 세상, 아부를 강요하는 권력자와 타협하지 않는 지식인의 불굴의 의지! 이것이 주자가 <고반>을 읽는 시선이고 이 시가 유명한 이유입니다. 지금 이런 지식인을 찾으시면 아마 없을 겁니다. 모두 부귀영화를 위해 질주 중이지요.

이렇게 <고반>을 다 읽었는데요. 우리나라에도 '고반'이라는 제목으로 지은 시들이 많습니다. 검색해 보면 수천 수가 된답니다. 동양 지식인의 정신사를 엿볼 수 있는 '개념어'가 된 것이지요. 자신의 거처를 '고반동'(考槃洞)이라 하고, 공부하는 곳을 '고반정'(考槃亭), '고반제'(考槃齋), '고반정사'(考槃精舍)라 이름 붙이신 분들도 많습니다. 여기서는 대표로 퇴계 이황(1501~1570) 선생님의 시 한 편을 읽고 가겠습니다. 혹시 도산서원을 가시게 되면 퇴계 선생의 묘소까지 다녀오십시오. 선생의 뜻대로 작은 돌에 새겨진 '퇴도만은진성이공지묘'(退陶晚隱眞城李公之墓)! 천천히 글자 한 자 한 자 마음에 새기면 숙연해집니다. 충만한 삶이란 어떤 것인지 고민하게 되지요. 퇴계 선생님의 시 한 수 읽고 가겠습니다.

계상에서 걸어서 산을 넘어 서당에 이르다[步自溪上. 踰山至書堂]

이복홍·이덕홍·금제순 등이 따르다[李福弘·德弘·琴悌筍輩從之]

퇴계 이황

가파른 벼랑에 꽃이 피어 봄은 더욱 고요하고	花發巖崖春寂寂 화 발 암 애 춘 적 적
시내 숲에 새가 울어 물은 더욱 잔잔하네	鳥鳴澗樹水潺潺 조 명 간 수 수 잔 잔
우연히 산 뒤에서 제자들이 따르니	偶從山後攜童冠 우 종 산 후 휴 동 관
한가히 산 앞에 이르러 고반을 묻는다	閒到山前問考槃 한 도 산 전 문 고 반

3. 석인碩人

碩人其頎 衣錦褧衣
석 인 기 기 의 금 경 의

아름다운 여인이 키가 큰데 / 화려한
비단옷 입으시고 얇은 옷을 걸치셨네.

齊侯之子 衛侯之妻
제 후 지 자 위 후 지 처

제후의 따님이요,
위후의 정처이며

東宮之妹 邢侯之姨
동 궁 지 매 형 후 지 이

동궁의 여동생이고
형후의 처제요,

譚公維私.
담 공 유 사

담공이 제부로다.

手如柔荑 膚如凝脂
수 여 유 제 부 여 응 지

손은 부드러운 삘기 같고
피부는 엉긴 기름 같구나

領如蝤蠐 齒如瓠犀
령 여 추 제 치 여 호 서

목은 굼벵이처럼 하얗고 긴데
치아는 박씨처럼 가지런하다.

螓首蛾眉
진 수 아 미

이마는 넓고
눈썹은 누에처럼 가늘고 굽었고

巧笑倩兮 美目盼兮
교 소 천 혜 미 목 반 혜

아름다운 미소에 보조개 드러나며
예쁜 눈동자는 흑백이 선명하도다

碩人敖敖 說于農郊
석인오오 세우농교

키가 훤칠한 석인이
농교에서 쉬셨도다.

四牡有驕 朱幩鑣鑣
사모유교 주분표표

네 마리 말은 씩씩하고
붉은 말 재갈은 화려해라.

翟茀以朝
적불이조

꿩 깃 장식한 수레로
조회를 하니

大夫夙退 無使君勞
대부숙퇴 무사군로

대부들은 일찍 물러나
군주를 힘들게 하지 말라고 했었지.

河水洋洋 北流活活
하수양양 북류괄괄

하수는 드넓어
북쪽으로 하염없이 흘러가는구나.

施罛濊濊 鱣鮪發發
시고활활 전유발발

그물을 던지니 꼬로록 잠기는 소리
잉어·다랑어가 많구나.

葭菼揭揭
가담게게

갈대와 억새가
높이 자라 있거늘

庶姜孽孽 庶士有朅
서강얼얼 서사유걸

여러 강씨 여인들 화려하고
따라온 무사들도 대단했었지.

〈석인〉을 읽겠습니다. 4장이고 각 장이 7구로 되어 있군요. 〈고반〉에서 '석인'은 은자였지요. 여기서 '석인', 즉 키가 훤칠하고 인격도 훌륭한 사람은 장강(莊姜)입니다. 「패풍」의 〈백주〉, 〈녹의〉 등의 작품에 나왔던 장공의 아내 장강이죠. 『춘추좌씨전』(노 은공 3년, BC 720)에 이 작품에 대한 간략한 기록이 남아 있습니다.

> 위나라 장공이 제나라 동궁 득신의 여동생과 결혼했으니,
> '장강'이라 불렀다. 그녀는 아름다웠지만 아들이 없었다.
> 위나라 사람들이 그녀를 위해 〈석인〉을 지어 불렀다.
>
> 衛莊公娶于齊東宮得臣之妹, 曰莊姜, 美而無子,
> 위 장 공 취 우 제 동 궁 득 신 지 매　왈 장 강　미 이 무 자
> 衛人所爲賦碩人也.
> 위 인 소 위 부 석 인 야

〈석인〉이 지어진 당시의 기록은 아닙니다. 장강의 아들 환공이 주우에게 시해당한 사실을 기록한 경문에 붙은 기록이니까요. 나라 사람들이 〈석인〉을 부른 것은 적어도 30여 년 이전이겠지요. 우리는 「패풍」에서 장강의 고통, 외로움에 공감하면서 그녀가 어떤 사람일까, 궁금했습니다. 이제 그녀에 대해 알아볼까요?

① 碩人其頎 衣錦褧衣 齊侯之子 衛侯之妻
　　東宮之妹 邢侯之姨 譚公維私

'석인기기'(碩人其頎)의 '석인'(碩人)은 장강인데, '클 석' 자를 쓴 것을 보니 우선 큰 키가 눈에 들어왔나 봅니다. 저는 '아

름다운 여인'으로 풀겠습니다. '헌걸 찰 기(頎)'는 남자가 굳세고 씩씩할 때 쓰죠. 여자에게 쓸 경우 키가 큰 모습이지만 '머리가 풍성하다'는 뜻도 됩니다. '의금경의'(衣錦褧衣)는 '금'(錦)을 '의'(衣)하고 '의'(衣)를 '경'(褧)했다고 풀어야 하는데요. 앞의 '입을 의(衣)'와 세번째 글자 '덧입을 경(褧)'이 동사입니다. '비단 금(錦)'은 '아름다운 옷'이지요. 우리나라를 '금수강산'(錦繡江山)이라고 할 때, 이렇게 쓰죠. 아름답게 수놓은 강산이라는 뜻이니까요. '홑옷 경(褧)'은 원래 안감을 대지 않은 얇은 옷인데, 여기서는 홑옷을 '덧입었다'라는 뜻입니다. 정리해 보면 어떻게 되죠? 아주 화려한 비단옷[錦]을 입고, 얇은 홑옷을 덧입어서 멋을 낸 옷차림을 묘사한 것입니다. 이 구절은 「정풍」 <봉>(丰)에 다시 나오고 『중용』 33장에는 '의금상경'(衣錦尙絅)이라는 표현으로 나오기도 합니다. '화려한 옷차림이 그대로 드러나는 것을 싫어해서 얇은 옷으로 가렸다'는 해석도 붙어 있지요.

이렇게 장강의 모습을 스케치하듯 묘사했는데요. 그다음부터는 장강의 존귀한 신분, 화려한 친인척 관계를 말합니다. 우선, '제후지자'(齊侯之子)는 '제후의 따님[子]'입니다. '아들 자'가 종종 '딸'로 쓰이기도 합니다. '자식'(子息)을 뜻하는 것이죠. 장강은 제나라 장공(莊公)의 딸이니, '제후지자'라고 한 것이죠. 그리고 그녀는 '위후지처'이기도 합니다. 위나라 장공의 아내가 되었지요. 「위강숙세가」에 의하면 위나라 장공 5년(BC 752)에 결혼했다고 합니다. 정처(正妻)가 되었지만 아들이 없었지요.

장강이 어떤 사람인지 더 나오는군요. '동궁지매'(東宮之妹)에서 동궁은 제나라 태자 득신(得臣)을 말합니다. 태자 득신과 같은 어머니 소생[同母]으로 적녀(嫡女)란 뜻이니 제나라에서도 신분이 높았지요. 다만 득신은 제후가 되지 못하고 동생이 후계자(제 희공)가 됩니다. '형후지이'(邢侯之姨), 그녀는 형나라 제후의 처제이기도 하군요. '이'(姨) 자는 '이모'지만 '처제'(妻弟), '처형'(妻兄)을 지칭할 때도 사용합니다. 그 다음 '담공유사'(譚公維私)의 '사사로울 사(私)'는 용례가 다양하지요. 여기서는 '여자 형제의 남편'[姊妹之夫]을 말합니다. 담나라 제후가 제부가 되는군요. 아름다운 장강은 제후의 딸로 태어나 제후와 결혼했으니 고귀한 여인이지요. 그녀의 자매들도 모두 제후의 아내가 되었고요. 그렇다고 순탄한 삶이 보장되는 건 아니지요. 장강의 고단하고 외로운 결혼 생활은 「패풍」의 〈백주〉, 〈녹의〉, 〈일월〉, 〈종풍〉에서 보았습니다.

② 手如柔荑 膚如凝脂 領如蝤蠐 齒如瓠犀

  螓首蛾眉 巧笑倩兮 美目盼兮

1장에서는 장강의 고귀한 신분을 말했고, 여기서는 용모의 아름다움을 말합니다. 손, 피부, 목, 치아, 머리, 눈썹, 보조개, 눈 순으로 시선이 향하고 있는데, 우리도 이 시선을 따라가면서 '석인'의 모습을 그려 보겠습니다. 낯선 단어들이 많이 보이니 천천히 읽겠습니다. 이 장에서 동양 미인에 대한 관습적 표현, 고정관념이 많이 만들어지거든요.

  우선 손을 보는군요. '수여유제'(手如柔荑)에서 '제'(荑)는 '삘기'로, 손이 '부드러운 삘기와 같다'는 것은 부드럽고 희다는 뜻입니다. 「패풍」의 〈정녀〉(靜女)에서는 연인에게 주던 달착지근한 풀인데, 여기서는 여인의 부드럽고 흰 손을 비유했군요. 이후 미인의 손은 '유제'라고 표현하는 것이 관습이 됩니다. '부여응지'(膚如凝脂), 다음은 피부네요. '피부 부(膚)'로 지금도 피부관리가 중요하지요. '응지'(凝脂)는 '엉길 응(凝)', '기름 지(脂)'로 추위에 기름이 얼어붙은 것처럼 흰 피부를 말합니다. 요즘은 '우유빛깔'이라 하던데, 같은 표현입니다. 이 '응지'라는 표현 역시 미인의 피부라는 뜻으로 고정됩니다. 서시, 양귀비 등등, 모든 미인의 피부는 '응지'입니다.

'령여추제'(領如蝤蠐)의 '옷깃 령'은 여기서는 '목', 구체적으로는 '목덜미'를 말합니다. 대통령(大統領)이라 할 때는 '이끌다'의 뜻이지요. '추제'(蝤蠐)는 '나무굼벵이 추(蝤)', '굼벵이 제(蠐)'로 굼벵이라는 뜻이지요. 미인의 외모를 말하는데 '굼벵이'가 웬 말인가 싶은데요. 지금 '그대의 굼벵이 같은 아름다운 목덜미여', 하면 큰일 나겠지요. 그만큼 낯선 비유입니다. 하지만 굼벵이는 나무 벌레 중에서 희고 긴 것입니다. 지금도 미인을 말할 때 희고 긴 목을 말하지요. 굼벵이 같다고 하지 않을 뿐. 그다음 '치여호서'(齒如瓠犀)에서 '호서'(瓠犀)는 '표주박 호', '무소 서'인데 여기서 '호서'는 박씨를 말합니다. 미인의 치아가 반듯하고 희면서 가지런히 정돈된 모습이지요. 지금도 고르고 하얀 이를 '박속같은 이'라고 하지요. 이 역시 관습적 표현이 되었습니다.

'진수아미'(蓁首蛾眉), 이번에는 머리[首]와 눈썹[眉]이군요. 머리는 '진'(蓁)과 같고, 눈썹은 '아'(蛾)와 같답니다. '진'은 '씽씽 매매 진'인데, 매미 중에서 작은 것입니다. 이 매미의 이마 부분이 넓고 반듯하다는데, 미인의 이마가 그렇다는 거지요. '아'(蛾)는 '나방 아'인데, '아미'는 지금도 미인의 눈썹을 말하지요. 아미는 '가늘면서 길고 굽은 모습'인데, 지금도 역사드라마에서 이런 눈썹의 여인들을 볼 수 있습니다. 미인을 묘사하는데 굼벵이, 매미, 나방 등이 등장하는군요. 정리해 볼까요?이 시대 미인은 흰 피부에 부드러운 손, 가지런한 치아에 반듯한 이마, 가늘고 긴 눈썹을 하고 있네요. 지금 바로 그릴 수도 있겠는데요. 지금이야 배우 누구처럼 예쁘다고 하면 그만이지요.

그다음 '교소천혜'(巧笑倩兮)에서 '교소'(巧笑)는 아름다운 미소입니다. '예쁠 천(倩)' 자를 봐주세요. 여기서는 '보조개가 아름다운 것'입니다. 미인 하면 보조개를 꼭 짚어 말하지요. 영화 「천녀유혼」(倩女幽魂, 1987)을 기억하시나요? 청나라 초기의 소설가 포송령(蒲松齡)의 『요재지이』(聊齋志異)에 나오는 「섭소천」(聶小倩) 이야기를 각색한 것인데, 왕조현(王祖賢)의 미모가 장안의 화제가 되었지요. 제 주위에 세미나 약속도 어기고 미아리 대지극장에서 10번 이상 보신 남성분들 많았답니다. 어린 저는 가혹하게 응징했지요. 같이 공부 못하겠다고.^^ '미목반혜'(美目盼兮), 드디어 '미목', 아름다운 눈이 나왔군요. 아름다운 눈은 어떤 눈일까요? '눈 예쁠 반(盼)' 인데, 눈의 흑백이 분명한 모양입니다. 눈동자가 선명해 보이지요.

'교소천혜, 미목반혜'는 『논어』 「팔일」에서 자하(子夏)가 인용해서 유명해졌습니다. 공자는 그 뜻을 '회사후소'(繪事

後素)로 풀어 주셨죠. 공자님은 제자들이 『시경』을 인용하면 우선 칭찬하십니다. 흐뭇하신 거지요. 내가 제대로 가르쳤구나, 하는 마음이 드셨던 것 같아요. 읽고 가겠습니다.

자하가 물었다.

"시에 '아름다운 미소에 보조개 드러나며, 예쁜 눈동자는 흑백이 선명하네, 흰 비단에 아름답게 꾸몄네'라고 하니 무슨 말입니까?"

공자께서 말씀하셨다.

"그림 그리는 일은 흰 비단을 마련한 뒤에 하는 것이다."

자하가 말했다.

"예가 나중이라는 뜻이군요."

공자께서 말씀하셨다.

"나를 분발하게 하는 사람은 상(자하)이로구나! 비로소 함께 시를 말할 수 있구나."

子夏問曰：“‘巧笑倩兮, 美目盼兮, 素以爲絢兮.’
자 하 문 왈　　교 소 천 혜　미 목 반 혜　소 이 위 현 혜
何謂也?”
하 위 야
子曰：“繪事後素.”曰：“禮後乎?”
자 왈　　회 사 후 소　　왈　　례 후 호
子曰：“起予者商也! 始可與言詩已矣.”
자 왈　　기 여 자 상 야　시 가 여 언 시 이 의

자하가 인용한 시에서 '소이위현혜'(素以爲絢兮)는 현재 『시경』에는 없는 '일시'(逸詩)입니다. 각종 고대문헌에서 인용된 시 중에 현재 『시경』에서 확인할 수 없는 것을 '일시'라고 하지요. 사라진 작품이란 뜻입니다. '소이위현혜'는 '흴 소(素)', '무늬 현(絢)'으로 흰 비단 같은 피부에 보조개, 눈동자가 있어 더욱 아름답다는 뜻이고요. 이 구절을 '회사후소', 즉 '흰 바탕 비단이 마련되어야 그림을 그릴 수 있다'라고 정리한 공자님도 대단하고, 이것을 '예'는 진심에서 우러나와야 의미가 있다는 말씀으로 새겨들은 자하의 공력도 대단합니다. 역시 그 선생에 그 제자입니다.

③ 碩人敖敖 說于農郊 四牡有驕 朱幩鑣鑣
　　翟茀以朝 大夫夙退 無使君勞

〈석인〉을 읽다 보면 장강이 위나라로 올 때부터 그녀의 모습과 언행을 유심히 눈여겨 본 사람의 작품이란 생각이 듭니다. 주자도 이렇게 생각했습니다.

이것은 장강이 제나라에서 시집올 때에 가까운 교외에서 머물렀다가 성대한 수레를 타고 군주의 조정에 들어온 것을 말한 것이다. 나라 사람들이 그녀가 장공의 배필이 된 것을 기뻐하였다. 그러므로 여러 대부들이 군주에게 조회할 때에 일찍 물러나와 나랏일로 군주가 고단하여 부인과 가깝게 지낼 수 없게 하는 일이 없도록 하라고 하였는데 지금은 그렇지 못한 것을 탄식한 것이다.

此言莊姜自齊來嫁, 舍止近郊,
차 언 장 강 자 제 래 가   사 지 근 교
乘是車馬之盛, 以入君之朝. 國人樂得以爲莊公之配.
승 시 거 마 지 성   이 입 군 지 조   국 인 락 득 이 위 장 공 지 배
故謂諸大夫朝於君者, 宜早退, 無使君勞於政事,
고 위 제 대 부 조 어 군 자   의 조 퇴   무 사 군 로 어 정 사
不得與夫人相親, 而歎今之不然也.
부 득 여 부 인 상 친   이 탄 금 지 불 연 야

‘석인오오’(碩人敖敖)의 ‘놀 오(敖)’는 여기서는 키 큰 모습입니다. 이 당시 여인들의 평균 키가 얼마였을까요? 장강은 다른 여인들보다 10cm 정도는 더 컸던 것 같아요. 지금도 산동성 일대 사람들이 키가 크다고 합니다. 대학원 시절에 『구운몽』 연구로 유명하신 정규복(丁奎福, 1927~2012) 선생님과 물만둣집에 갔는데 주인이 아주 키가 컸습니다. 척 보시더니 ‘산동 사람이다’라고 하시고는 한참 중국어로 대화를 나누시더군요. 선생님께서는 대만에 유학하셨거든요. 세월이 흐를수록 소탈하셨던 선생님이 더욱 그립습니다. 이렇게 키가 훤칠한 장강이 제나라를 떠나 위나라로 오는 겁니

다. 며칠 걸릴 텐데, 위나라 근처에 와서는 어딘가에 머물면서 입성을 준비했겠지요. '세우농교'(說于農郊), 여기서 '說'은 '머무르다'[舍]는 뜻으로 음은 '세'입니다. '농교'는 '근교'[近郊]이고요. 궁궐로 들어가기 전날에 근교에 머물렀네요.

'사모유교'(四牡有驕)에서 '모'(牡)는 '수컷 모'로 '사모'(四牡)는 수레를 끄는 네 마리 말입니다. '교만할 교(驕)'는 사람에게 쓰면 부정적 뜻이지만 말의 경우에는 '씩씩하고 건장한 모습'이 됩니다. 장강이 탄 수레의 네 마리 수말이 건장하군요. '주분표표'(朱幩鑣鑣), 이런 표현은 조금 낯설지요. 하지만 『시경』에는 수레나 말에 관한 낯선 표현들이 많습니다. 당시 수레는 지금의 자동차에 해당되니 관련 단어, 표현법이 많을 수밖에요. 지금도 그 많은 차종과 연식을 구분하고 차에 관련된 단어들을 술술 말씀하는 분들이 많지요. 수레에 관한 모든 것도 『시경』의 시대에는 상식이었을 겁니다. '주분표표'에서 '분'은 '재갈 장식 분(幩)'으로 '주분'(朱幩)은 '붉은 말 재갈'로 보시면 됩니다. 말 재갈도 고급이군요. '표'(鑣)는 '재갈 표'로 '표표'는 '성대한 모습'입니다. 네 마리 수말이 건장하고 붉은 재갈은 선명하고 화려하군요. 장강이 타고 들어가는 수레의 화려함을 '사모', '주분'으로 표현한 것입니다. 부분으로 전체를 짐작하게 하는 시적 기법이지요.

'적불이조'(翟茀以朝)에서 '꿩 적(翟)'은 '적거'[翟車]로 꿩의 깃털로 꾸민 부인용 수레를 말합니다. '불'(茀)은 '수레가림 불'로 여성용 수레의 앞뒤에 설치한 가림막이죠. 장강이 이렇게 성대한 수레를 타고 위나라 장공의 도성에 들어와, 조정에서 식을 올린 겁니다. 국인(國人)이 그녀의 결혼을 축하하고, 대국과 혼인하게 된 것을 좋아했을 겁니다. 여기서 국인은 도성 안의 귀족층을 말합니다. 국정에 참여하는 사람들이지요. '대부숙퇴'(大夫夙退), 대부들에게 조정에서 일찍[夙] 물러나라[退]고 하네요. 서둘러 퇴근하라고. '무사군로'(無使君勞)는 '나랏일로 군주를 힘들게 하지 말라'라는 뜻입니다. '없을 무(無)'는 금지사 '말 물(勿)'과 같습니다. '~ 하지 말라'이지요. 왜 이런 말을 할까요? 주자가 인용한 『예기』「옥조」(玉藻)의 내용을 보겠습니다.

「옥조」에서 말하였다. 군주는 해가 뜨면 조정에 나가 조회를 보고 물러나서는 노침에서 국정에 대해 듣는다. 사람을 시켜 조정에 모인 대부들을 살피게 하여 대부들이 모두 물러난 연후에 소침에 가서 옷을 벗는다.

玉藻曰 君日出而視朝, 退適路寢聽政. 使人視大夫,
옥조왈 군일출이시조 퇴적로침청정 사인시대부
大夫退, 然後適小寢釋服.
대부퇴 연후적소침석복

군주의 공식 업무는 새벽에 열리는 조회로 시작됩니다. 그런데 조회가 끝이 아니지요. 부속실인 '노침'에서 이런저런 일들에 대해 보고를 듣고 결재를 해야 합니다. 용건이 있는 대부들이 모두 물러난 후에야 '소침'에 가서 제복을 벗고 쉴 수 있었으니, 군주도 고단한 직책입니다. 후대의 글이지만 북송시대 왕우칭(王禹偁, 954~1001)의 『대루원기』(待漏院記)를 보면 '대루원'이란 건물에서 새벽 4시가 되어 궁궐 문이 열리기를 기다리는 관료들의 모습이 나옵니다.

지금 3장에서는 장강이 결혼했던 그때를 회상하고 있습니다. '그때 모두 좋아하며 대부들에게 서둘러 퇴근하라고 했었지, 장공과 장강이 화목한 부부가 되기를 원했지'라면서요. 하지만 지금 국인은 그렇지 못한 것을 탄식합니다.

④ 河水洋洋 北流活活 施罛濊濊 鱣鮪發發
　莨菼揭揭 庶姜孽孽 庶士有朅

〈석인〉의 마지막 장인데 구절마다 의성어, 의태어가 나오는군요. '하수양양'(河水洋洋)의 '하수'(河水)는 제나라와 위나라를 두루 흘러 바다로 들어가지요. '바다 양'을 겹쳐 쓴 '양양'(洋洋)은 황하의 물줄기가 '성대한 모양'입니다. '드넓다'고 하시면 됩니다. '북류괄괄'(北流活活), '북류'는 '북쪽으로 흐른 다'는 뜻으로, 드넓은 황하가 북쪽으로 흘러 바다로 들어간 다는 겁니다. '살 활(活)'인데 여기서는 '물 흐를 괄'로 읽습니 다. '괄괄'은 물이 하염없이 흘러가는 모습이지요. 제나라 장 강이 위나라 장공과 결혼한 것이 마치 황하가 이어 준 것 같 네요. 혼인할 때는 모두 천생연분(天生緣分)이라 했겠지요.

'시고활활'(施罛濊濊)의 '베풀 시(施)'는 '고기그물을 설치 하는 것'이고 '고'(罛)는 '물고기 그물 고'입니다. '깊을 예'(濊) 를 여기서는 '활'로 읽고, '활활'은 그물이 물에 들어가는 소 리로 의성어가 되었습니다. 그물이 강으로 들어가면서 '꼬 록, 꼬록' 하는 소리를 내는 거지요. 이제 물고기가 올라오겠 네요. '전유발발'(鱣鮪發發)은, '잉어 전(鱣)', '참다랑어 유(鮪)' 로 모두 큰 물고기이군요. '발발'(發發)은 싱싱한 물고기들이 많은 모습을 말합니다.

'가담게게'(葭菼揭揭)를 한번 볼까요? '갈대 가'(葭), '억새 풀 담'(菼)으로 '가담'은 황하가의 갈대이지요. '들 게(揭)'는 '게게'가 되어 '길다'가 됩니다. 물고기도 풍성하고 갈대와 억 새풀도 길게 자라고 있군요. '서강얼얼'(庶姜孼孼)의 '서강'(庶 姜)은 여러[庶] 강씨 성의 여인들로 장강의 조카와 동생이지 요. 장강과 동행한 '잉첩'(媵妾)을 말합니다. '서얼 얼(孼)'은

'얼얼'이 되어 '멋있게 꾸미다'라는 뜻입니다. '서사유걸'(庶士有朅)에서 '서사'(庶士)는 장강을 수행한 남자들인데요, 이 당시에는 '잉신'(媵臣)이라고 했습니다. '헌걸찰 걸(朅)'로 풍채가 좋고 기세가 당당한 것입니다. 잉신들의 면모도 대단했군요. 역사적으로 잉신 중에 가장 유명한 사람은 진 목공의 부인 목희(穆姬)의 잉신 백리해(百里奚)이지요. 일종의 노예 신분인 잉신이 싫어 도망간 백리해를 다섯 장의 숫양가죽으로 사와서 중용했지요. 백리해는 '오고대부'(五羖大夫)라고 불렸답니다.

　〈석인〉 4장은 생동감 있는 묘사를 나열하여 결혼할 때의 기대와 즐거움을 표현합니다. 의성어, 의태어, 상황을 묘사하는 형용사가 연속적으로 나와서 밝고 생기가 가득하지요. 1장은 장강의 신분, 2장은 장강의 미모, 3장은 위 장공과의 만남, 4장은 결혼식 전체의 분위기를 표현했군요. 화려했던 그 날을 회상하는 〈석인〉을 보니 장강이 이후 겪은 불행이 더욱 가슴 아프군요.

4. 맹氓

氓之蚩蚩 抱布貿絲

맹 지 치 치　포 포 무 사

어리숙한 떠돌이가

포를 안고 실을 사 가네.

匪來貿絲 來卽我謀

비 래 무 사　래 즉 아 모

실만 사러 온 것이 아니라

와서는 나를 유혹한다네.

送子涉淇 至于頓丘

송 자 섭 기　지 우 돈 구

그대를 전송할 때 기수를 건너

돈구까지 이르렀구나.

匪我愆期 子無良媒

비 아 건 기　자 무 량 매

내가 약속을 어긴 것이 아니라

그대가 중매를 보내지 않아서라네.

將子無怒 秋以爲期

장 자 무 노　추 이 위 기

원컨대 그대여, 노여워 마세요.

가을을 기약합시다.

乘彼垝垣 以望復關

승 피 궤 원　이 망 복 관

저 무너진 담장에 올라

복관을 바라보네.

不見復關 泣涕漣漣

불 견 복 관　읍 체 련 련

복관이 보이지 않아

눈물을 줄줄 흘렸지.

旣見復關 載笑載言

기 견 복 관　재 소 재 언

그대를 만나게 되니

웃으면서 말을 나누었네.

爾卜爾筮 體無咎言

이 복 이 서　체 무 구 언

그대는 이것저것 점을 쳐보세요.

점괘에 나쁜 말이 없으면

以爾車來 以我賄遷

이 이 거 래　이 아 회 천

그대는 수레를 가지고 오세요.

나는 살림살이를 가지고 가겠어요.

桑之未落 其葉沃若
상 지 미 락 기 엽 옥 약

뽕나무 잎이 떨어지기 전에는
나뭇잎이 반짝반짝했었지.

于嗟鳩兮 無食桑葚
우 차 구 혜 무 식 상 심

아, 산비둘기여
오디를 먹지 말아라.

于嗟女兮 無與士耽
우 차 녀 혜 무 여 사 탐

아 여인들이여
남자에게 빠지지 말라.

士之耽兮 猶可說也
사 지 탐 혜 유 가 설 야

남자가 빠지는 것은
말이라도 해볼 수 있지만,

女之耽兮 不可說也
녀 지 탐 혜 불 가 설 야

여자가 빠지는 것은
말할 수도 없도다.

桑之落矣 其黃而隕
상 지 락 의 기 황 이 운

뽕잎이 지는구나.
누렇게 하염없이.

自我徂爾 三歲食貧
자 아 조 이 삼 세 식 빈

내가 그대에게 시집간 이래로
삼 년 동안 가난을 먹었지.

淇水湯湯 漸車帷裳
기 수 상 상 점 거 유 상

기수의 물결 세차니
수레의 장막이 젖는구나.

女也不爽 士貳其行
녀 야 불 상 사 이 기 행

여자는 도리에 어긋나지 않았는데
남자가 그 행실을 둘로 하였네.

士也罔極 二三其德
사 야 망 극 이 삼 기 덕

남자의 행실 제멋대로이고
마음이 이랬다저랬다.

三歲爲婦 靡室勞矣
삼 세 위 부 미 실 로 의

삼 년 동안 아내로 살면서
집안일 힘들다 한 적 없었노라.

夙興夜寐 靡有朝矣
숙 흥 야 매 미 유 조 의

일찍 일어나고 밤늦게 잠들며
하루 아침의 휴식도 없었노라.

言旣遂矣 至于暴矣
언 기 수 의 지 우 포 의

언약이 이미 이루어지자
그대는 갑자기 난폭해졌지.

兄弟不知 咥其笑矣
형 제 부 지 희 기 소 의

형제들은 알아주지 않고
실실 웃기만 하네.

靜言思之 躬自悼矣
정 언 사 지 궁 자 도 의

차분히 생각해 보니
나의 처지가 가슴 아플 뿐이로다.

及爾偕老 老使我怨
급 이 해 로 노 사 아 원

그대와 해로하려 했는데
늙어서 나로 하여금 원망케 하는구나.

淇則有岸 隰則有泮
기 즉 유 안 습 즉 유 반

기수에는 언덕(물가)이 있고
습지에는 물가가 있도다.

總角之宴 言笑晏晏
총 각 지 연 언 소 안 안

처녀 시절 즐거워하면서
말하고 웃는 것이 편안하였지.

信誓旦旦 不思其反
신 서 단 단 불 사 기 반

약속과 맹서가 철석 같아
배신할 줄은 생각도 못했네.

反是不思 亦已焉哉
반 시 불 사 역 이 언 재

배신할 줄 생각도 못했으니
이 또한 어쩔 수 없구나.

　　〈맹〉을 읽을 차례군요. 6장에 각 장이 10구로 다른 작품에 비하면 네다섯 배 길이지요. 하지만 한 여인의 일생 이야기가 담겨 있어 지루한 줄 모르고 읽게 된답니다. 이 작품은 「패풍」의 〈곡풍〉처럼 '버림받은 여인'[棄婦]의 노래입니다. 〈곡풍〉을 다시 한번 읽고 〈맹〉을 봐도 좋겠네요. 자, 먼저 〈맹〉의 내용을 간략히 말씀드리고 시 본문으로 들어가겠습니다. 이 시의 주인공은 비단을 짜는 여인입니다. 유능한 생활인이지요. 어쩌다가 실을 사러 온 남자의 유혹에 빠져 베틀까지 싣고 따라갑니다. 그런데 시집을 가보았더니 너무너무 가난하네요. 사기결혼이라 보진 않겠습니다. 4장을 보면 '삼 년 동안 가난을 먹었다'[三歲食貧]라는 말이 있을 정도였지요. 이 여자가 누굽니까? 전문 기술을 갖춘 능력자이지요. 뼈 빠지게 밤낮으로 베틀에 앉아 일했지요. 다음은? 네, 여러분 예상대로입니다. 버림받지요. 〈곡풍〉의 여인처럼. '해로'는 헛된 꿈이 되고 맙니다. 그래도 〈맹〉의 여인은 베틀을 싣고 돌아오네요. 〈곡풍〉에서는 빈손으로 문을 나설 수밖에 없었지요.

그럼 주자는 이 시를 어떻게 보았을까요?

이 작품은 '음부'가 남자에게 버림받고 스스로 자신의 일을 서술하여 뉘우치고 한탄하는 뜻을 말한 것이다.

此淫婦爲人所棄, 而自叙其事, 以道其悔恨之意.
차 음 부 위 인 소 기 이 자 서 기 사   이 도 기 회 한 지 의

주자는 〈맹〉의 버림받은 여인[棄婦]을 '음부', 음란한 여인이라고 하는군요. 결혼 절차를 밟지 않고 남자를 따라 나섰기 때문입니다. 여자가 예의에서 벗어나 사랑만을 따라

가면 이런 곤경을 당할 수밖에 없다고 하십니다. 이 작품에서 굳이 '교훈'을 찾아주시는데…. 물 한 잔 앞에 놓고 맞절을 하면 되지, 예나 지금이나 모든 청춘남녀가 결혼식을 할 수는 없지요. 그래도 주자는 여자가 남자를 따라가는 것은 '사군자(士君子)가 몸을 세움에 한번 잘못하면 만사가 와해되는 것과 다른 것이 없다'라고 말씀하고 계시네요. 화가 나네요. 그래도 이제 시를 읽어 볼까요?

① 氓之蚩蚩 抱布貿絲 匪來貿絲 來卽我謀
　送子涉淇 至于頓丘 匪我愆期 子無良媒
　將子無怒 秋以爲期

'맹지치치'(氓之蚩蚩)에서 '맹'(氓)은 '백성 맹'인데, '망'(亡)＋'민'(民)으로 되어 있군요. '망명자', '이주민'이란 뜻으로 쓰입니다. 여기서는 신분은 평민인데, 자신 앞에 나타난 이 남자가 '누구인지를 알 수 없다'네요. 고향과 집안을 알 수 없는 '떠돌이'입니다. 지금 이 여인은 '떠돌이'에게 빠진 것이지요. '어리석을 치(蚩)'가 중복된 '치치'는 '무지(無知)한 모양'인데, 사랑에 빠진 남자를 왜 이렇게 말할까요? 지금 이 시는 사랑이 파탄난 후에 쓴 것이기 때문입니다. 첫 구절부터 그에 대한 원망[怨]과 비루한 인간[鄙]이라는 비난이 나올 수밖에 없지요. '포포무사'(抱布貿絲), '베를 안고 실을 사러 왔군요', '안을 포(抱)', '베 포(布)'로 여기서 '포'(布)는 이 여인에게 비단실[絲]을 사고 치를 '돈'[幣]입니다. 제 생각에 이 두 사람은 수년간 거래를 해온 사이일 겁니다. 아마도 단골이겠지요.

'비래무사'(匪來貿絲)의 '비'(匪)는 부정사로 '~가 아니다'[不]이지요. '바꿀 무(貿)'이니 그 남자가 와서 실만 사가는 것이 아니었군요. '래즉아모'(來卽我謀), 나를 유혹합니다. '바로 즉(卽)', '꾀할 모(謀)'인데 '모' 자에는 '유혹하다'라는 뜻도 있지요. 비단실을 사러 와서 나를 유혹하는데, 내 마음은 어떤가요? 여기에 '시적 생략'이 있지요. 그와 사랑에 빠지고 말았다는…. 주자는 이 남자가 비단실을 사러 온 것이 '초여름'이라고 봅니다.

'송자섭기'(送子涉淇)의 '송'(送)은 '전송하다'입니다. '섭기'(涉淇)는 '건널 섭'(涉), '강이름 기'(淇)로, 남자를 전송하느라 기수를 건너갔다는 것이고요. 헤어지기 아쉬울 만큼 깊게 사랑하게 된 것이죠. '자'(子)에 주목해 주세요. '자'는 '그대'라는 호칭으로 사랑하는 사람을 부를 때도 쓰지요. '지우돈구'(至于頓丘)에서 돈구(頓丘)는 지명입니다. 차마 헤어질 수 없어서 기수를 건너서도 한참을 더 같이 간 것이지요.

'비아건기'(匪我愆期)의 '허물 건(愆)'을 동사로 쓰면 '어기다'가 됩니다. '내가 약속을 어긴 것이 아니'라니? 이 여자는 결혼 약속을 지키지 않는 것이 자신의 잘못이 아니라고 합니다. '자무양매'(子無良媒)에서 '매'(媒)는 '중매'로, '양매'는 제대로 격식을 갖춘 매파(媒婆)를 말하지요. 매파가 오가며 혼담을 건네는 것은 결혼 절차의 시작인데 지금 이 남자는 매파도 보내지 않고 '그냥 같이 살자'라고 하네요. '장자무노'(將子無怒)에서 '장차 장'(將)은 부사로 '바라건대'[願]입니다. 청하는 것이지요. 남자가 화가 났으니, 화를 내지 말라고 하는 거죠. '추이위기'(秋以爲期), 초여름에 헤어지면서 가을을 기약합니다. 가을에 다시 만나 결혼을 의논하자고 약속하는 거죠.

② 乘彼垝垣 以望復關 不見復關 泣涕漣漣
  旣見復關 載笑載言 爾卜爾筮 體無咎言
  以爾車來 以我賄遷

그렇게 사랑하는 남자를 보낸 후에 여자의 마음은 어떨까요? '승피궤원'(乘彼垝垣), '무너진 담[垝垣] 위로 올라가는군요[乘]. '궤'(垝)는 '무너지다'이고, '원'(垣)은 '담장'입니다. '이

망복관'(以望復關)은 '복관'을 바라보는 것인데, '복관'은 지명으로, '그 남자가 있는 곳'이지요. 왜 '복관'이라는 지명을 썼을까요? 드러내놓고 말할 수 없는 사람이기 때문이지요. 제 친구 중에 비밀연애를 하면서 애인을 '진아'라고 불렀는데, 두 사람이 38번(진아 교통) 버스를 자주 탔기 때문이죠. 나중에 중매로 결혼한 아내가 남편의 오래된 수첩에 '진아'가 있던데, 누군 줄 아느냐고 저에게 물었습니다. 끝내 누군지는 알 수 없었지요.^^

'불견복관'(不見復關), 그렇게 바라보지만 '복관', 그 남자를 만날 수 없군요. '읍체련련'(泣涕漣漣)에서 '울 읍(泣)', '눈물 체(涕)'로 '읍체'는 눈물을 줄줄 흘리며 우는 겁니다. 그것도 하염없이. '련련'은 '끝없이 눈물이 흐르는 모양'이니까요. 물레로 실을 잣는 여인에게 세상을 돌아다니는 떠돌이 남자는 매력적인 존재였겠죠. 세상의 온갖 재미있는 이야기를 전해주는.

'기견복관'(旣見復關)은 '이미 복관을 만났다'는 뜻으로, 약속했던 가을이 되어서 남자가 다시 온 것이지요. '재소재언'(載笑載言), 이런 구문에서 '재'(載)는 해석하지 않습니다. 두 사람은 웃고[笑] 이야기[言]를 나눕니다. 그리워했던 만큼 나눌 이야기도 많겠지요. '이복이서'(爾卜爾筮)에서 '복'(卜)

과 '서'(筮)는 '거북점', '시초점'입니다. 두 사람의 최대 관심사는 결합이지요. 이 여인은 남자에게 이런저런 점을 쳐 보라고 하는군요. 궁합을 보고 날을 잡는 것이지요. 매파로 시작하는 결혼 절차는 접고, 택일을 하는 겁니다. '체무구언'(體無咎言)의 '몸 체(體)'는 '점괘'를 말합니다. '구'(咎)는 '허물'로 '구언'(咎言)은 점괘에 '좋지 않다는 말'이 나오는 것이지요. 『주역』의 괘사, 효사에 '무구'(無咎)가 나오면 '허물이 없다'고 풀지요. 저는 『주역』 강의에서 '무구'에 만족하라고 합니다. 원만하게 살 수 있으면 좋은 것이니까요.

　여자는 점괘에 나쁜 말이 없으면, '이이거래'(以爾車來), '그대는 수레를 가지고 오세요'라고 말합니다. 요즘이라면 '짐차 끌고 오세요'라고 하겠지요. '이아회천'(以我賄遷)의 '선물 회(賄)'는 여자의 혼수입니다. '회뢰'(賄賂)라고 하면 뇌물'(賂物)이 됩니다. 자주 나오는 글자입니다. '옮길 천(遷)'이 있으니, 남자의 수레에 여자의 재산을 실어 옮기겠군요. 비단 실을 잣고, 옷감을 짜는 여인이니까 모아 놓은 재산이 있었겠지요. 이런저런 기구들도 싣고 가야 하고요.

③ 桑之未落 其葉沃若 于嗟鳩兮 無食桑葚

　　于嗟女兮 無與士耽 士之耽兮 猶可說也

　　女之耽兮 不可說也

3장부터 분위기가 반전됩니다. 1, 2장의 사랑의 기쁨이 배신과 슬픔으로 얼룩지지요. 3년 정도 지난 후에 여자는 이렇게 탄식합니다. '상지미락'(桑之未落), 뽕나무 잎이 떨어지기 전이죠. '기엽옥약'(其葉沃若)에서 '옥'(沃)은 '물 댈 옥'으로 '옥약'(沃若)은 '반짝반짝 빛나는 모양'입니다. 윤기 있게 빛나는 뽕잎! 아름답지요. 결혼하기 전 자신의 아름답고 빛나던 젊은 시절을 이렇게 비유한 것입니다. 연애 시절, 우리 모두 이렇게 빛났지요.

　'우차구혜'(于嗟鳩兮)의 '우차'(于嗟)는 탄식의 부사구인데요. 이 여인이 탄식하며 비둘기를 부르네요. '구'(鳩)는 '산비둘기'이지요. '무식상심'(無食桑葚)의 '심'(葚)은 '오디'로 산비둘기에게 뽕나무 열매인 오디를 먹지 말라고 하네요. 무슨 뜻일까요? 주자는 여자들에게 함부로 남자를 만나지 말라고 경계한 것이라고 했습니다. 하지만 제가 선생님께 배울 때는 오디를 많이 먹으면 술에 취한 것처럼 어질어질하기 때문이라고도 하셨습니다. 산비둘기도 비틀거리며 제대로 날지 못하겠지요. 저는 사랑의 달콤함에 취하지 말라는 뜻으로 봅니다. 사실 20대에 이 시를 공부할 때, 오디를 몰랐고, 먹어 본 적도 없었지요. 저는 평생 『시경』을 사랑하지만 '조수'와 '초목'의 이름에 깜깜하답니다. 요즘에는 오디가 블랙 푸드로 인기가 있지요. 매해 꼭 챙겨 먹고 이 구절을 생각합니다. '먹지 말라고 했는데', 하면서….

'우차녀혜'(于嗟女兮), 이번에는 '여인들'을 부르네요. '아! 여인들이여'라는 뜻입니다. '무여사탐'(無與士耽)의 '선비 사(士)'는 '남자'고 여기서는 떠돌이겠지요. '없을 무(無)'는 '~하지 말라'[勿]는 금지사입니다. '즐길 탐'은 '탐닉'(耽溺)이란 단어에 쓰지요. 여기서는 '서로 좋아하는 것'으로 연애에 빠지는 것이지요. 그렇게 사랑에 빠지지 말라고 하는 걸 보니 떠돌이와의 사랑을 후회하는군요.

그다음 네 구절은 함께 묶어서 보겠습니다. '사지탐혜 유가설야 녀지탐혜 불가설야'(士之耽兮 猶可說也 女之耽兮 不可說也)라고 하네요. '남자[士]가 즐기는 것[耽]은 오히려[猶] 할 말이 있지만[可說也], 여자[女]의 연애[耽]는 변명할 수가 없다[不可說也]'고 푸시면 됩니다. 여기서 '설'(說)은 '해명, 변명하는 것'이지요. 지금 보면 불쾌해지는 말이네요. 연애는 남녀가 같이 하는 건데, 왜 여자만 할 말이 없어야 하는 걸까요. 여자와 남자의 연애를 보는 사회적 시선이 이렇게 다른 것이죠. 이 구절은 작중화자인 여인이 '버림받은 후에 지난 날의 자신의 선택을 후회하는 말'이지요. 앞뒤 상황을 감안하여 읽어야 합니다. 주자는 '남자의 탐혹(耽惑)도 해로움이 없다고 말하는 것은 아니다'라고 첨부했군요. 하지만 전근대사회에서 '영웅호색'(英雄好色)이라 하여 남자에게는 별 문제 안 되는 경우가 많았지요. 70년대까지만 해도 '바람둥이'에게 그 정도는 남자에게 흠될 것 없다는 소리를 아무렇지도 않게 했답니다. 심지어 부러워하면서. 인생의 목표가 '플레이보이'였던 동창이 생각나네요. 지금은 어떻게 사냐고요? 엄한 아내의 가르침을 따르고 있지요, 행복해하면서.

④ 桑之落矣 其黃而隕 自我徂爾 三歲食貧
　　淇水湯湯 漸車帷裳 女也不爽 士貳其行
　　士也罔極 二三其德

'상지락의'(桑之落矣), 뽕잎이 떨어지는군요. '기황이운'(其黃而隕), 누렇게 되더니 뚝뚝 떨어집니다. '운'(隕)은 '떨어질 운'이지요. 세월이 흘렀고 그 사이 이 여인의 아름다움도 사라졌군요. '자아조이'(自我徂爾)의 '자'(自)는 '~로부터, ~ 이래로'

라는 뜻이고, '조'(徂)는 '가다'입니다. '내가 그대의 집에 간 뒤로'인데, '시집갈 귀(歸)'를 쓰지 않고 '조'(徂)를 썼군요. '삼세식빈'(三歲食貧), 남자를 따라가 보니 너무 가난한 집안이었지요. '삼 년 동안 가난을 먹었다'라고 하네요 여기서 '먹었다'[食]는 '만났다', '겪었다'인데, 표현이 대단하지요. 그래서 어떻게 했을까요? 네, 새벽부터 밤늦게까지 실을 잣고 옷감을 짰겠지요. 예전에는 여성들의 노동 강도가 셌지요. 길쌈, 삯바느질로 남편, 자식 공부시키고, 가산도 일구고. '치산'(治産) 능력이 대단했답니다. 한산 모시를 짜는 할머니께서 '나는 평생 베틀에서 내려와 보질 못했다!'고 하시더군요. 이 여인도 그랬을 겁니다.

하지만 이제 이 여인은 친정으로 돌아옵니다. '기수상상'(淇水湯湯)에서 '기수'(淇水)는 1장에서 '떠돌이'를 전송하기 위해 건넜던 강이지요. 이제는 버림받고 홀로 건넙니다. '탕'(湯) 자는 '끓일 탕'인데 여기서는 '물 넘실거릴 상'입니다. '상상'은 강물이 성대한 모습이지요. '점거유상'(漸車帷裳)에서 '점점 점(漸)'은 여기서는 '적시다'라는 동사입니다. '유상'(帷裳)은 수레 휘장입니다. '휘장 유', '치마 상'으로 여자들이 타는 수레의 장식용 가리개이지요. 지금 이 여자가 기수를 건너 돌아오는데 험한 강물이 수레의 휘장까지 적시는군요. 불안하지요. 이 여인의 막막한 앞날처럼.

다음 구절 '녀야불상 사이기행'(女也不爽 士貳其行)에서 이 여인은 자신의 이야기를 하면서 '나'(我)와 '너'(爾)라고 하지 않고 '여자'[女]와 '남자'[士]라고 하네요. 부부의 연이 끊어진 것이죠. '녀야불상'에서 '상'(爽)은 '시원할 상'이지만 '어긋나다'[差]란 뜻도 있답니다. 여자는 도리에 어긋난 일을 하지 않았군요. '사이기행'(士貳其行), 남자의 행실이 문제군요. '두 이(貳)'는 두 마음을 갖는 것이고 배신한 것입니다. 〈곡풍〉에서는 남편의 '신혼'(新婚), 즉 '새로 들인 젊은 여자'가 나왔지요. 여기서는 젊은 다른 여자에 대한 언급은 없습니다. 하지만 누렇게 되어 떨어진 뽕잎으로 자신의 시든 미모를 비유했지요. 여인이 나이가 들자 남편의 마음이 떠난 것이지요.

'사야망극'(士也罔極)의 '망극'(罔極)은 '끝이 없다'네요, '성은이 망극하다'의 '망극'과는 다른 용례입니다. 여기서 '다할 극'은 '한계'입니다. 남자의 언행이 제멋대로인 거죠. 난폭한 것입니다. '이삼기덕'(二三其德), 여기서 '덕'은 마음이고 언행입니다. 변덕이 죽 끓듯 하고 함부로 말하고 행동하는 것이지요. 귀책사유가 전적으로 남자에게 있군요.

⑤ 三歲爲婦 靡室勞矣 夙興夜寐 靡有朝矣
　　言旣遂矣 至于暴矣 兄弟不知 咥其笑矣
　　靜言思之 躬自悼矣

기수를 건너 돌아오면서 지난 3년을 회상하는군요. '삼세위부'(三歲爲婦), 삼 년 동안 아내[婦]로 살면서, '미실로의'(靡室勞矣), 집안일[室]을 힘들다 하지[勞] 않았답니다[靡]. '쓰러질 미(靡)'는 여기서는 '~이 아니다'[不]라는 부정사입니다. '집실(室)'은 '집안일'이죠. '일할 로(勞)'는 '힘들다'로 그녀는 가난한 남자의 아내로 고생을 마다하지 않은 거죠.

　　'숙흥야매'(夙興夜寐)는 앞으로 배울 「소아」의 〈소완〉(小宛), 「대아」의 〈억〉(抑)에도 나오는 표현인데요. 지금이야 언제 〈소아〉, 〈대아〉를 읽으려나 아득하지만 쭉 읽다 보면 어느덧 가 있답니다. '숙흥야매', 이 여인은 새벽[夙]에 일어나고[興] 밤늦게[夜] 자면서[寐] 일을 열심히 했군요. '숙흥야매'는 주자가 엄청 좋아하신 구절입니다. 주자가 '숙흥야매'란 제목의 시를 지은 이후, 같은 제목의 시가 무수히 지어졌지요. 주제는? 물론 '열공'입니다. 일생의 정진이지요. 퇴계 선생님이 선조에게 바친『성학십도』(聖學十圖)의 열번째가 〈숙흥야매잠도〉(夙興夜寐箴圖)랍니다.『사자소학』(四子小學)에는

'숙흥야매, 물나독서'(夙興夜寐, 勿懶讀書)가 있지요. 새벽부터 밤늦게까지 책읽기를 게을리하지 말라는 말입니다.

'미유조의'(靡有朝矣), '미유'(靡有)는 '~이 있지 않았다'이 니, 하루 아침의 한가한 틈도 없었던 겁니다. 잠시도 쉴 수 없었겠지요. 이 일 저 일이 밀려들었을 테니까요. 가난한 집 안의 맏며느리셨던 친정어머님이 "밥 한 끼 편히 앉아서 먹 어 보질 못했다"라는 말씀을 자주 하셨는데, 같은 경우지요.

'언기수의'(言旣遂矣)의 '언'(言)은 결혼 초에 두 사람이 했던 언약입니다. 어려운 살림이지만 힘을 모아 가산을 일구 자고 했겠지요. 3년 간 고생하여 그 약속이 이루어졌습니다. '이미 기(旣)', '이룰 수(遂)'입니다. 그런데 남편이 변했군요. 그 마음이 변하고 말았네요. '지우포의'(至于暴矣), '사나울 포 (暴)'이니 남편이 난폭해지고 폭력을 휘두르는 지경이 되었 습니다. 어쩜, 〈곡풍〉의 남편과 같네요.

'형제부지'(兄弟不知)의 '형제'는 이 여자의 남자 형제를 말합니다. 부모님은 이미 돌아가신 것 같은데, 형제들은 이 여자가 친정으로 올 수밖에 없는 기막힌 사정에는 관심이 없군요. '희기소의'(咥其笑矣), '깨물 질(咥)'이 '허허 웃을 희' 가 되었습니다. 음도 '희'라고 읽고요. 형제들이 버림받은 여 인의 딱한 사정을 알아주지 않고, '히히' 비웃기만 하는군요.

'그렇게 좋다고 따라 나서더니 이 꼴이 되었구나'라면서요. 형제도 야속할 때가 많지요.

'정언사지'(靜言思之)의 '정'(靜)은 '고요할 정'이지요. 자신의 처지를 차분히 생각해[思] 보는 겁니다. '궁자도의'(躬自悼矣)에서 '몸 궁(躬)'은 자신의 처지를 말하는 것이지요. '슬퍼할 도(悼)'는 '가슴 아파하다'입니다. '내가 어쩌다 이렇게 되었나? 차분히 생각해 보니 정말 가슴 아플 뿐이구나!'라는 뜻이죠. 홀로 애통해 하는 여인의 탄식이 귀를 울립니다.

⑥ 及爾偕老 老使我怨 淇則有岸 隰則有泮
   總角之宴 言笑晏晏 信誓旦旦 不思其反
   反是不思 亦已焉哉

마지막 장입니다. '급이해로'(及爾偕老)의 '미칠 급(及)'은 '더불 여(與)'와 같습니다. '너 이(爾)'가 나왔으니, '그대와 더불어 해로하다'가 되겠지요. 결혼하면 누구나 '같이 늙어 가는 노년'을 기대합니다. 하지만 인생이 어디 뜻대로 되나요? 이런저런 이유로 마음이 바뀌기도 하고요. '노사아원'(老使我怨), '나이가 들어 나로 하여금 원망하게 만들다'입니다. 남편에 대한 감정이, 1~2장의 '사랑'은 덧없이 사라지고 '원망'만 남았군요. 사랑의 불길이 식어 원망의 재가 되었네요. 이런 구절을 읽으면 누구나 쓸쓸해지지요.

'기즉유안'(淇則有岸), 다시 '기수'가 나오네요. '안'(岸)은 '언덕'입니다. 평지를 흐르는 강물도 언덕, 벼랑을 만나면 부딪치지요. '습즉유반'(隰則有泮)에서 '축축할 습(隰)'은 낮은 습지대를 말합니다. '물가 반(泮)'을 써서 '높고 낮은 곳이 구별되는 곳'을 말합니다. 습지에도 갑자기 높아지는 곳이 있기 마련이지요. 인생은 이렇게 순탄하지 않은 겁니다. 미처 생각하지 못할 뿐.

'총각지연'(總角之宴)의 '총각'(總角)은 지금도 쓰는 단어이지요. '거느릴 총(總)'은 머리를 모아서 묶을 때도 씁니다. '뿔 각(角)'은 사람에게는 귀 윗부분이 해당되죠. 지금은 '총각'을 남자에게만 쓰지만, 옛날에는 여자에게도 썼습니다. 중국 영화를 보면 비녀를 꽂지 않은 미혼 여성이 귀 윗부분에 왕만두 두 개를 붙여 놓은 것 같은 헤어스타일을 한 모습이 종종 나오지요? 미혼의 여성이 머리를 돌돌 말아서 꾸민 것으로, 이것도 '총각'이라고 합니다. 여기서의 '총각'은 '연애시절'을 말합니다. 실을 사러 와서 유혹하고 사랑에 빠졌지요. '잔치 연(宴)'은 '즐거워하다'라는 동사입니다. '언소안안'(言笑晏晏)의 '늦을 안(晏)'은 여기서는 '편안하다'이고, '안

안'은 서로 마음이 통하고 대화가 즐거운 것이지요. 그 시절 두 사람이 웃으며[笑] 끝없이 대화를 나누었지요[言]. 지금 이런 즐거웠던 시절은 이 여인의 기억 속에만 남았습니다.

'신서단단'(信誓旦旦)의 '신서'(信誓)는 '언약'과 '맹세'입니다. 백년해로를 약속했지요. '아침 단(旦)'이 겹쳐진 '단단'은 '분명함'입니다. 맹세가 분명하고 단단했지요. '불사기반'(不思其反)의 '되돌릴 반(反)'은 '뒤집어지는 것'이죠. 이렇게 뒤집어질 줄을 '생각하지 못했다'[不思]는 겁니다. 사랑의 맹세를 할 때에는 누구나 뒷날을 생각하지 못하지요. 이 지경에 이를 줄 꿈엔들 생각했겠어요? '반시불사'(反是不思), 남편의 배신으로 버려질 줄 미처 생각하지 못했지요. 이제 어쩌겠어요? '역이언제'(亦已焉哉), '그만둘 이(已)'입니다. 어찌할 수 없다는 건데요. '또한 이 상황을 어찌할 것인가, 어찌할 수 없다'로 풀 수 있겠습니다. 마지막 구절이 씁쓸하군요. 남편에 대한 '원망'이 과거의 다정했던 시간의 회상을 거쳐 후회, 포기로 가는군요.

〈맹〉 6장을 모두 읽었는데요, 가슴이 먹먹해지네요. 주자는 '음부'(淫婦), 음란한 여성이 버림받은 후에 회한의 감정을 서술했다고 했지요. 하지만 그렇게 보고 싶지 않습니다. 한 남자를 사랑했고, 열심히 살았지만 배신당한 여인의 서글픈 이야기이지요. 주자는 자유연애를 음분(淫奔)이라 했지만 12세기의 관념일 뿐이지요. 하긴 1970년대까지도 딸이 연애하면 동네에 창피하다고 하신 어른들이 계셨습니다. 지금은 부모는 물론이고 국가 차원에서 연애와 결혼을 권장해도 소용이 없지요.

5. 죽간竹竿

籊 籊 竹 竿 以 釣 于 淇
적 적 죽 간 이 조 우 기

긴 낚싯대로
기수에서 낚시질하고 싶어라.

豈 不 爾 思 遠 莫 致 之
기 불 이 사 원 막 치 지

어찌 그립지 않으랴마는
멀어서 가지 못하는구나.

泉 源 在 左 淇 水 在 右
천 원 재 좌 기 수 재 우

천원이 왼편에 있고
기수는 오른편에 있지.

女 子 有 行 遠 兄 弟 父 母
녀 자 유 행 원 형 제 부 모

여자가 시집감은
형제와 부모를 멀리 떠나는 것이네.

淇 水 在 右 泉 源 在 左
기 수 재 우 천 원 재 좌

기수는 오른편에 있고,
천원은 왼편에 있네.

巧 笑 之 瑳 佩 玉 之 儺
교 소 지 차 패 옥 지 나

환하게 웃으면 이가 보였고
옥을 차고 절도 있게 걸었었지.

淇 水 滺 滺 檜 楫 松 舟
기 수 유 유 회 즙 송 주

기수 유유히 흐르니
회나무 노에 소나무 배가 있겠지.

駕 言 出 遊 以 寫 我 憂
가 언 출 유 이 사 아 우

수레 타고 나가 노닐며
근심을 풀어내리라.

이번 시는 〈죽간〉입니다. '대나무 낚싯대'라는 뜻이지요. 주자의 주를 먼저 볼까요?

위나라 여인이 제후에게 시집가서 친정에 문안할 것을 생각하였으나 할 수가 없었다. 때문에 이 시를 지은 것이다. '대나무로 만든 낚싯대로 기수에서 낚시질하고 싶지만 멀어서 갈 수 없다'고 한 것이다.

衛女嫁於諸侯, 思歸寧而不可得. 故, 作此詩.
위 녀 가 어 제 후　사 귀 녕 이 불 가 득　고　작 차 시
言思以竹竿釣于淇水, 而遠不可至也.
언 사 이 죽 간 조 우 기 수　이 원 불 가 지 야

이 작품도 '귀녕'과 관련이 있군요. 「패풍」〈천수〉, 「용풍」〈재치〉, 모두 사정은 다르지만 제후의 딸들이 '귀녕'하지 못하는 심정을 노래했지요. 친정 부모님께 문안 인사 가고, 돌아가셨을 때 문상하는 것이 이렇게 어려운 일인가 싶지만, 어려울 수밖에 없었지요. 결혼이 양국의 동맹으로 성사된 것이고 상황이 변하면 볼모 신세와 다름없었으니까요. 더구나 약소국이었던 위나라는 진(晉), 초(楚)와 같은 강대국 사이에서 항상 전전긍긍했답니다.

① 籊籊竹竿 以釣于淇 豈不爾思 遠莫致之

'적적죽간'(籊籊竹竿)에서 '적'(籊)은 '가늘고 길 적' 자인데 글자가 겹쳐져서 '적적'이 되면 대나무가 길고 끝이 뽀족한 모양입니다. '간'(竿)은 '장대 간'으로 '죽간'은 대나무 낚싯대를 말합니다. '이조우기'(以釣于淇)에서 '조'(釣)는 '낚시질할 조'이지요. 낚시 마니아 분들은 '조어'(釣魚)란 단어를 쓰시더군요. 작중화자는 여성인데 지금 다른 나라에 있으면서 대나무 낚싯대로 위나라 도성을 흐르는 기수에서 낚시질하고 싶은 것이지요.

'기불이사'(豈不爾思)는 '어찌 그립지 않으랴마는'이라는 뜻인데, 무엇이 그립다는 걸까요? 여기서 '너 이(爾)'는 기수에서 낚시질하는 일입니다. 이 여자는 시집오기 전의 일 중에서 기수에서 낚시질하던 것이 가장 그립고 생각도 많이 나는 거지요. '원막치지'(遠莫致之)는 '멀 원(遠)', '이를 치(致)'이고, '막'(莫)은 '~할 수 없다'는 뜻이죠. 멀어서 갈 수 없는 겁니다. 지금 이 위나라 여인이 어디에 있는지는 알 수 없지요. 하지만 남편의 나라에서 제대로 대우받지 못하고 있구나 하는 감이 오네요.

② 泉源在左 淇水在右 女子有行 遠兄弟父母

'천원재좌'(泉源在左)의 '천원'(泉源)은 지명인데, '백천'(百泉)으로 위나라 서북쪽에 있다고 합니다. '천원재좌 기수재우'(泉源在左 淇水在右), '내가 가고 싶은 그곳은 천원이 왼편에 있고 기수는 오른편에 있었지'라고 말하는 겁니다. 고향을 그리워하는 분들은 이런 말씀 많이 하시지요. 그다음 구절 '녀자유행 원형제부모'(女子有行 遠兄弟父母)는 「패풍」〈천수〉 2장에도 나온 구절이죠. '여자가 시집을 가면 부모형제를 떠난다'인데, '귀녕'을 못하는 처지이니 위나라를 흐르는 천원, 기수만도 못한 처지가 되었다는 탄식이 절로 나오는 것입니다.

③ 淇水在右 泉源在左 巧笑之瑳 佩玉之儺

'기수재우 천원재좌'(淇水在右 泉源在左)는 2장과 순서가 바뀌었군요. '교소지차 패옥지나'(巧笑之瑳 佩玉之儺)는 결혼 전마냥 즐거웠던 시절의 추억입니다. '교소'(巧笑)는 '예쁜 웃음'이고, '차'(瑳)는 '깨끗할 차'인데 '선명한 흰색'입니다. 예쁘게 웃을 때마다 흰 이가 보인 것이지요. '패옥지나'(佩玉之儺)

의 '패옥'(佩玉)은 '옥을 차다'라는 뜻이에요. '찰 패(佩)'로 '패물(佩物)을 했다'고 하면 귀걸이나 목걸이를 착용한 것이지요. 그다음 '나'(儺) 자를 유심히 봐주세요. 아주 재미있는 글자입니다. '나'는 본래 '역귀를 쫓는 굿을 하다'입니다. 그런데 여기서는 '절도 있게 걷다'라는 뜻이 되었지요. 지금 이 여인은 과거 즐거웠던 한때를 그리워하는 겁니다. 지금은 그렇게 웃으며 즐겁게 놀 수 없는 처지이니까요. 안타까울 뿐이지요.

④ 淇水滺滺 檜楫松舟 駕言出遊 以寫我憂

'기수유유'(淇水滺滺)의 '유유'(滺滺)는 강물이 하염없이 흘러가는 모습입니다. '물이 흐르는 모양 유(滺)' 자가 형용사 '유유'가 된 것이지요. '회즙송주'(檜楫松舟)는 회나무[檜]로 만든 노[楫]와 소나무 배[松舟]지요. 이 배가 지금 어디에 있나요? 위나라 기수에 떠 있습니다. 지금 이 여인은 갈 수 없는 곳이지요. 뱃놀이도 낚시질도 모두 할 수 없습니다. '가언출유 이사아우'(駕言出遊 以寫我憂)는 「패풍」〈천수〉 4장 마지막 두 구절과 같군요. '가언출유'에서 '가'(駕)는 수레를 타는 것이지요. 그리움을 수레를 타고 나가 노는 것으로 풀어 보려 하는군요. '이사아우'(以寫我憂), '사'(寫)는 '베낄 사', '쏟을 사'(瀉)로 '근심을 풀어 버리다'가 됩니다. 『시경』의 여인들은 답답하고 그리울 때 높은 산에 오르거나 드라이브를 하곤 하는데, 이런 방법은 지금도 효과가 있지요. 이렇게 〈죽간〉도 다 읽었는데요. 이 시는 「패풍」의 〈천수〉와 같이 읽으시면 더 좋습니다.

6. 환란 芄蘭

芄蘭之支 童子佩觿
환 란 지 지 동 자 패 휴

왕골 가지여,
어린아이가 뿔송곳을 찼구나.

雖則佩觿 能不我知
수 즉 패 휴 능 불 아 지

비록 뿔송곳을 찼지만
나만큼 똑똑하지는 못하네.

容兮遂兮 垂帶悸兮
용 혜 수 혜 수 대 계 혜

이것저것 많이 차서
허리띠가 축 늘어졌구나.

芄蘭之葉 童子佩韘
환 란 지 엽 동 자 패 섭

왕골의 잎이여,
어린아이가 활깍지를 끼고 있구나.

雖則佩韘 能不我甲
수 즉 패 섭 능 불 아 갑

비록 활깍지 끼고 있지만
나만큼 뛰어나진 못하네.

容兮遂兮 垂帶悸兮
용 혜 수 혜 수 대 계 혜

이것저것 많이 차서
허리띠가 축 늘어졌구나.

〈환란〉은 2장이고 각 장이 6구로 된 작품입니다. 그런데 이 작품에 대해 주자는 '이 시는 무엇을 말한 것인지 알 수 없으니 감히 억지로 해석할 수 없다'라고 합니다. 주자는 이전 해석은 마음에 들지 않는데, 본인의 입장을 내

세우기에는 근거가 부족할 때 이런 말씀을 하시지요. 주자 이전에는 이 작품을 선강의 아들 혜공(惠公)을 풍자한 작품으로 보았습니다. '혜공이 교만하고 무례하여 대부가 풍자한 것'으로 본 것인데요. 글쎄요. 우선 읽은 후에 판단해 주십시오.

① 芄蘭之支 童子佩觿 雖則佩觿 能不我知
　　容兮遂兮 垂帶悸兮

'환란지지'(芄蘭之支)에서 우선 '환란'이 무엇인지 궁금하군요. '왕골 환(芄)', '난초 란(蘭)'으로 '환란'은 화문석을 만드는 왕골인 것 같은데, 주자는 '나마(蘿摩)라고도 하며 넝쿨이 있다[蔓生]'고 했으니 담쟁이 넝쿨로 본 것이지요. '지탱할 지(支)'는 '가지 지(枝)'와 같지요. 환란을 보고 다른 것들을 연상하게 된 것인데, 『시경』에서는 이런 기법을 '흥'(興)이라고 합니다. 다만 그런 연상의 이유를 물으면 답이 없습니다. 사람마다 경험과 사유 방식에 따라 편차가 크니까요. 지금 이 사람은 환란을 보고 뿔송곳을 찬 어린아이가 떠올랐습니다. '동자패휴'(童子佩觿)에서 '패휴'(佩觿)는 '찰 패', '뿔송곳 휴'입니다. '뿔송곳'은 상아로 만드는데 성인이 착용하는 물건입니다. '동자', 어린아이가 소지할 물건이 아니지요. 어른 흉내를 내고 있는 겁니다.

'수즉패휴'(雖則佩觿)의 '수'(雖)는 '비록'이고 '즉'(則)은 해석하지 않습니다. '능불아지'(能不我知)에서 '지'(知)는 '지혜'[智]인데, 이 구절을 '나보다 현명하지 못하다'라는 비교 문장으로 풉니다. 뿔송곳을 차고 어른인 척하지만 나만큼 똑똑하진 않다고 하니 풍자의 시선이 있긴 합니다.

'용혜수혜'(容兮遂兮)에서 '용'(容)과 '수'(遂)는 '얼굴 용', '이룰 수'인데, 여기서는 다른 용례로 쓰였습니다. 두 글자 모두 '느슨하고 풀어진 모습'인데요. 예의 없고 제멋대로 행동하여 거만한 것이지요. '수대계혜'(垂帶悸兮)의 '수'(垂)는 '드리우다'란 뜻입니다. 뿔송곳을 찬 띠[帶]가 아래로 드리운[垂] 것이지요. '계'(悸)는 '두근거릴 계'인데 여기서는 '띠가 아래로 드리운 모습'을 말합니다. 이래서 『시경』을 읽을 때 어렵다는 생각을 하게 되지요. 파생된 글자 용례가 많이 나오니까요. 낯선 식물, 장식 이름도 어려움을 더하고요. 그래도 한 편 한 편 읽다 보면, 조금씩 익숙해지실 겁니다.

② 芄蘭之葉 童子佩韘 雖則佩韘 能不我甲

　　容兮遂兮 垂帶悸兮

'환란지엽'(芄蘭之葉), 1장에서는 '가지'(支)였는데, '잎 엽(葉)' 자로 변화를 주었군요. '동자패섭'(童子佩韘), 이번에는 어린 아이가 '섭'(韘)을 찼군요. '깍지'라고 하는데, 이것도 상아나 가죽으로 만드는 것으로, 오른손의 엄지손가락에 끼웁니다. 활시위를 당길 때 사용하는 보조도구이지요. 반지처럼 생겼어요. 영화에서 활 쏘는 장면이 나오면 유심히 봐주세요. 남자 주인공이 깍지를 하고 있을 겁니다. 이것 역시 성인들이 사용하는 것이지요.

　'수즉패섭'(雖則佩韘)은 '비록 깍지는 끼었지만'이라는 뜻이겠죠. '능불아갑'(能不我甲)은 '나보다 뛰어나지는 못하다'라고 풀어 줍니다. '갑'(甲)은 천간(天干)의 첫번째로 '뛰어나다'라는 동사로도 쓰입니다. 이 문장도 비교급으로 풀어 주면 되고요. 어린아이가 성인이 쓰는 뿔송곳, 깍지를 하고서 어른 흉내를 내지만 재능이 부족하다, 나보다 못하다고 꼬집는군요. 혜공이 두 형[태자 급과 수]을 죽음으로 내몰고 어린 나이에 제후가 되었으니 국인들의 시선이 곱지 않았지요. 물론 주자는 억지로 해석하지 않겠노라 했지만요.

7. 하광 河廣

誰謂河廣 一葦杭之
수 위 하 광 일 위 항 지

누가 황하가 넓다 하는가?
나룻배 하나면 건너리라.

誰謂宋遠 跂予望之
수 위 송 원 기 여 망 지

누가 송나라가 멀다 하던가.
발 돋우면 보인다네.

誰謂河廣 曾不容刀
수 위 하 광 증 불 용 도

누가 황하가 넓다 하는가?
작은 배 하나 띄우지 못하는데.

誰謂宋遠 曾不崇朝
수 위 송 원 증 불 숭 조

누가 송나라가 멀다 하던가.
하루아침 거리도 안 되는데.

〈하광〉은 2장 각 4구의 짧은 작품이지만, 마음의 울림은 큽니다. 제목 '하광'(河廣)은 '황하는 넓도다'라고 풀 수 있겠네요. 이 작품은 아들을 그리워하는 어머니의 가없는 마음을 노래한 시입니다. 주자 주를 먼저 보고 시로 들어가겠습니다.

선강의 딸이 송나라 환공의 부인이 되어 송 양공을 낳고는 쫓겨나 위나라로 돌아왔다. 그 후 양공이 즉위하자, 부인이 아들을 그리워하였으나 명분 때문에 갈 수 없었다. 이는 대를 이은 군주는 아버지를 계승하여 사당의 조상과 한 몸의 혈통이 되는데, 그 어머니는 쫓겨나면 사당과 관계가 끊어져 개인적으로 돌아올 수가 없는 것이다. 그래서 이 시를 지은 것이다. "누가 황하가 넓다고 하는가? 나룻배를 띄우면 건너리라. 누가 송나라가 멀다 하던가. 발 돋우면 보인다네". 송나라가 멀어서 가지 못하는 것이 아니고, 명분에 '불가'하여 갈 수 없음을 밝힌 것이다.

宣姜之女爲宋桓公夫人, 生襄公, 而出歸于衛.
선 강 지 녀 위 송 환 공 부 인　　생 양 공　　이 출 귀 우 위
襄公卽位, 夫人思之而義不可往. 蓋嗣君, 承父之重,
양 공 즉 위　　부 인 사 지 이 의 불 가 왕　　개 사 군　　승 부 지 중
與祖爲體, 母出, 與廟絶, 不可以私反. 故, 作此詩.
여 조 위 체　　모 출　　여 묘 절　　불 가 이 사 반　　고　　작 차 시
"言誰謂河廣乎, 但以一葦加之, 則可以渡矣.
언 수 위 하 광 호　　단 이 일 위 가 지　　즉 가 이 도 의
誰謂宋國遠乎, 但一跂足而望, 則可以見矣".
수 위 송 국 원 호　　단 일 기 족 이 망　　즉 가 이 견 의
明非宋遠而不可至也, 乃義不可而不得往耳.
명 비 송 원 이 불 가 지 야　　내 의 불 가 이 부 득 왕 이

　　주자의 주석에 따르면 〈하광〉을 송 양공의 어머니의 작품으로 보는 것은 오래되었습니다. 「소서」에서도 위나라로 돌아온 부인이 아들을 그리워하는 작품이라고 했으니까요. 왜 돌아갈 수 없었는가를 분명히 밝힌 사람은 주자이지요.

『사기』 권38 「송미자세가」에는 '위 문공의 여동생이 환공의 부인이 되었다'라는 간략한 기록이 있습니다. 위 문공이 멸망한 위나라를 재건하는 과정은 〈정지방중〉에 나왔었지요. 모두 선강과 공자 완의 아들, 딸들입니다. 송 환공의 부인은 〈재치〉를 지은 허나라 목공부인의 언니이기도 하지요.

송나라 환공은 적인(狄人)이 위나라의 도성에 진입하고 피난민을 추격해 왔을 때, 유민들이 밤중에 황하를 건널 수 있게 도왔지요. 이후 선강의 아들인 대공을 군주로 세우고 임시 거처를 조(曹) 땅에 마련해 주기도 했지요(BC 660). 하지만 그 해에 대공이 죽고 제나라에 가 있던 문공이 제후가 됩니다. 송 환공을 이어서 제 환공이 당대의 패자답게 통 크게 위나라의 재건을 돕고요. 초구에 터를 마련해 주고 성을 쌓았지요.

주자는 환공 부인이 아들 양공이 즉위 때에 이미 친정인 위나라에 있었다고 했는데, 그녀가 '대귀'(大歸: 이혼)하게 된 경위는 알 수 없습니다. 다만 남편 환공이 병들었을 때 태자 자보(양공)가 후계자의 자리를 서형 목이에게 양보했고, 환공은 태자의 뜻을 의롭게 여겼지만 결국 그의 말을 듣지 않았다고 합니다(「송미자세가」). 양공이 적자(嫡子)인데 왜 서형에게 양보하려 했을까요? 이때 송나라의 국내 상황은 복잡

했습니다. 형제 계승이 남아 있었고, 환공의 형 민공은 남궁만이라는 역사에게 시해당했습니다. 가까스로 남궁만을 죽이고 민공의 동생 환공이 제후가 되었지요. 이렇게 혼란스러운 시기인데, 당시 환공의 아들들 중 송 양공보다는 서형 목이가 더 신망이 있었던 것 같습니다. 하지만 결국 양공이 제후의 자리에 오르고 목이는 재상이 되어 양공을 돕지만, 양공은 이를 따르지 않아 송나라를 위험에 빠뜨리지요. 송 양공은 제 환공이 죽은 이후 잠시 패자의 지위에 오르지만 곧 초(楚)와의 전쟁에서 입은 부상으로 죽습니다. 이 전쟁에서 송 양공은 초 성왕의 대군이 강을 다 건너고 전열을 갖추기를 기다렸다가 싸웠습니다. 분수에 맞지 않게 남에게 어짊을 보이려 하는 어리석음을 비웃는 '송양지인'(宋襄之仁)이란 성어가 만들어졌지요. 하찮은 인정을 앞세워 대사를 그르치는 어리석은 사람을 말합니다. 사실 중소국인 송나라가 패자 노릇을 하기에는 힘에 부쳤지요. 양공의 역량도 부족했고요. 그럼, 이제 시로 들어가 볼까요?

① 誰謂河廣 一葦杭之 誰謂宋遠 跂予望之

'수위하광'(誰謂河廣), '누구 수(誰)', '이를 위(謂)'이죠. '누가 황

하[河]를 넓다[廣]고 하는가?'라고 풀어 주면 되겠네요. '일위
항지'(一葦杭之)의 '위'(葦)는 갈대인데, '일위'는 갈대로 만든
거룻배를 말합니다. 돛이 없는 작은 배죠. '건널 항(杭)'은 '건
너다'로 '배 항(航)'과 같은 글자입니다. 지금은 '항공기'(航空
機), '난항'(難航) 등 주로 '항'(航) 자를 쓰지요. 지금 작중화자
는 넓은 황하를 작은 거룻배로 건널 수 있다고 합니다. 그만
큼 아들에 대한 그리움이 간절한 것이죠.

　'수위송원'(誰謂宋遠)은 '누가 송나라를 멀다고 하는가?'
라고 풀어 줍니다. '기여망지'(跂予望之)의 '기'(跂)는 '발돋움
하다'이지요. 지금 아들이 있는 송나라 쪽을 까치발로 서서
바라보고 있는 거예요. 어머니가 있는 위나라는 황하의 북
쪽에, 아들이 있는 송나라는 황하의 남쪽에 있었으니, 사실
갈 수 없을 만큼 먼 곳은 아니지요. 이혼한 여인은 개인적으
로 제후가 된 아들의 나라에 갈 수 없다는 명분이 발목을 잡
았을 뿐.

② 誰謂河廣 曾不容刀 誰謂宋遠 曾不崇朝

'수위하광'은 앞과 같고요. '증불용도'(曾不容刀)에서 '일찍 증
(曾)'은 주로 부사로 쓰이지요. 여기서는 '이에 내(乃)'로 해석

하지 않으셔도 됩니다. '칼 도(刀)'는 '작은 배'[小船]를 말합니다. 우리가 주방에서 쓰는 칼을 '도'라고 합니다. 날이 양쪽으로 있으면 '검'(劍)입니다. '불용도'는 작은 배도 띄울 수 없을 만큼 황하가 좁다는 것이죠. 과장이고 반어이지요. 그리움의 크기에 비하면 저 황하는 너무 좁으니까요.

'증불숭조'(曾不崇朝), '높을 숭(崇)'인데 여기서는 '마치다'[終]란 뜻으로 쓰였습니다. 직역하면 '아침나절도 마치지 못하다'입니다. 황하를 건너 송나라까지 하루 아침이 지나기 전에 도착할 수 있다는 것이니 '가깝다'는 것이죠. 안타까움이 가득합니다.

주자는 환공부인이 송나라의 아들에게 가지 않은 것을 '예의'(禮義)에 맞는 행동이라 했지만, 갈 수 없었던 양국의 상황도 있었겠지요. 패자 역할을 하려는 아들 양공의 위상도 탄탄하지 않았고요. 그냥 이 시를 읽으면 마음이 짠해지지요. 이후 〈하광〉은 자식을 그리워하는 어머니의 마음을 대변하는 노래로 자리잡게 됩니다.

8. 백혜伯兮

伯兮朅兮 邦之桀兮
백 혜 걸 혜 방 지 걸 혜

그분은 늠름하시니
나라의 영웅이로다.

伯也執殳 爲王前驅
백 야 집 수 위 왕 전 구

그분께서는 창을 잡고
선봉이 되셨다네.

自伯之東 首如飛蓬
자 백 지 동 수 여 비 봉

그분께서 동쪽으로 가신 이후
머리는 쑥 날리듯 헝클어졌네.

豈無膏沐 誰適爲容
기 무 고 목 수 적 위 용

어찌 머리를 꾸밀 기름이 없겠냐마는
누구를 위해 얼굴을 꾸미겠는가.

其雨其雨 杲杲出日
기 우 기 우 고 고 출 일

내려라 비야, 내려라 비야.
해만 쨍쨍하구나.

願言思伯 甘心首疾
원 언 사 백 감 심 수 질

그대를 그리워함에
두통도 기꺼이 받아들이네.

焉得諼草 言樹之背
언 득 훤 초 언 수 지 배

어디에서 훤초를 얻어
뒤뜰에 심어 볼까.

願言思伯 使我心痗
원 언 사 백 사 아 심 매

그대를 그리워함에
내 마음 끙끙 앓는구나.

　　　　〈백혜〉는 남편을 오랫동안 전쟁터에 보낸 여인의 노래입니다. 『시경』에는 사랑보다도 전쟁을 소재로 한 시가 더 많습니다. 주자는 이 작품 뒤에 북송의 대학자인 범중엄(范仲淹, 989~1052)의 글을 인용해서 『시경』에 나오는 전쟁 관련 작품들을 어떻게 보고 있는가를 밝혔습니다. 길지만 읽어 보겠습니다.

　　범중엄이 말하였다. "같이 살다가 서로 떨어지면 그리워하고, 약속했다가 오지 않으면 근심하는 것은 인지상정이다. 문왕이 수자리를 보낼 때와 주공이 돌아오는 병사들을 위로할 때에 모두 그 가족의 정과 남녀의 그리움을 서술하여 안타깝게 여겼다. 그러므로 백성들이 기뻐하고 죽음의 두려움을 잊었던 것이다. 성인은 능히 천하 사람들의 생각과 소통한다. 이 때문에 능히 천하의 일을 이루는 것이다. 전쟁은 백성을 죽음의 독으로 몰아넣는 것이어서 남의 자식을 고아로 만들고 남의 아내를 과부로 만들어 천지의 조화로운 기운을 손상하고 물난리나 가뭄의 재앙을 불러온다. 그러기에 성왕은 이를 신중히 하였으니 만일 부득이하여 행하게 되면 돌아올 기한을 미리 말해 주고 그들의 노고를 생각하여 애처롭고 불쌍하게 여기기를 자기 자신이 겪은 것처럼 할 뿐만 아니었다. 이 때문에 치세의 시는 군주가 백성을 걱정하는 감정을 말하였고, 난세의 시는 가족들이 원망하고 그리워하는 고통을 기록하였으니 이는 인지상정이 여기에서 벗어나지 않기 때문이다."

范氏曰, "居而相離則思, 期而不至則憂, 此人之情也.
범 씨 왈　거 이 상 리 즉 사　기 이 부 지 즉 우　차 인 지 정 야
文王之遣戍役, 周公之勞歸士, 皆敍其室家之情,
문 왕 지 견 수 역　주 공 지 로 귀 사　개 서 기 실 가 지 정
男女之思以閔之. 故其民悅而忘死. 聖人能通天下之志,
남 녀 지 사 이 민 지　고 기 민 열 이 망 사　성 인 능 통 천 하 지 지
是以能成天下之務. 兵者, 毒民於死者也, 孤人之子,
시 이 능 성 천 하 지 무　병 자　독 민 어 사 자 야　고 인 지 자
寡人之妻, 傷天地之和, 召水旱之災. 故聖王重之,
과 인 지 처　상 천 지 지 화　소 수 한 지 재　고 성 왕 중 지
如不得已而行, 則告以歸期, 念其勤勞, 哀傷慘怛,
여 부 득 이 이 행　즉 고 이 귀 기　념 기 근 로　애 상 참 달
不啻在己. 是以治世之詩則言其君上閔恤之情,
불 시 재 기　시 이 치 세 지 시 즉 언 기 군 상 민 휼 지 정
亂世之詩則錄其室家怨思之苦, 以爲人情不出乎此也"
난 세 지 시 즉 록 기 실 가 원 사 지 고　이 위 인 정 불 출 호 차 야

핵심은 '인지상정'(人之常情)입니다. 전쟁으로 인한 그리움과 근심은 모두 인지상정이지요. 전쟁은 많은 사람을 죽음으로 몰아넣는 독이고 고아와 과부를 만들지만 왜 멈추지 못하는가? 부득이한 경우가 있다고 하지만, 결국 인간의 무한한 탐욕 때문이지요. 아래에서 두번째 줄의 '시이(是以) ~' 이하의 문장을 주목해 주세요. '치세지시'(治世之詩)와 '난세지시'(亂世之詩)라는 말이 나오네요. 역시 정치적 반영론입니

다. 치세에 나온 노래에는 지배층이 '백성을 근심하는 정'[閔恤之情]이 담겨 있고, 난세에 나온 노래에는 '가족(아내)이 원망하고 그리워하는 고통'[怨思之苦]을 기록했다고 하는군요. 노래하는 주체가 다릅니다. 성인의 치세에도 폭군의 난세에도 전쟁은 어쩔 수 없군요. 노래하는 주체와 내용만 달라질 뿐…. 씁쓸한 역사적 사실입니다. 유가는 의전(義戰), 즉 의로운 전쟁을 용인하기 때문이지요. 어지러운 나라를 '정의의 군대'가 가서 바로잡아 줘야 한다는….

그럼 이제, 남편을 전쟁터에 보낸 여인의 노래, 원망과 고통으로 가득 찬 〈백혜〉를 읽겠습니다.

① 伯兮朅兮 邦之桀兮 伯也執殳 爲王前驅

'백혜걸혜'(伯兮朅兮)에서 '백'(伯)은 '맏이'이지만 여기서는 노래하는 부인의 남편의 자(字)입니다. '그대'로 푸시면 됩니다. '걸'은 '헌걸차다', '늠름하다'입니다. 남편이 혁혁한 무사이군요. '방지걸혜'(邦之桀兮)의 '홰 걸(桀)'은 '뛰어날 걸(傑)'과 통용됩니다. 재주가 남보다 뛰어난 것이지요. 이 여자의 남편은 최고의 무사로 나라의 영웅입니다. 전쟁터로 갈 수밖에 없었겠군요.

'백야집수'(伯也執殳), 그 훌륭한 사람이 '집수'(執殳)를 합니다. '집'(執)은 '잡다'의 뜻이고, '수'(殳)는 '창 수'인데 창 중에서 길고 끝이 뾰족하게 생긴 겁니다. 후대로 가면 여기에 여러 가지 기능이 덧붙여지지요. '위왕전구'(爲王前驅), '위왕'(爲王)은 '왕을 위하여'라는 뜻이고, '전구'(前驅)는 '선봉'(先鋒)이 된 것이지요. '구'(驅)는 '몰 구'입니다. 1장에서는 전쟁에 나간 남편의 늠름한 모습을 말하고 있네요.

② 自伯之東 首如飛蓬 豈無膏沐 誰適爲容

'자백지동'(自伯之東)의 '자'(自)는 '~로부터'이고, '지'(之)는 '가다'라는 동사로 쓰였습니다. 그대가 동쪽으로 간 이래, 자신의 상태가 어떤지를 말합니다. '수여비봉'(首如飛蓬)의 '비봉'(飛蓬)은 '날 비(飛)'와 '쑥 봉(蓬)' 자로 버들개지 같은 쑥 꽃들이 바람에 날리는 걸 표현한 건데요. 머리카락이 어지러운 모습이지요. 오랫동안 머리 손질을 하지 않아 '봉두난발'(蓬頭亂髮)이 된 것입니다. 『춘향가』「옥중가」한 대목에 '쑥대머리'가 있지요. '쑥대머리 귀신 형용 적막 옥방 찬 자리에 생각난 것이 임뿐이라 보고지고 보고지고 한양 낭군 보고지고…' 이 여인의 마음이 춘향이의 마음이지요.

그런데 왜 머리가 그 모양일까요? 머리 감고 기름으로 단장할 마음이 없는 겁니다. '기무고목'(豈無膏沐)에서 '고목'(膏沐)은 '기름 고', '머리감을 목'입니다. 머리 감고 기름을 발라 단장하는 것이지요. '기무'는 '어찌[豈] 없겠냐마는[無]'의 의미이고요. '수적위용'(誰適爲容)의 '갈 적(適)'은 여기서는 '주장하다'[主]의 의미입니다. '얼굴 용(容)'은 꾸미는 것이지요. 지금 이 여인은 남편이 전쟁에 나갔기 때문에 머리를 꾸밀 뜻이 없는 겁니다. '내가 누구를 위하여 꾸미겠는가'라고 반문하네요. 주자의 주에 '여자는 자기를 사랑하는 사람을 위하여 꾸민다'라는 문장이 있군요.『사기』「자객열전」에서 예양(豫讓)이 하는 말이지요. '사(士)는 자기를 알아주는 사람을 위하여 죽고 여자는 자기를 사랑하는 사람을 위해 꾸민다'라고요. "이게 뭐야?" 하실 것 같군요. 자기를 위해 사는 시대에 이런 말을 들으면 이상하지요. 하지만 사랑하는 사람에게 예쁘게 보이고 싶은 마음은 누구나 같지요.

③ 其雨其雨 杲杲出日 願言思伯 甘心首疾

'기우기우'(其雨其雨), 여기서는 '그 기(其)' 자를 풀어 줘야 합니다. '장차 그렇게 되기를 바라는 말'이지요. 답답한 마음에 비라도 왔으면 하는 겁니다. '고고출일'(杲杲出日)에서 '밝을 고'(杲)는 '고고'가 되어 '해가 쨍쨍 나는 모습'으로 쓰였습니다. 남편을 기다리는 마음에 비라도 내렸으면 했지만 도리어 해가 쨍쨍하네요. 남편의 귀가가 하염없이 늦어지고 있는 것이지요.

'원언사백'(願言思伯), '원할 원'을 '생각건대'라는 부사로 풀면 편합니다. '언'(言)은 해석하지 않아요. '사백'(思伯)은 '그대[伯]를 그리워하노라'라는 뜻이죠. '사'(思)가 '그립다'는 뜻이고요. '감심수질'(甘心首疾)은 '마음으로 수질을 감수하노라'입니다. '달 감'(甘)은 '감수하다', '기꺼이 받아들이다'입니다. '수질'(首疾)은 두통이지요. 지금 이 여인의 마음을 헤아려 보세요. 남편에 대한 걱정과 그리움으로 견디기 힘든 고통 속에 있지요. 그래서 '수질' 정도야 기꺼이 감수하겠다고 합니다. 견디기 힘든 '수질'의 고통도 달게 여기겠다니. 여인의 괴로움이 얼마나 큰지 알 수 있을 듯합니다.

④ 焉得諼草 言樹之背 願言思伯 使我心痗

두통을 감수하겠다고 했지만 이별의 고통이 커지면서 몸은 더 아파옵니다. '걱정에서 벗어날 수는 없을까?', 이런 생각을 하죠. 그래서 이렇게 말합니다. '언득훤초, 언수지배'(焉得諼草 言樹之背). '언득훤초'의 '어찌 언'은 '어떻게'입니다. '훤'(諼)은 '잊을 훤'이고, '훤초'는 '망우초'(忘憂草)로 근심을 잊게 하는 약초입니다. 지금 이 여인은 이 극심한 고통에서 벗어나고 싶지요. 망우초를 찾을 만큼. '언수지배'(言樹之背)에서 '등 배(背)'는 집 뒤뜰을 말합니다. 어떻게 하면 망우초를 구해서 집 뒤뜰에 심을 수 있을까[樹], 궁리해 보는 것이죠. 그래 봐야 소용없다는 것을 알지요. 잊을 수 없으니까요.

'원언사백'(願言思伯), 망우초는 구하지 않고 다시 남편을 생각합니다. '사아심매'(使我心癝)의 '앓을 매(癝)'는 아파서 괴로워하는 것입니다. '끙끙 앓고' 있는 거죠. 남편에 대한 걱정으로 마음의 병이 깊어지고 있군요. 주자의 시 해석을 읽다가 "이분은 역시 대가다!" 하면서 그 섬세함에 감탄할 때가 있습니다. 이 부분도 그런데요, 주자는 이 여인이 극심한 마음의 고통을 계속 감수하고 있다고 봅니다. 끝내 남편을 잊을 수 없는 것을 알기에 훤초를 구하지 않습니다. 끙끙 앓으며 계속 남편을 걱정하고 있는 겁니다.

1장부터 이어지는 이 여인의 감정 변화를 봐 주세요. 1장은 전쟁에 앞장서 나가는 남편의 모습이지요. 이때만 해도 멋진 남편이 자랑스럽고 곧 돌아오리란 기대에 차 있었지요. 하지만 시간이 지날수록 그녀의 모습은 초췌해집니다. 마음도 무너져 내리지요. 2장의 봉두난발, 3장의 두통, 4장의 마음의 통증, 점점 심해지는군요. '난세'(亂世)의 노래이지요. 백성의 원망과 그리움, 그리고 '격심한 고통'[怨思之苦]으로 가득 찬.

9. 유호有狐

有狐綏綏 在彼淇梁
유 호 수 수 재 피 기 량

여우가 홀로 어슬렁 두리번거리더니
저 기수 다리에 있네.

心之憂矣 之子無裳
심 지 우 의 지 자 무 상

마음의 근심이여,
그 남자 바지가 없구나.

有狐綏綏 在彼淇厲
유 호 수 수 재 피 기 려

여우가 홀로 어슬렁 두리번거리더니
저 기수 나루에 있네.

心之憂矣 之子無帶
심 지 우 의 지 자 무 대

마음의 근심이여,
그 남자 허리띠가 없구나.

有狐綏綏 在彼淇側
유 호 수 수 재 피 기 측

여우가 홀로 어슬렁 두리번거리더니
저 기수가에 있네.

心之憂矣 之子無服
심 지 우 의 지 자 무 복

마음의 근심이여,
그 남자 옷이 없구나.

첫 구의 두 단어 '유호'를 제목으로 삼았군요.
지금 시를 읽으시면서 웬 여우가 나오고 왜 남자 옷차림을
걱정하나, 하실 겁니다. 주자는 이 시를 이렇게 설명합니다.

나라가 혼란하고 백성이 흩어지게 되어 배우자를 잃으니 어떤 과부가 홀아비를 보고 그에게 시집가고자 하였다. 이 때문에 '여우가 홀로 돌아다니는데 제대로 된 바지가 없다'고 빗대어 말한 것이다.

國亂民散, 喪其妃耦, 有寡婦見鰥夫而欲嫁之.
국 란 민 산 상 기 비 우 유 과 부 견 환 부 이 욕 가 지
故託言有狐獨行而憂其無裳也.
고 탁 언 유 호 독 행 이 우 기 무 상 야

표현이 좀 민망하군요. 여우로 '환부'(鰥夫), 홀로 사는 남자를 비유했다니. 뭐, 여우가 꼭 여자일 필요는 없지요. 난세에는 홀로 되어 제대로 생활을 꾸리지 못하는 사람들이 많을 수밖에 없지요. 시를 살펴보겠습니다.

① 有狐綏綏 在彼淇梁 心之憂矣 之子無裳

'유호수수'(有狐綏綏)는 여우[狐]가 수수(綏綏)히 걷고 있다는 건데, 여우를 상대방을 유혹하는 짐승으로 봤습니다. 사람들이 그렇게 보는 거지요. 여우가 물을 건널 때 자주 뒤를 돌아본다고 합니다. 꼬리가 젖을까봐 조심하는 거지요. 그 모습을 보고 사람들은 이런저런 생각을 한 거지요. 의심이 많다느니, 누군가를 유혹하는 것이라느니. '수수'(綏綏)의 '수'

는 '편안할 수'인데 '수수'는 홀로 걸어가면서 배필감을 구하는 모습이라네요. 어슬렁거리며 두리번거리는 거겠지요. 그런데 이 여우가 지금 어디에 있나요? '재피기량'(在彼淇梁), 저, 기수의 '량'(梁)에 있다고 합니다. 여기서 '량'은 돌 징검다리입니다. '들보 량(梁)'은 징검다리, 교량(橋梁) 등등 뜻이 많지요. 도둑을 '양상군자'(梁上君子)라고 하는데, 이럴 때는 '대들보 량'(樑)과 동자입니다.

그런데, '심지우의'(心之憂矣), 내 마음[心]이 걱정[憂]으로 가득합니다. '지자무상'(之子無裳)에서 '지자'는 그 여우이자 '환부'이지요. 징검다리의 여우를 자세히 보니 '치마'가 없군요. '치마 상(裳)' 자를 썼죠. 이때는 남자도 바지를 입지 않던 시대입니다. 치마를 입었지요. 지금의 바지는 호복(胡服)으로 전국시대에 이르러서야 입게 됩니다. 그런데 작중화자가 왜 홀로 된 남자의 허술한 옷차림을 보고 걱정하는가? '혼인할 뜻이 있어서'라는 것이 주자의 해석입니다.

② 有狐綏綏 在彼淇厲 心之憂矣 之子無帶

'유호수수'(有狐綏綏)는 앞과 같고요. '재피기려'(在彼淇厲), 이번에는 여우가 기수의 '려'(厲)에 있답니다. '갈 려'는 뜻이 다양한 글자인데요. 여기서는 깊은 물을 건너는 곳, 즉 '나루터', '물가'입니다. 이밖에도 '힘쓰다', '위태롭다'로 자주 쓰이고, '난폭하다'라는 뜻도 있어서 '여왕'(厲王)은 폭군의 시호이지요. 또 '전염병'이라는 용례도 있어서 '여제'(厲祭)는 역질(疫疾)이 유행할 때 나라에서 지내던 제사지요. 저는 이 글자가 나올 때마다 사전을 찾아봅니다. 실수를 줄일 수 있는 유일한 방법이니까요.

　'심지우의 지자무대'(心之憂矣 之子無帶), 이번에는 '띠 대(帶)', 옷을 묶는 띠가 없군요. 돌아다니다가 징검다리, 나루터에 일단 멈췄다면 옷을 챙겨 입을 여유가 생긴 것이지요. 그런데 치마도 허리띠도 없군요. 살뜰히 챙길 아내가 없기 때문이지요. 지금 이 딱한 남자를 유심히 보고 있는 여인이 있지요. '아휴, 딱하기도 해라, 어쩌다가 저 꼴로 사나' 하면서요.

③ 有狐綏綏 在彼淇側 心之憂矣 之子無服

'재피기측'(在彼淇側), 이번엔 기수 물가[側]에 있군요. '곁 측(側)'이니 이미 물을 건넌 것이고 차분히 옷을 입을 수 있지요. 그런데 '지자무복'(之子無服), 그에게는 입을 옷이 없군요.

심란합니다.

〈유호〉가 이렇게 마무리되었는데요. 3장 각 4구의 짧은 작품이고, 매 장마다 '유호수수'와 '심지우의'가 반복됩니다. 그런데 주자는 매번 주석에서 '가이'(可以), 즉 '~할 수 있다'고 합니다. '치마를 입을 수 있다', '띠를 맬 수 있다', '옷을 입을 수 있다', 화자인 여성이 결혼하고 싶은 마음을 표현했다고 본 것이지요. 『모시』의 「소서」도 같은 내용인데 읽고 가겠습니다.

> 〈유호〉는 시대를 풍자한 시이다. 위나라의 남녀가 혼인할 시기를 놓쳐서 배우자가 없었다. 옛날에 나라에 흉년이 들면 혼인의 예를 생략하고 결혼하는 경우가 많았으니, 남녀 중에 가정이 없는 사람을 맺어 준 것은 백성을 생육하기 위해서이다.
>
> 有狐, 刺時也. 衛之男女失時, 喪其妃耦焉.
> 유호 자시야 위지남녀실시 상기비우언
> 古者, 國有凶荒, 則殺禮而多昏, 會男女之無夫家者,
> 고자 국유흉황 즉쇄례이다혼 회남녀지무부가자
> 所以育人民也.
> 소이육인민야

그렇습니다. 흉년, 전쟁과 같은 비상상황에서는 혼인의 절차를 제대로 밟기 어렵지요. '쇄례'(殺禮)에서 '죽일 살(殺)'

은 이 경우에 '줄이다'란 뜻이고 음도 '쇄'입니다. 국가 차원에서 절차를 과감히 생략하고 남녀의 결합을 추진했지요. 조선에서는 각 지역의 수령들이 노총각, 노처녀의 결혼을 장려하고 혼례를 주선하기도 했고요. 하긴 지금도 결혼을 유도하는 정책을 펴지요. 효과는 없지만….

10. 모과 木瓜

投我以木瓜 報之以瓊琚
투 아 이 모 과 보 지 이 경 거

나에게 모과를 던져 주시니
좋은 옥을 드릴게요.

匪報也 永以爲好也.
비 보 야 영 이 위 호 야

보답이 아니라
길이길이 좋게 지내려 함이지요.

投我以木桃 報之以瓊瑤
투 아 이 목 도 보 지 이 경 요

나에게 복숭아를 던져 주시니
좋은 옥을 드릴게요.

匪報也 永以爲好也.
비 보 야 영 이 위 호 야

보답이 아니라
길이길이 좋게 지내려 함이지요.

投我以木李 報之以瓊玖
투 아 이 목 리 보 지 이 경 구

나에게 오얏을 던져 주시니
좋은 옥을 드릴게요.

匪報也 永以爲好也.
비 보 야 영 이 위 호 야

보답이 아니라
길이길이 좋게 지내려 함이지요.

드디어 「위풍」의 마지막 시, 〈모과〉입니다. 한
자는 '목과'(木瓜)라고 되어 있지만 '모과'로 읽습니다. 3장 각
4구인데 매 장 3, 4구가 같군요. 모과, 복숭아 등 과일을 준

사람에게 귀한 보석으로 보답하겠다는 건데, 주자는 남녀 사이에 선물을 주고받을 때 부른 시로 「패풍」의 〈정녀〉와 같은 유형이라고 봤습니다. 〈정녀〉에서는 붉은 붓통[彤管]을 선물하고 야외로 놀러 가기도 하지요. 하지만 〈모과〉야말로 명실상부 애정시입니다. 사랑에 빠진 남녀의 낭만적 분위기에 가득 차 있지요.

그런데 주자 이전의 해석은 멸망한 위나라의 재건을 도운 패자 제 환공을 찬미한 시로 봤습니다. 시를 보는 시선의 차이가 너무 크지요. 『모시』의 「소서」도 읽겠습니다. 외교 현장에서는 이런 맥락으로 인용되는 경우도 많았으니까요.

〈모과〉는 제나라 환공을 찬미한 시이다. 위나라 사람들이 적인에게 패배하여 도성을 빠져나와 조 땅에서 거처했다. 제나라 환공이 위나라를 구원하고 새로운 땅을 정하여 위나라 제후(대공)를 봉해 주었다. 거마와 기물, 의복을 보내 주니 위나라 사람들이 그를 그리워하고 후하게 보답하고자 하여 이 시를 지은 것이다.

木瓜, 美齊桓公也. 衛國有狄人之敗, 出處于漕.
모 과　미 제 환 공 야　위 국 유 적 인 지 패　출 처 우 조
齊桓公救而封之, 遺之車馬器服焉, 衛人思之,
제 환 공 구 이 봉 지　유 지 거 마 기 복 언　위 인 사 지
欲厚報之, 而作是詩也.
욕 후 보 지　이 작 시 시 야

기원전 660년, 멸망한 위나라에게 도움의 손길을 내민 것은 송나라 환공과 제나라 환공입니다. 특히 제 환공은 큰 아들인 공자 무휴(無虧)를 시켜 전차 300승과 갑사(甲士: 정예병) 3천 명을 거느리고 조 땅을 지키게 했습니다. 무휴의 어머니는 장위희(長衛姬)로 제 환공의 총애를 받았지요. 그리고 위나라 대공에게 승마, 제사용 복식 다섯 벌, 소·양·돼지·닭·개 등 3백 마리의 짐승과 문을 만들 목재를 보내 주었습니다. 대공의 부인에게는 물고기 가죽으로 꾸민 부인용 수레와 고급 비단 30필을 보냈고요(『춘추좌씨전』 노 민공 2년). 기록이 자세하지요. 『모시』에서 말한 내용이 바로 제 환공의 이런 통 큰 원조를 말하는 겁니다. 후대에 연애시로 유명해졌지만, 외교 현장에서는 대국의 도움을 구할 때 〈모과〉를 부른 이유이지요.

① 投我以木瓜 報之以瓊琚 匪報也 永以爲好也

'투아이모과'(投我以木瓜)의 '투'(投)는 '던지다'로 '선물하다'[贈]의 뜻입니다. 그런데 왜 '던진다'고 할까요? 적극적으로 '대시'(dash)를 하는 것이지요. 후대에 '모과를 던진다'[投瓜]는 관용어가 됩니다. '투과득경'(投瓜得瓊)이란 성어도 여기서 나왔지요. 작은 선물을 했는데 큰 보답을 받았다는 뜻입니다. 당(唐)나라에서는 사귀고 싶은 사람에게 모란꽃을 던지는 풍속이 있었다고 하네요. 「아방궁부」로 유명한 두목지(杜牧之, 803~853)가 지나가면 여인들이 귤을 던져 수레에 가득했다는 이야기도 유명하지요. 워낙 미남이었다네요. 『서유기』를 보면, 귀족 집 딸이 지나가는 남자에게 공을 던져 배우자를 정하더군요. 남녀가 만나는 방법은 다양하지요.

모과는 작은 선물이지요. 나는 어떻게 보답할까요? '보지이경거'(報之以瓊琚), '보'(報)는 '갚을 보', '경거'(瓊琚)는 '옥경', '패옥 거' 자로, 귀한 옥을 말합니다. 작은 선물을 받고 열 배, 백 배 귀한 옥으로 보답하는군요. 지극정성, 마음을 다하는 것입니다.

'비보야'(匪報也)는 그렇게 큰 보답을 하고도 '보답했다고 생각하지 않겠노라'라는 의미입니다. 이것은 어떤 마음인가요? 오고가는 선물로는 다 담아 낼 수 없는 마음이 있다는 것이죠. 사랑, 고마움과 같은…. '영이위호야'(永以爲好也), 길이 둘 사이의 좋은 감정, 관계가 유지되기를 바랄 뿐이지요. 둘 사이의 사랑과 신뢰를 '서로 잊지 않기를 바라는 것'입니다. 사랑하는 남녀 사이에, 신뢰가 돈독한 나라 사이에 이런 관계가 유지된다면 얼마나 좋겠어요.

② 投我以木桃 報之以瓊瑤 匪報也 永以爲好也

'투아이목도'(投我以木桃), 이번에는 나에게 '복숭아'를 던져 주네요. '보지이경요'(報之以瓊瑤)에서도 마지막 자만 다르죠. '아름다운 옥 요(瑤)'입니다. '좋은 옥으로 보답하겠다'입니다.

③ 投我以木李 報之以瓊玖 匪報也 永以爲好也

'투아이목리'(投我以木李)에서 '목리'(木李)는 '오얏', 즉 '자두'입니다. '이하부정관'(李下不整冠), '오얏나무 아래에서 갓을 고쳐 매지 말라'는 말이 있지요. 의심받을 행동을 하지 말라는 건데, 자두나무가 배나무, 앵두나무가 되기도 하지요. 어떤 경우든 다 알아듣게 됩니다. '과전불납리'(瓜田不納履), '오이 밭에서는 신을 고쳐 신지 않는다'와 결합하여 '과전리하'(瓜田李下)란 단어도 생겼지요. '보지이경구'(報之以瓊玖)에서 '구'(玖)는 '옥돌'입니다. '경거', '경요', '경구', 모두 받은 선물과는 비교할 수 없을 만큼 귀한 것이지요. 마음을 주고받는 데에 작고 큰 차이는 의미가 없으니까요. 지금 연애하는 분들은 어떠신지 모르겠네요. 이 시를 읽을 때마다 선물의 의미를 생각합니다. 대가를 바라지 않는 순수 증여를. 그리고 그 작은 증여가 점점 눈덩이처럼 커지는 세상을. 살 만하겠지요.

위풍을 마치며

자, 이렇게 아름다운 작품 <모과>를 마지막으로 「위풍」 10
편 43장 203구를 모두 읽었습니다. 여러분! 고맙습니다. 「패
풍」, 「용풍」, 「위풍」, 이렇게 세 국풍(國風)이 모두 위나라의 노
래입니다. 장공부터 문공까지의 작품이 많군요. 춘추시대
초기 기원전 7세기이지요. 마지막에 주자가 부기한 문장으
로 「위풍」을 마무리하겠습니다.

　　장횡거가 말했다. "위나라는 땅이 큰 황하와 닿아 있고 낮
　　다. 그래서 그 지역 사람들은 기질이 경박하고 들떠 있다.
　　땅이 평평하고 낮기 때문에 사람들의 자질이 유약하다. 토
　　질이 비옥하여 밭 갈고 김매는 노력을 하지 않아도 되기 때
　　문에 사람들의 마음이 게으르다. 사람들의 정성이 이와 같
　　기 때문에 그 성음(노래)도 음탕하고 화려한 것이다. 그러
　　므로 그들의 음악을 들으면 사람으로 하여금 게으르고 태
　　만해져 바르지 못한 마음을 갖게 하니, 정나라의 시도 이와

갈다."

張子曰, "衛國, 地濱大河, 其地土薄. 故其人氣輕浮.
장자왈　위국　지빈대하　기지토박　고기인기경부
其地平下, 故其人質柔弱. 其地肥饒, 不費耕耨,
기지평하　고기인질유약　기지비요　불비경루
故其人心怠惰. 其人情性如此, 則其聲音亦淫靡.
고기인심태타　기인정성여차　즉기성음역음미
故聞其樂, 使人懈慢而有邪僻之心也, 鄭詩放此."
고문기악　사인해만이유사벽지심야　정시방차

'풍토 결정론'이군요. 『서경』의 「우공」(禹貢)부터 여러 책에서 이런 말을 하지요. 산세와 강의 흐름, 토질에 따라 사람의 품성, 성격이 결정된다고. 장횡거도 '기질', '자질', '마음'을 말하네요. 위나라의 비옥한 땅이 그 지역 사람들로 하여금 음란하고 화려한 노래를 즐기게 만들었다고 하니, 지금 강하게 부정하는 분들도, 어느 정도 수긍하는 분들도 계실 겁니다. 어느 문화권에나 이런 오래된 관념이 있고, 특정 지역에 대한 편견, 혐오가 되기도 합니다. 여러분이나 저나 이런 편견에서 완전히 자유롭지 못한 경우도 있고요. 주변 환경에 영향을 받지 않을 수는 없지요. 하지만 그것만으로 지금의 '나'를 온전히 말할 수는 없습니다.

패, 용, 위 지역은 '은'(殷) 왕조의 영역으로 중화문명의 중심지입니다. 정나라, 노나라와 함께 당대 최고 수준의 문명을 꽃피웠지요. 문명의 에너지는 '자유분방'(自由奔放)에서 나옵니다. 근엄한 학자분의 눈에는 '음분'(淫奔), 법도를 벗어난 철없는 행동으로 보이지만. 모든 사람이 예의를 지키는 엄숙한 나라, 솔직히 그런 나라에서 살고 싶지는 않군요. 얼마나 갑갑할까요. 다음 시간부터는 「왕풍」(王風)을 읽겠습니다. 기대해 주십시오.